Shueisha
Series
Common

「世界の終わり」の地政学

野蛮化する経済の悲劇を読む

ピーター・ゼイハン
山田美明 訳

上

集英社シリーズ・コモン

The End of the World Is Just the Beginning

Mapping the Collapse of Globalization

By Peter Zeihan

誰に献辞を書けばいいのかわからない。私はそれほど幸運だった。

私はちょうどいい時代にちょうどいい国に生まれ、無事に育った。

核爆弾から身を守る方法を教えられた時代から5Gの時代へと至る変化のなかで、断絶と好機を認識できるほど、年を重ねていると同時に若かった。

数えきれないほどの恩師にも恵まれた。
彼らが自分の役割を果たす選択をしなければ、そんな恩恵には与《あずか》れなかっただろう。

この分野で仕事ができるのは、これまでに現れた人々のおかげであり、未来を読むことができるのは、これから現れる人々に尋ねられる質問があるからにほかならない。

あの生まれ故郷の町がなければ、私の仕事も私の人生もなかった。

だから、ありがとう。

すべてに感謝している。

こうして世界は終わる。
激しい衝撃音ではなく、めそめそした泣き声とともに。
——T・S・エリオット

そううまくはいかない。
——ドイツのことわざ

#「世界の終わり」の地政学　目次

「世界の終わり」の地政学　上　目次

「世界の終わり」の地政学　下　目次

凡例

・原著の註は各見開き、もしくは次の見開きに付した
・訳者による補足の註は［　］で示した
・すべての図表の著作権は、左記のとおり

はじめに

過去一世紀ほどの間に、電撃的と言ってもよい進歩があった。馬車から列車、自家用車、日常的な飛行機旅行へ。そろばんから加算器、電卓、スマートフォンへ。鉄からステンレス鋼、シリコン入りアルミニウム、タッチセンサー用ガラスへ。小麦が育つのを待つだけの農業から、柑橘《かんきつ》類を大規模に栽培する農業へ。チョコレートが特産品として献上された時代から、グワカモーレ［訳注：アボカドのディップ］がオンデマンドで届く時代へ。

私たちの世界は、どんどん安価になっている。また、確実によくなった。さらに、間違いなく速くなった。ここ数十年で、変化や成果を生み出すペースはさらに加速している。わずか一五年のうちに、洗練の度を高めていくiPhoneが、三〇種以上発売されるのを私たちは目撃してきた。自動車業界は、かつて内燃機関が採用されたときよりも一〇倍も速いペースで、電気自動車の販売へと移行しようとしている。いま私が叩《たた》いているノートパソコンのメモリは、一九六〇年代後半にこの世界に存在していた、すべてのコンピューターメモリの総計よりも多い。つい最近までは、二・五％の金利で住宅ローンの借り換えができた（バカみたいにすごい数字だ）。

モノやスピードやお金だけではない。人間の生活状態も同様に向上した。過去七五年間に戦争や占領、飢饉《ききん》や病気の発生する頻度がどんどん減っていき、そうした災禍で死ぬ人々が、人口比で有史以来最も少なくなった。歴史的観点から言えば、私たちはいま、あり余るほどの富と平和のなかで暮らしている。これらの進歩は、すべて緊密に結びついている。切り離すことはできない。だがそこには、普段見過ごされている単純な事実がある。

こうした富や進歩は、人為的なものだ。私たちは完璧な時代を生きてきた。

そして、そんな時代は過ぎ去ろうとしている。

過去数十年間の世界は、私たちが生きている間に経験できるであろう最高の世界だった。だがこれからは、安価で質がよく迅速な世界から、高価で質が悪くのろい世界へと急速に移行していく。なぜなら、この私たちの世界がばらばらになって崩壊しつつあるからだ。

少々説明を先走りすぎたようだ。

本書はさまざまな意味で、これまでの私の仕事のなかで最も「私」らしい内容だと言える。私は、地政学と人口統計学の交差点にあたるところで仕事をしている。地政学とは場所の学問であり、私たちのいる場所が、私たちを取り巻くあらゆるものをいかにして生み出してきたのかを探求する。人口統計学は、人口構造の学問である。一〇代の行動、三〇代の行動、五〇代の行動、七〇代の行動はそれぞれ違う。私はこの二つの学問のテーマを縫い合わせて未来を予測する。これまでに出版した三冊の著書では、そのような形でさまざまな国家の興亡を描き、来るべき世界の「全体像」を探求してきた。

だが、ＣＩＡの本部で何度もそんな講演をするわけにもいかない。そのため私は、生活費を稼ぐためにほかの仕事もしている。

私の本業は、講演者とコンサルタントのハイブリッドのようなものだ（しゃれた業界用語では地政学ストラテジストと言うらしい）。

何らかのグループに招き入れられて仕事をする場合が多いが、そのグループが、アンゴラやウズベキスタンの未来に関心を寄せることなどめったにない。彼らが求めることや疑問に思うことは、自分の国の財布と関係しており、貿易や市場やアクセスに関する経済問題に集約される。私はそのなかで、こうしたグループが抱く問題（彼らの夢あるいは不安）に地政学と人口統計学をあてはめる。自分が導き出した「全体像」から関連する部分を抜き出し、それをそのグループの問題に適用する。アメリカ南東部の電力需要、ウィスコンシン州の精密機器製造、南アフリカの金融市場の流動性、メキシコ国境地域の治安と貿易の関係、アメリカ中西部の輸送手段、アメリカの政権交代時のエネルギー政策、韓国の重工業、ワシントン州の果樹といったような問題である。

本書の内容は、これらすべてを含むと同時に、それらをはるかに超えている。私はここでも、地政学と人口統計学という信頼できる持ち前のツールを使い、グローバル経済の構造の未来を予測する。いや、もっと正確に言えば、間もなく経済がグローバルなものでなくなっていく未来を予測する。地平線の先にある世界の姿を示すために。

　私たちが直面している問題の核心とは、地政学的にも人口統計学的にも、過去七五年のほとんどの期間、私たちが完璧な時代に生きていたという事実である。

　第二次世界大戦末期、アメリカはソ連を抑え、封じ込め、撃退するために史上最大の軍事同盟をつくりあげた。それはすでに誰もが知っていることであり、驚くべきことではない。だが、そこで忘れられがちなのは、この軍事同盟がアメリカの計画の半分でしかなかったということだ。アメリカは新しい同盟を強化するため、グローバルな安全保障の環境も整備した。同盟国であれば、いつでもどこへでも自由に出かけ、誰とでも経済的に協力し、いかなるサプライチェーンに参加することも、いかなる原材料を入手することもできるようになった。軍隊の護衛がなくてもだ。このような「銃とバター」［軍事と経済］の取引のうち経済のほうが、現在「自由貿易」と呼ばれるものをつくりあげた。それがグローバル化である。

　グローバル化は、史上初めて世界の幅広い地域に開発と工業化をもたらし、誰もがよく知っている大量消費社会やおびただしい頻度の貿易、猛烈な技術的進歩を生み出した。そしてそれが、世界の人口構成を変えた。大規模な開発と工業化は、人々の寿命を延ばすと同時に、都市化を促した。数十年にわたって労働者や消費者が増加の一途をたどり、経済に多大な刺激を与えた。その所産の一つが、人類がかつて経験したことがないほど急速な経済成長である。それが数十年も続いたのだ。

　つまり、アメリカ主導の戦後「秩序」が、状況の変化を引き起こした。ゲームのルールを変えることで、あらゆる場所で経済状態が変化した。地球レベルでも、国家レベルでも、地域レベルでも。その変化が、私たちが知っている現在の世界を生み出した。輸送や金融が進化・発展した世界、食料やエネルギーが絶えず供給される世界、進歩が止まらない世界、刺激的なスピードに満ちた世界である。

しかし、すべてのものは過ぎ去る運命にある。私たちはいま、新たな状況の変化に直面している。

冷戦の終結から三〇年がたち、アメリカは世界から撤退しつつある。だがアメリカ以外に、グローバルな安全保障やそれに基づくグローバルな貿易を維持できるほどの軍事力を持っている国はない。アメリカ主導の「秩序」が「無秩序」に道を譲ろうとしているのだ。また、成長を謳歌《おうか》する完璧な時代にたどり着いたとたん、世界的な高齢化が始まった。この高齢化は、それ以来ずっと続いており、いまも止まっていない。世界の労働者や消費者が全体的に高齢化し、定年退職者が大幅に増加しつつある。都市化を急ぐあまり、上の世代の人口を置換できるほどには次の世代が生まれなかったのだ。

一九四五年以来、この世界は史上最高の状態にあった。だがこれからは、それ以上よくなることはないだろう。この時代を詩的に表現すれば、いまの世界の命運は尽きている。二〇二〇年代には、消費と生産と投資と貿易の崩壊が、あらゆる場所で見られるようになるだろう。グローバル化された世界は粉々に砕け散り、地域や国家、あるいはもっと小さな単位でばらばらになる。それには犠牲が伴う。生活はよりゆっくりになる。そして、より悪くなる。私たちが直面するような未来でも機能できる経済システムは、いまだ構想さえされていない。

この退化は、控えめに言っても、かなりの衝撃を及ぼすことになるだろう。このいまの世界をつくりあげるのにも、数十年間に及ぶ平和が必要だった。これほど巨大な破綻に対して容易に、あるいは迅速に適応できると考えるのは、あまりに楽観的であり、少なくとも私はそんな楽観主義を持ち合わせてはいない。

とはいえ、道しるべがまったくないわけではない。

第一に、私が「成功をもたらす地理」と呼んでいるものがある。場所は重要な意味を持つ。その重要性をあなどってはいけない。エジプトの都市がいまある場所にあるのは、工業化以前の時代にそこに、水と砂漠という緩衝地帯の完璧な組み合わせがあったからだ。それとだいたい同じように、スペインやポルトガルが覇権を掌握できたのは、遠洋航海術を早々に習得したからだけでなく、半島という場所に位置していたために、ヨーロッパ大陸の全体的混乱の影響を受けにくかったからでもある。

そこに工業技術が加わると、事情は変わってくる。石炭やコンクリート、鉄道、鉄筋を大量に利用するには、多額の資金がかかる。そのための資金を自力で調達できる場所は、航行可能な水路が多い場所しかない。そのような場所でこそ、資本が生まれるからだ。ドイツは、ヨーロッパのどの国よりも多くの水路を有しており、それにより隆盛が約束されていた。だが、アメリカは、世界のどの国よりも多くの水路を有しており、必然的にドイツの凋落《ちょうらく》は避けられない。

第二に、すでにお気づきかもしれないが、「成功をもたらす地理」は不変ではない。技術が進歩するにつれ、勝者や敗者の内訳リストも変わる。水力や風力を利用する技術の発展によって、エジプトの優位性は過去のものとなり、新たな大国が登場する余地が生まれた。産業革命により、スペインが後景に退く一方で、大英帝国が進撃の始まりを告げた。それと同じように、やがて来る「無秩序」な世界と人口構成の崩壊は、無数の国々を過去へと葬り、ほかの国を台頭させることになるだろう。

第三に、起こりうる影響を決める条件が変わる……ほとんどすべての条件である。いまのこの世界はグローバル化されている。グローバル化された世界には一つの経済地理学しかない。全体を包摂する地理学である。その地理学では、取引や製品の種類を問わず、ほとんどのプロセスが少なくとも一回は国境線を越える。複雑なプロセスになれば、数千回も国境線を越える。だが、私たちがいま向かいつつある世界では、それはまったく賢明な方法ではない。脱グローバル化した世界においては、グローバル時代とは異なる経済地理が一つ存在するというだけではない。独立した経済地理が何千と存在するようになる。経済学的観点から言えば、全体が部分をすべて包摂すれば力が増す。そのなかで私たちは、富や進歩、スピードを獲得してきた。しかしこれからは、部分が分離し、それぞれの部分は弱体化していく。

第四に、世界的な混乱と劣化にもかかわらず、というよりもむしろ多くの場合はかえってそのために、アメリカはこの来るべき大混乱をおおむね回避できるだろう。そう言うと、読者は心のなかのウソ発見機を作動させ、不信感を抱くかもしれない。アメリカがこの騒然たる出来事を難なく乗り越えていけるなどと、どうして言えるのか？　ますます広がる経済的格差、日増しにほころびを露呈する社会構造、次第に自滅的になりつつある厳しい政治情勢をどう考えているのか？

読者が反射的にそんな疑念を抱くのもよくわかる。私は、核爆弾から身を守る方法を小学校で教えてもらうような時代に生まれ育った。だから、多様な視点を欠いた大学が提唱する「差別のない空間」、トランスジェンダーのトイレ使用に関する方針、ワクチンの効果といった問題が慣用句になるほど一般に浸透している一方で、核の拡散や世界におけるアメリカの地位といった問題が議論からほぼ閉め出されている状況に、憤りを覚えずにはいられない。ときにはこう思えることだってある。バーニー・サンダース［急進左派の政治家］とマージョリー・テイラー・グリーン［トランプ支持の極右政治家］がこの四年の間に密会を重ねて生み出してきた、でたらめな思想の継ぎ合わせが、いまのアメリカの政策なのではないか、と。

それを私がどう考えるかって？　私の答えはシンプルだ。私の答えは、これまでもいまも彼ら政治家とは無関係だ。この「彼ら」とは、現代アメリカの急進的な左派や右派を自認する自由奔放な変人たちだけではなく、アメリカの政界関係者全員を指している。アメリカは、二〇二〇年代になるまで政治システムの全面的な再編を経験してこなかったわけではない。歴史的視点を持つ人々から見れば、これは第七ラウンドにあたる。アメリカがこれまでも試練を生き延びて繁栄してきたのは、地理的に見て大半の世界から隔絶されており、人口統計学的に見て大半の世界より人口構成が際立って若かったからだ。アメリカは現在も将来も同様の理由で生き延び、繁栄していくことだろう。アメリカの強みから見れば、現在の論争などつまらないものに見える。こうした論争が、アメリカの強みに影響を及ぼすことはまずない。

間もなく現実になる世界のなかで、奇妙なことにアメリカ人は、ささいな内輪の口論に夢中になるあまり、気づかないかもしれない。ほかの場所では、この世界が終わろうとしていることに！　光は揺らめき、次第に暗くなる。飢饉のしなやかな爪に捕らわれ、逃げられなくなる。現代世界を特徴づけていた資源（資金や原材料、労働力）を十分に手に入れられず、近代的な生活が維持できなくなる。もちろん場所によって展開は異なるだろうが、全体的な傾向に変わりはない。過去七五年は、黄金時代として、そのまま長くは続かなかった時代として記憶されることになる。

本書の中心となるのは、私たちの世界を私たちの世界たらしめてきた、あらゆる経済部門のあらゆる側面で今後起ころうとしている変化の大きさや広がりを明らかにすることだけではない。いかに歴史が再び前へ進もうとしているか、いかにこの世界が終焉《しゅうえん》を迎えるのかを明らかにすることだけでもない。本書の真のテーマは、この状況の変化をその先から眺めたときに、あらゆるものがどのように見えるのかを描き出すことにある。今後の世界を左右する新たな条件とは何なのか？　脱グローバル化した世界における新たな「成功をもたらす地理」とは、どんなものなのか？

次に何が起きるのか？

結局のところ、この世界の終わりは、実際には始まりに過ぎない。それなら、そこから説明を始めるのがいちばんいい。
この世界の始まりから。

第 一 部

一つの時代の終わり

第一章　始まりは、いかにして始まったのか？

はじめ、私たち人間は放浪者だった。

放浪していたのは、自分探しのためではない。腹ぺこだったからだ。人間は季節の移り変わりとともに、根菜や木の実、果実が豊富な場所を求めてさまよった。さまざまな植物を手に入れようと、高地へ登ったり低地に降りたりした。動物が移動すると、ステーキになる肉を求めてそのあとを追った。住みかになるような場所は、必要に応じてその場その場で見つけた。一般的には、数週間以上同じ場所に滞在することはなかった。採集や狩猟をすると、そのあたりで食べられるものは、すぐになくなってしまうからだ。空っぽになった胃袋に急かされるように、再び放浪を始めるのである。

こうした制約はきわめて厳しいものだった。自然状態の人間が利用できる動力源と言えば、筋肉しかない（当初は自身の筋肉だけだが、のちには飼いならしたわずかばかりの動物の筋肉も利用することになる）。飢え、病気、けがはありふれたものであり、不幸にもそれらによって死に至る可能性も高かった。そのうえ、自然が与えてくれる根菜やウサギを自分が食べてしまえば、ほかの人間はそれを食べられない。確かに、人間は「自然との調和」のなかで暮らしていた。それは、別の言い方をすれば、隣人を見つけるやいなや、隣人を叩きのめさなければならない生活でもあった。

つまり、勝者が敗者を食べる。

かなりエキサイティングだろう?

ところがある日、奇跡が起きた。私たちは新たに不思議なことを始めた。それにより暴力的で不安定な生活が解消され、この世界が一変した。

ウンチを利用して、ガーデニングを始めたのだ。

▼定住農耕革命

人間のウンチは奇妙なものだ。人間は雑食動物なので、そのウンチには自然界の栄養素が高密度で濃縮されている。人間は当然、そのウンチがどこで手に入るか、どこに置いてきたかを知っている。そのため、「新鮮な供給物の確保」も「管理」も簡単だった。*

人間のウンチは、肥料としても成長培地としても優秀だった。そのため、文明化される以前はおろか、文明化されてからも、一九世紀半ばに化学肥料が大量に導入されるようになるまで

* 地政学上の重要な教訓がここにある。真の歴史は潔癖な人には向いていない。

ウンチは利用されていたし、一部の地域ではいまも利用されている。* こうしてウンチを管理しなければならなくなると、そこから初めて階級による差別が生まれた。インドの被差別民は「下肥」を回収・配布する仕事に従事させられている。

この「大いなるウンチによる大革新」――一般的には定住農耕と呼ばれる革新――は、人類が最初に獲得した技術らしい技術とされている。この定住農耕は、人類に地政学の第一の原則をもたらした。場所が何より重要であり、どの場所がより重要なのかは、その時代の技術に応じて変わる、という原則である。

狩猟・採集の時代に見られた、最初の「成功をもたらす地理」はすべて、動植物の生息域や多様性に関連していた。多様な植物や動物を利用できれば良好な栄養状態を保てるが、誰も住みかを変えることなどしたくないため、その領域の動植物を根こそぎにするまでは移動しようとしない。とはいえ、結局はすぐにその一帯の動植物を食べ尽くしてしまい、無慈悲な飢えに迫られるたびに緑豊かな地への移動を余儀なくされるため、簡単に移動できる必要がある。したがって人間は、気候の多様性が高い地域に密集する傾向があった。特に人気だったのが山麓の丘だ。そこでなら、比較的短い距離を上下に移動するだけで、さまざまな気候帯にアクセスできる。また、熱帯とサバンナが入り混じっている地域も人気だった。雨季には獲物が豊富なサバンナを、乾季には植物が豊富な熱帯雨林を利用できるからだ。

サバンナと熱帯雨林と高低差が混ざり合って一体化していたエチオピアは、特に狩猟採集民に好まれた。だがそこは、(ウンチ)農耕にはまったく不向きな土地だった。

定住農耕によって一カ所から必要な食料をすべて手に入れるためには、狩猟採集民の生活を維持してきた多様な動植物の生息域ではなく、まあまあ広く、ほぼ平たい、まとまった広さの土地が必要になる。また、狩猟採集民が食料を求めて季節ごとに移動する行為は、絶えず作物に注意を払わなければならない農耕民の行為とは相容《あいい》れない。そもそも、作物の収穫は一定の季節に限定されているため、一年を通して絶えず食べたがる人間の欲求を満たすことはできない。それに、自分が一カ所に腰を落ち着けて農耕をするからといって、ほかの人もそうするとは限らない。何らかの策を講じなければ、隣人が自分のガーデンに入り込んで作物をあさっていくかもしれない。そうなれば自分は、何カ月も働いたあげく、飢えに逆戻りすることになる。こうして多くの部族は、農耕を始めたものの、結局はうまくいきそうにないと判断して農耕を放棄した。

人間はこうした無駄な努力を通じて、自分で自分を養っていくためには別の方法を学ぶ必要があること、農耕で食料を調達するためには別種の地理的条件を見つける必要があることを学んでいった。

まずは、季節の変化のない気候が必要だった。そんな気候であれば、年中作物を栽培・収穫

＊　この話題に興味を抱いた人には、ジャレド・ダイアモンド著『銃・病原菌・鉄』をお勧めしたい。「ウンチによるガーデニング」革命が持つ経済学的・生物学的意味について、ときに容易ならぬ事態を引き起こしかねないほど詳細に記されている。

でき、飢えの季節がなくなる。また、安定した水の流れが必要だった。人間の生活を支えてくれる作物には、年がら年中水が欠かせない。さらには、他人が入り込んできて労働の成果を盗んでいくことがないように、自然が優れた障壁となっている場所が必要だった。つまり、人間にはこれまでとは異なる「成功をもたらす地理」が必要だった。

▼水力革命

地球上でこの三つの条件をすべて満たしている唯一の場所が、低緯度地域にある低地の砂漠を流れる河川沿いだった。

この場所には、明らかな利点がいくつもある。

- 農家や庭師ならば誰でも知っているように、雨が降らなければどうしようもない。だが、川岸であれば、水を支配する神でも現れないかぎり、灌漑《かんがい》用の水が不足することはない。
- 低緯度地域は一年中、日照時間が長く、季節的な変化が少ないため、収穫が何度もできる。より多くのタイミングでより多くの収穫ができれば、飢える可能性が少なくなる。飢餓は、ともかく最悪だ。
- 高地の河川は、流れが速く直線的で、流域に渓谷を生み出す。それに対して低地の河川は、平坦な地を蛇行して流れる傾向があり、多くの場合、農耕が可能な土地と河川が接している。おまけに網目状に広がる川は、春の洪水の際には岸を越えてあふれ出し、分厚い層状の栄養豊かな堆積物を残していく。この沈泥が、ウンチの効果を飛躍的に高める。
・砂漠のなかの場所であれば、作物を盗む厄介な他人は近寄れない。砂漠の端にたどり着き、そこから無限に広がる灼熱《しゃくねつ》の砂地を眺めてうっとりと、「ここに最高のウサギやコールラビ［アブラナ科の野菜］がたくさんある」などと考える狩猟採集民はいない。粗末なサンダルが、最も丈夫な履き物だった時代であればなおさらだ。

また河川には、それと同じくらい重要な隠れた利点がいくつかある。

第一に、河川は輸送に利用できる。モノを運ぶというのは、それほど簡単なことではない。アスファルトやコンクリートの道路を利用できたとしても（二〇世紀初頭までそんな道路は存在さえしなかった）、陸上輸送は水上輸送のおよそ一二倍ものエネルギーが必要になる。紀元前一千年紀が始まったころには、せいぜい砂利道《じゃり》しかなく、必要なエネルギーは水上輸送の一〇〇倍近くだったと思われる。*

人類最初期の文明の中心地には、砂漠を緩やかに流れる河川があったおかげで、さまざまな物資や食料を、余っているところから足りないところへ移動させることが可能になった。また、河川を使って労働力を分配することで、より多くの畑を開拓できるようになり、作付けや食料供給が増加した。住んでいた場所からちょっと歩いていける場所ではない、遠く離れたところ

＊　紀元前三世紀までは石畳さえなかった。

でも農耕ができるようになったのだ。こうした河川の利点はしばしば、みごとに成功する（誰もが飢えない）か、みごとに失敗する（誰もが飢える）かの分かれ目となった。また、決してなおざりにできない安全保障の問題にも対処できる。水路を利用して兵士を配置すれば、砂漠を横断してくる間抜けな隣人の侵入を防ぐこともできた。

この輸送という利点だけでも、初期の農耕民は、ほかの狩猟採集民とは一線を画する存在になった。より多くの土地でより安全に作物を生産できるようになれば、生産される食料が増え、それにより人口が増えるとともに生活が安定し、さらに多くの土地で、さらに安全に作物を生産できるようになっていくという好循環が生まれる。こうして人間は放浪の民であることをやめ、きちんとした共同体の一員となっていった。

河川が持つ第二の利点は……消化と関係している。

食べられるものがあったとしても、植物から採集したものが、そのまま食べられるとは限らない。生の小麦などは、確かにかみ砕くことはできる。しかし、生の小麦はどの消化器官にとっても硬すぎるため、口も胃もウンチも血まみれになる。どんな年齢の人間にも望ましいものではない。

生の穀物を煮れば（味や見た目や食感はひどいとはいえ）薄い粥《かゆ》はできるが、煮るためにはかなりの燃料が必要になる。煮るという行為は、養うべき人間がわずかしかおらず、すぐに薪《たきぎ》を集めることのできる狩猟採集民であれば、補完的な調理法として機能したかもしれないが、砂漠の果ての谷間ではまったく役に立たない。そもそも砂漠には、薪にする木があまりない。

砂漠でも木がある場所といえばもちろん川沿いだが、そこでは燃料の調達と農耕とが直接競合する。それに、川沿いの農耕が成功すれば、その地域の人口はかなり増える。そのコミュニティに暮らす大勢のために毎日食料を煮炊きするというのは、石炭や電気のない世界では現実的ではない。

つまりそれは、どういうことなのか？　土地を開拓し、灌漑用の溝を掘り、種をまき、作物の世話をし、穀物を収穫して、脱穀するというのは、初期農耕のなかの簡単な部分でしかない。本当に大変なのは、石を二つ使い、収穫した穀物を（一度に数粒ずつ）砕いて粗い粉にする作業である。そうすれば簡単に消化できる濃厚な粥をつくることができる。食通がそばにいれば、その粉を使ってパンを焼くこともできる。だが人間が使えるのは、（人間および家畜の）筋力だけだ。悲しいことに、穀物を粉にするこのプロセスには、同じ作業を延々と繰り返す、かなりの労働力が必要になる。

河川は、この問題を解決してくれた。水車を使えば、水の運動エネルギーの一部を製粉装置に利用できる。水の流れが止まらないかぎり、水車が回転し、大きな石が穀物をすりつぶしてくれる。人間は、その挽《ひ》き臼《うす》に穀物を入れるだけでいい。少し待てば、あら不思議、小麦粉のできあがり！

水車は、省力器械の元祖だと言える。当初は、これにより節約された労働力はほぼすべて、骨の折れる灌漑農業の仕事に振り当てられた。その結果、さらに多くの土地が開拓され、さらに多くの収穫を安定して確保できるようになった。つまり、畑から食卓へのプロセスに費やす労働力が減ったため、人間は史上初めて余剰食料を生み出すようになった。それにより人口が増え、さらに労働力が増えると、人間はふと、その労働力にさせるべき仕事を思いついた。余剰食料を管理する仕事である。じゃーん、こうして陶器と数字が生まれた！　すると、壺に入れた食料を貯蔵する方法や計算を記録する方法が必要になった。じゃーん、こうして基本的な工学技術や筆記法が生まれた！　また、貯蔵された食料を分配する手段も必要になった。じゃーん、道路の誕生だ！　さらには、これらすべてのものを集中的に保管・管理・保護すると同時に、これらすべてのスキルを未来の世代に伝えていくことが必要になった。じゃーん、都市化と教育だ！*

その各段階において、農業から少しずつ労働力が引き抜かれ、その労働力がもともと割り当てられていた農業自体を管理、活用、または改善する新しい産業に労働力が割り当てられていった。このような形で労働の専門化や都市化が着実に進んだ結果、まずは町が生まれ、次いで都市国家や王国が生まれ、やがては帝国が生まれた。定住農耕により人間が摂取するカロリーは増し、砂漠により安全性は高まったかもしれないが、文明へと至る歴史には、河川の力が必要だったのだ。

ただし、この最初の数千年間の交通量は……たいしてなかった。

河川を中心とする農耕システムは、世界中のさまざまな河川沿いで生まれる可能性があり、実際に生まれもしたが、砂漠という堅固な防壁に周囲を囲まれている文明はまれだった。実際、定住農耕を基盤とする文明の地として最初に選ばれたのは、ティグリス・ユーフラテス川の下流域、ナイル川の下流域、インダス川の中流域（現在のパキスタン）、それにやや規模は小さいが、黄河の上流域（現在の中国北中部）ぐらいである。

ミズーリ川やセーヌ川、揚子江、ガンジス川、クワンザ川沿いでも、独自の町や王国、帝国をつくることはできたかもしれないが、それらの場所はいずれも、町や国を維持していけるほど近隣の民族集団から隔絶されてはいなかった。近隣の民族集団は、文明化していようが文明化していなかろうが、絶え間ない競争を通じて、これらの町や国を疲弊させていったに違いない。そのため、これらの帝国のうち最大・最強と言われたローマ帝国でさえ、食うか食われるかの古代世界のなかで、わずか五世紀しか生き延びられなかった。一方、メソポタミア文明やエジプト文明は数千年も続いている。

だがその後、思わぬ展開があった。人類の文明は、次なる技術革新の結果、他の集団から隔絶されることで耐久性を上げるのではなく、他の集団との競争の促進によって耐久性を下げる方向へ向かったのである。

▼風力革命

人類は紀元後七世紀になってようやく、製粉技術にまつわるさまざまな技術的問題を克服し、

＊　そう、これはまさに、シド・マイヤーが開発したシミュレーションゲーム『シヴィライゼーション』そのものである。よく調べたものだ。

製粉用の車輪を新たな動力源と結びつけた。羽根板のついた輪を使って器械の下を流れる水の力を利用するのではなく、羽根や帆を使って上を流れる空気の力を利用したのだ。クランク軸や破砕面など、製粉器械のほかの部分にほとんど違いはなかったが、水力から風力へと動力源が変わったことで、人類の発展が可能な地理的条件も変化した。

水力を利用していた時代には、余剰労働力や労働の専門化を生み出せるのは、河川に接している場所だけだった。ほかの地域の人々は、穀物をすりつぶす骨の折れる作業にかなりの労働力を確保しておかなければならなかった。だが、風力を利用する風車であれば、ほぼ誰でも製粉作業ができる。降雨があって、ときおり強めの風が吹く場所ならどこでも、労働の専門化が可能になり、そこから都市化が進んでいった。しかし、こうして生まれた新たな文明が安全性や安定性に恵まれていたかというと、そうではない。全体的にこれらの文明は、風力を利用する前の文明のようには、地理的に隔絶されてはいなかったからだ。それでも風力は、農耕により余剰労働力を生み出せる地域を一〇〇倍も広げた。

この新たな文明の広がりは、瞬く間にさまざまな影響を及ぼした。

第一に、「成功をもたらす地理」の制約条件がやや緩んだために、文明化された生活がきわめて一般的なものになる一方で、生活の安全性は大幅に低下した。降雨と風のある場所ならばどこにでも都市が現れるようになると、常に国々が角突き合わせる状態になったのだ。食料供給が豊富な国、技術力が高い国が戦争を引き起こした。こうして戦争は、ありふれたものになっただけでなく、より破壊的なものになった。また史上初めて、住民の生存が特定のインフラと直結することになった。風車を破壊すれば、敵対する国の住民を飢えさせることができるのである。

第二に、定住農耕へ移行した際に、「成功をもたらす地理」の条件が、標高差のある土地から低地の砂漠を流れる川へと変化したように、水力から風力へ移行した際にも、人類に好まれる土地が変化した。その土地とは、物資の流通が容易な、可能なかぎり広大な内陸の未開拓地である。河川はもちろん変わらず重要だったが、広く開けた平地であればどこでもいい。それをうまく使えば、外敵に対する堅固な防壁にもなる。砂漠はいまだに有効だが、農耕に適さない土地があれば、十分砂漠の代わりになる。当時の軍隊は歩いて移動しなければならず、限られた量の食料しか運べなかった。そのため、たいていは、道中の村々から略奪しながら侵攻していくほかなかった。したがって、国境地帯に略奪できるものがなければ、侵略される機会が減るうえに、徹底的に侵略されることもなかったのである。

国境地帯があまりに開放されていると、モンゴル民族のような集団に攻め込まれる可能性が高くなる。中国やロシアはそれにより辛酸をなめることになった。また内陸に起伏がありすぎると、住民全員を一体化させるほどの文化的統一を果たすことができなくなる。ペルシャやアイルランドは、そのせいで絶えず内紛を起こしていた。理想的な地理は、外側の防壁が堅固で、内側の移動が容易な場所だった。その実例がイングランド、日本、オスマン帝国、スウェーデンである。

第三に、風力に依存した新たな文明は、必ずしも長くは続かなかった。実際、大半は一時的な成功を収めたに過ぎない。それでも、こうした文明が数多く誕生した結果、技能に長けた労働力の絶対的供給量が爆発的に増え、技術革新のペースが大幅に加速した。

最初期の定住農耕は、紀元前一万一〇〇〇年ごろ、多少なりとも定住するようになった人間によって始まった。それからおよそ三〇〇〇年の時を経て、人間は動物を家畜にする方法や小麦を栽培する方法を発見する。そして紀元前最後の二世紀ほどになってようやく、水車による製粉へと飛躍を果たした（この技術はその後、ギリシャ人やローマ人により各地に広められていく）。そこから風車による製粉へと移行するまでには、さらに数世紀がかかり、紀元後七〜八世紀になってやっと一般に普及するに至った。

ところが、ここからは歴史が一気にスピードアップする。何万ものエンジニアの祖先たちが数千もの人口密集地域のために、来る日も来る日も風車の設計に尽力した。こうしたオタク的な作業は必然的に、風に関連する無数の技術にスピンオフ効果をもたらした。

風力技術を利用した最初期の事例の一つが、単純な横帆船である。確かに横帆も、多少の前進運動を生み出すが、風が吹く方向にしか進めない。風が吹く方向へ行きたくない場合や、常に波がある場合には大きな制約となる。帆を大きくしたところで何の役にも立たない（実際、布地の面積を大きくすると、ほぼ確実に転覆する）。

しかし、風車に関する新たな実験が絶えず行なわれるようになると、それにより空気力学に関する知識が徐々に増えていった。その結果、一本のマストに帆を一枚張っただけの船はやがて、水や風のさまざまな条件に対応できる、複数のマストに独特の形の帆を無数に並べた船に取って代わられた。こうして移動性や操作性、安定性が増すにつれ、あらゆる分野に技術革新が飛び火した。船舶の建造方法（木釘から鉄釘へ）、航海技術（太陽の観察からコンパスへ）、武器（弓矢から銃眼や大砲へ）などである。

それからわずか八世紀の間に、海上における人類の経験は一変した。一隻の船が輸送できる荷物の量は、一〇〇kg程度から数百tに増えた（これには武器や乗組員用の物資は含まれない）。地中海を北から南へ縦断する船旅は、かつては自殺同然と見なされるほど危険視されていたが、もはや大洋横断や大陸周遊をする数カ月もの船旅の初めの一歩に過ぎなくなった。

それは、人間のあり方にも無数の影響を及ぼした。

この新技術を利用できる政治勢力は、国際的な舞台で優位な立場を手に入れた。莫大《ばくだい》な収入の流れを生み出し、それを利用して防壁を強化し、住民を教育し、拡大を続ける行政費や軍事費の支出をまかなった。たとえば、イタリア北部の都市国家は完全に独立した地域勢力として、当時の諸帝国と肩を並べるほどの力を持つに至った。

進展はそれだけではない。

遠洋航海術が確立されるまでは、距離が一貫して圧倒的な障害となっており、貿易はきわめてまれだった。道路は文化圏の内部に存在するだけであり、そもそも大半の文化圏には、活発な貿易ができるほどの多様な商品が存在しなかった（航行可能な河川がある恵まれた場所は例外である。そのような場所はきわめて豊かな文化圏になる場合が多かった）。交易に適した品々は、香辛料や金や磁器など、異国的なものに限られていた。だが、それらの商品をなるべく多く運ぼうとすれば、それだけ商人が持っていける食料は減ってしまう。

価値のある商品には、別の問題もあった。町の外から荷馬車に商品を載せてやって来て、その商品を買ってくれと言う人がいたとしたら、そんな人は現代で言えば、空港で預けるかばんに純銀製の荷物タグをつける愚か者と同じだ。* それに、運んでいける食料には限界があり、とても商人一人では目的地までたどり着けない。そのため貿易は、大まかなルートに沿って数珠《じゅず》つなぎの真珠のように配置された、何百もの仲買人を通じて行なわれた。すると当然、それぞれの仲買人が商品の値段に自分の利益分を上乗せする。その結果、シルクロードなどを通じた大陸間貿易になると必然的に、値段が一万%も跳ね上がった。また同じ理由により商品は、軽量でかさばらず、保存が利くものしか扱えなかった。

だがこれらの問題はすべて、遠洋航海術によって回避されることになった。

新式の船は、陸地から見えないところを連続して何カ月も航行できたため、脅威にさらされることが減った。大きな船倉《せんそう》のおかげで、物資を補給するために途中で何度も停泊する必要がなくなったからだ。また、恐るべき武器を備えていたため、どこかに停泊する必要があったとしても、地元の住民がそばをうろついて盗めるものを物色することも少なくなった。こうして仲買人が不要になった結果、ぜいたく品の値段は九〇%以上下落した。しかもこれは、強国が新興の遠洋貿易を支援するために軍隊を派遣して、世界中で価値が認められている香辛料や絹や磁器の産地を直接支配するようになる前の話である。

抜け目ない強国†は、調達や分配をするだけでは飽き足らず、航路沿いにある主要な港を支配下に収め、貨物船や軍用船が避難したり、物資を補給したりできる場所を確保した。すると利益は急増した。船が航海中に安全に物資を補給できるのであれば、一年分に及ぶ物資を積んでおく必要はなくなる。そのため船倉に余裕ができ、その分、価値ある商品を多く積める。あるいは武装した人員を増やせるため、身を守ることもできれば、ほかの国の品々を略奪することもできる。‡

こうした商品からの収入、商品へのアクセス、蓄えによって、成功を収めていた地域は、さらなる力を手に入れた。すると、広くて質のよい耕作地が成功の必要条件であることに変わりはないものの、陸上での攻撃から身を守る重要性が、はるかに高くなった。海洋貿易でいくら利益をあげていたとしても、波止場や船舶といったインフラには、まったく新しい技術が必要であり、それを利用するには莫大な費用がかかる。商船をつくるために資金を費やせば、それだけ当然軍の維持のために使える資金は少なくなる。

つまり、新たに「成功をもたらす地理」になったのは、造船や船乗りの訓練に適した場所ではなかった。そうではなく、地上侵攻の心配がなく、水平線の向こうに目を向けることのできる、戦略的空間のある場所だった。実際、遠洋航海技術を利用した最初の国は半島で生まれた。

＊　強盗してください！
†　ポルトガルよ、君のことだ！
‡　これもポルトガルよ、君のことだ！

具体的には、ポルトガルとスペインである。敵国が一方向からしか自国に接近できないのであれば、海軍の発展に注力しやすくなるからだ。だがそういう意味では、島国のほうがはるかに防御しやすい。そのため、間もなくイングランドがイベリア半島の国々を追い抜くことになる。

その過程で、落後した文化圏も無数にあった。遠洋航海の技術をもちながら、スペインやイングランドに追いつくことはできなかった文化圏である。一方、フランス、スウェーデン、イタリア、オランダなどは、スペインやイングランドとほぼ同等の地位を手に入れた。このことは、遠洋航海の技術が、食生活や富や戦争などのあらゆるものに革命的な変化をもたらしたとはいえ、どの国も同じ新技術を採用した場合、勢力の均衡が必ずしも崩れるわけではないことを証明している。むしろ遠洋航海の技術は、それを使いこなすことができた国と、新技術を修得できなかった国との差を広げた。ライバル関係にあったフランスとイングランドは、どちらも相手国を征服することはできなかったものの、遠く離れた土地へ向かい、両国の技術力に太刀打ちできない人々を征服することはできるようになったし、実際にそうした。こうして世界の支配的な政治単位は、隔絶された農業共同体から、グローバルな貿易に基づいた海洋帝国へと急速に進化していった。

貿易の航海距離が数十㎞どころか数千㎞単位に達すると、輸送費用が大幅に低下するとともに、貿易額や貿易量が爆発的に増加した。すると、貿易ルートの両端の国で、都市化の傾向が促進されることになった。新たな海運産業が誕生し、無数の交易品が流通するようになると、各帝国には、あらゆるものを開発・加工・製造・分配する拠点が必要になり、かつてないほど、都市化や労働の専門化が強く望まれるようになったからだ。また、輸送単価が下落したおかげで、木材や織物、砂糖、茶、さらには小麦など、異国的ではない物品にまで、貿易の対象が広がっていった。別の遠い大陸からの食料が帝国の「中心」に供給されるようになったのだ。

その結果、世界で初めての巨大都市がいくつも生まれただけではない。農業に従事する者が誰もいない、誰もが付加価値労働に従事する都心も生まれた。こうして都市化や労働の専門化が爆発的に進展すると、技術革新のペースはさらに加速した。すると、遠洋航海時代に入ってから二世紀もたたないうちに、シルクロードの貿易拠点からはるか遠く離れたロンドンが、富にも教育にも恵まれた世界最大の都市に躍り出た。

このように、富や技能が一カ所に大量に集中すると、たちまち臨界点を超える。イングランドは独力で、文明の転換をもたらす新たな技術を生み出した。

▼産業革命

遠洋航海時代に、技術の利用範囲や知識がかつてないほど拡大されたにもかかわらず、人間はいまだ、太古の昔から人類の前進を阻んできた、さまざまな制約を抱えていた。実際、一八世紀になっても、人間が利用できるエネルギーの選択肢は、筋力・水力・風力の三つしかなかった。つまり、それまでの一万三〇〇〇年間は、これら三つの力をより多く獲得し、より効率的に利用する努力が重ねられた時代だと言える。だが結局のところ、風が吹かなければ、水が流れなければ、筋肉に栄養を与えて十分に休ませなければ、何もできない。

この状況をひっくり返したのが、化石燃料である。人間は、石炭（のちには石油）を燃やして蒸気を発生させることで、いつでも、どこでも、好きなだけ利用できるエネルギーを手に入れた。船はもはや、季節風を気にして世界をまわる必要はない。自前の動力を持ち運びさえすればいい。こうしてエネルギーの強度や利用精度が二桁分も向上すると、鉱業や冶金《やきん》工業、建設や医療、教育や軍事、製造業や農業など、幅広い産業のあり方が再検討され、それぞれの産業が独自の技術を生み出して人間の経験を変革していった。

たとえば、医療の発展により健康が増進し、寿命が二倍に延びた。コンクリートの登場により、道路らしい道路や高層建築物*の建設が可能になった。染料の発展により化学産業が生まれ、農業生産量を四倍も高める肥料へとつながった。鉄よりも強く、軽く、破断しにくく、耐腐食性の高い鋼鉄が開発され、輸送や製造、軍事など、金属を利用するあらゆる産業に、性能の飛躍的進歩をもたらした。こうして筋力がさほど必要とされなくなると、それが奴隷制の廃止を促した。また電気の普及により、労働者の生産性が高まるとともに、電灯が発明され、生産に使える時間が増えた。すると大衆の生活も変わった。夜になっても明るく、読み方を学ぶ（あるいは本を読む）時間が増えたため、大衆の識字率が向上した。女性も、庭仕事や家事や子どもの世話だけに束縛されない人生を送ることが可能になった。電気がなければ、女性の権利拡張運動もなかったに違いない。

この新たな工業化時代において、最大の制約となったのは、もはや筋力や水力や風力などのエネルギーではなく、資本だった。鉄道、幹線道路、組み立てライン、高層建築物、戦艦など、この新たな時代を特徴づけたものは、そう、すべて「新しい」ものだった。過去数千年にわたり利用されてきたインフラを、より軽く、強く、速く、質のよいインフラに置き換える。そのためには資金が必要だった。それも大量にだ。工業化時代のインフラ需要に応えるには、資本を動かす新たな方法が欠かせない。資本主義、共産主義、ファシズムはすべて、そこから生まれた。

さらにこの時代には、供給の多い場所から需要の多い場所へモノを移動させるという「単純」な経済が、このうえなく複雑なものに変わっていった。独自の製品を大量に提供している工業地域が、同様に独自の製品を大量に提供している別の工業地域と隣接している。そんな時代には、発展を左右する要因は二つしかない。工業を発展させる資金を供給する能力と、その発展の産物を購買客のもとへ輸送する能力である。

その結果、「成功をもたらす地理」の論理に……ひびが入った。狩猟採集経済から水車の時代へと移行したころまで遡《さかのぼ》ると、川のそばにいるほうが絶対によかった。それはこの新たな時代でも変わらない。だが、もはやそれだけでは十分ではなく、それだけですべてを手に入れることのできた国はない。航行可能な河川の緊密なネットワークは、地域の交易を活発化させ、かなりの資本を生み出すことはできる。しかしそれだけでは、地域の発展に必要な資金を調達すると同時に、その発展の産物を購入するには足りない。したがって、資本の源としても、消

＊　四階建て以上のビルを指す。

費の源としても、貿易がより重要になった。資本を生み出すという観点だけで言えば、最大の成功者はドイツだった。ライン川、エルベ川、オーデル川、ドナウ川の流域が、産業界で最大の密度を誇る資本創出地帯となり、ドイツ帝国をこの時代屈指の強国に押し上げた。しかし、時代の波に乗って海洋を支配していたのは、イギリスだった。ドイツを世界の覇者に押し上げるために必要な貿易ルートや顧客へのアクセスは、イギリスが握っていた。

遠洋航海時代のルールにより規定された、好ましい地理的条件は、工業化時代にもゆるぎなくあてはまる。航行可能な水路を広範囲に支配する帝国は、工業化が進むにつれて規模を増し、国力を高め、致命的な破壊力を持つようになった。そして遠洋航海により世界各地に触手を伸ばし、機関銃や戦闘機、マスタードガスなど、工業化された武器でその地を蹂躙《じゅうりん》した。だが、それよりも重要なのは、遠洋航海と工業化の組み合わせにより、これらの帝国が数カ月や数週どころか、数日あるいは数時間で、新たな軍事能力を相互に行使できるようになったことだ。しかも地球上のあらゆる場所で。

真に工業化された紛争の最初期の事例が、クリミア戦争（一八五三～五六年）、アメリカ南北戦争（一八六一～六五年）、普墺《ふおう》戦争（一八六六年）である。それからわずか二世代後には、二度の世界大戦が勃発し、史上最悪の大量殺戮《さつりく》によって、およそ一億人もの人間が命を落とした。戦争が人間にとってこれほど悲惨なものになった理由の一端は、産業革命の技術発展により、戦争に利用される武器の破壊力が増したからというだけではない。社会の文化的基盤や技術的な専門知識、経済的な活力、軍事的な能力が、人工的なインフラに大きく依存するようになったためでもある。この時代の戦闘部隊は、敵国の民間のインフラを標的にした。それは、そのインフラが戦闘行為を支えていたからだが、それはまた、大衆の教育や雇用や健康、および飢餓の抑止を支える基盤でもあった。

いずれにせよこの世界大戦により、地理がいまだに重要であることが証明された。なぜなら、イギリスやドイツ、日本、中国、フランス、ロシアが敵の水力・風力・工業関連のインフラの破壊に勤しんでいたころ、それまで世界史の舞台にあまり登場してこなかったある国が、これまでにない地理的条件に恵まれたおかげで、大規模な破壊の標的にならなかったばかりか、この戦争を利用して、水力・風力・遠洋航海・工業の技術をこれまでにない規模で自国の領土に応用していったからだ。

おそらく読者もその国の話を聞いたことがあるに違いない。その国の名をアメリカという。

第二章　偶然の超大国アメリカ

アメリカは、おかしな国だ。

アメリカには、多大な関心や攻撃の対象になる点があり、議論や論争の的になる点もある。感謝や嫉妬、敬意や怒りを引き起こす点も無数にある。アメリカ経済のダイナミズムはその個人主義的かつ多民族的な文化の賜物だと指摘する人もいれば、アメリカの軍事力がこの世界の決定要因になっている点を重視する人や、アメリカの憲法の柔軟性こそが間もなく三世紀に及ぼうとする成功の秘訣だと見なしている人もいる。これらの意見はいずれも間違ってはいない。そのいずれの特徴も、アメリカの粘り強さに貢献している。しかし私は、もう少しストレートに言いたい。

アメリカの最大の特色は、「成功をもたらす地理」を完璧に備えている点にある。その地理的条件が、アメリカの国力だけでなく、世界におけるアメリカの役割をも決定づけているのだ。

▼アメリカは史上最強の河川国かつ陸上国

イギリスがつくった一三植民地は当時の技術からもわかるように、当然ながらすべて農耕地だった。とはいえ、現代の穀倉地帯のような植民地は一つもない。ニューイングランドの各植民地（コネチカット、ロードアイランド、マサチューセッツ湾、ニューハンプシャー）は、岩だらけの薄い土壌、曇りがちな天候、短い夏といった悪条件に悩まされ、農業の選択肢が限られていた。小麦は無理。トウモロコシがせいぜいだった。そのため農業を核としながらも、捕鯨や漁業、林業、酒造*も経済を支えていた。

ジョージアやノースカロライナ、サウスカロライナの各植民地は、北部よりは農耕に適した天候であり、農業の選択肢をより有益な作物に広げることができたが、北部とは違う意味で土壌がやせていた。このあたりのピードモント台地の土壌は主に、アパラチア山脈の残滓《ざんし》からできた粘土であり、ミネラルを豊富に含んではいたが、有機性の栄養素にあふれていたわけではなかった。そのため移動農業を採用せざるを得なかった。開拓した土地で何度か作物を育て、その土地の栄養素が枯渇したら、新たな土地へ移動するという農業形態である。一カ所にとどまるには手作業で肥料をまく必要があったが、これは時代を問わず骨の折れる仕事だ。そのため、何はともあれ土壌の質を改善する必要があった南部では、季節労働や奴隷など、非標準的な雇用モデルが定着した。

---

* 当時、蒸留されていた質の悪い褐色のアルコールもすべて含まれる。

一三植民地のなかで農地に最も適していたのは、中部大西洋岸の植民地であるメリーランド、ペンシルベニア、バージニア、ニューヨーク、ニュージャージーだった。とはいえ、中西部のアイオワやアルゼンチンのパンパ、フランスのボース地方並みに豊かな土壌だったというわけではない。* そこが「適地」とされたのは、ほかがあまりにひどかったからだ。中部大西洋岸の植民地は、土地も天候もさほど悪くないうえに、利便性の高い海の玄関口の大半を有していた。チェサピーク湾やデラウェア湾、ロングアイランド湾、ハドソン川、デラウェア川である。密集した水路のネットワークがあると、そこに人口が集中する。つまり町だ。町の住民は農耕をしない。

農業にとってさほど理想的ではない環境に、全体的に都市化を促す地理的要因が加わり、苦労ばかりの生活を強《し》いられていた植民者たちは、農業とはきっぱり縁を切り、工芸や織物などの付加価値製品に活路を見出した。それが結果的に、イギリス本国との事実上の経済紛争を引き起こすことになった。イギリスは、帝国経済における付加価値製品の分野は帝国の「中心」が独占すべきものと見なしていたからだ。†

このように、植民地の農業がその場しのぎのもので安定していなかったために、本格的な物流システムが必要とされた。当時、地方の食料品の流通の大半は、沿岸の海運により行なわれていた。人口密集地の大半が沿岸にあったため、モノを運ぶには、海運が最も安価で効果的な方法だったのだ。一七七五年に独立戦争が始まり、植民地政府が世界最強の海軍を抑え込むと、アメリカは一気に活気づいた。とはいえ、植民地の住民の多くが、六年もの長きにわたり飢えに苦しんでいた。アメリカは最終的に独立戦争に勝利したかもしれないが、こうして生まれた国の経済の先行きは、まるで見通せなかった。

ところが、「領土拡大」がほとんどの問題を解決した。

広大な中西部は、世界一肥沃な農地が五〇万㎢以上あった。スペインの国土全体を上まわる面積である。中西部には、中西部の土地は、草原の栄養豊かな分厚い土に覆われているうえに、ちょうど温帯域にある。冬には昆虫が死滅し、害虫が活動しなくなるため、殺虫剤の費用を節約できるうえ、土壌が毎年分解・再生されるので、必要な肥料が少なくてすむ。明確な四季があり、十分な降雨（冬季には降雪）がほぼ保証されているので、土壌に適切な水分を供給できるだけでなく、地域の西端に補助的な灌漑を行なうこともできる。

アメリカの開拓民はまず、カンバーランド峠からアパラチア山脈を越え、オハイオ準州に集中的な移住を始めた。だが、ニューヨーク州に暮らす人々に向けて、ハドソン川を利用してオハイオの豊かな農産物を供給するためには、オハイオ準州が接している五大湖までエリー運河を切り開く必要があった。開拓民は次いで、オハイオから現在のインディアナ州、イリノイ州、

＊　ニュージャージー州には「庭園の州（Garden State）」という別名があるが、そう言うとたいていの人はあきれた顔をする。

†　これは、今日に至るまで繰り返し目にする自明のパターンである。現在でも、付加価値の高い仕事を誰が担うのかという問題が議論の的になっている。こうした仕事は高い賃金を生み出すだけでなく、技術や資本が発展するペースを速め、税基盤を広げることになるからだ。

アイオワ州、ウィスコンシン州、ミズーリ州へと移住先を広げていった。こうして中西部一帯にたどり着いてみると、エリー運河を経由してニューヨークに穀物を送るよりも、オハイオ川やミシシッピ川を利用して西や南のニューオーリンズまで穀物を届けるほうが、はるかに容易であり安価でもあった。そこから、大西洋沿岸の防波島群の合間を伝っていけば、モビール、サバンナ、チャールストン、リッチモンド、ボルティモア、ニューヨークを経てボストンまで、容易かつ安価に穀物を運んでいける（ただし距離は長くなる）。

この初期の二度にわたる大移住の波に乗り、五大湖からミシシッピ川流域までの間の地域にやって来た人々はみな、世界一広い航行可能な水系から二四〇㎞の範囲内にある、世界一優良な農地に身を落ち着けた。移住を決断するのに悩む必要はまったくなかった。現代の価値で、低価格のハッチバック車（二〇二〇年の貨幣価値で一万二五〇〇ドル前後）程度の費用を支払えば、政府から土地を購入し、一家で幌《ほろ》馬車に乗ってそこへ移住し、開拓して農耕を始め、わずか数カ月で高品質な穀物を売りに出すことができたのだ。

この中西部開拓により、中西部一帯も独立一三州も激変した。その変化はさまざまな点に及んだ。

・一八一二年の米英戦争時にイギリスが行なった海上封鎖、および南北戦争直後の南部諸州政府の崩壊という二つの出来事によって起きた例外的な食料不足を除けば、独立国となってからのアメリカ本国は、飢饉の経験がほぼゼロだ。食料生産がどこでも可能であるうえに、きわめて安定しており、国内の輸送システムが非常に効果的で効率もよいため、重大な懸念を引き起こすほどの飢饉はありえない。

・北部の諸州が中西部から食料を入手できるようになると、大西洋岸中部の諸州とニューイングランドのほとんどの農地が森林に戻り、残った農地では、ブドウ、リンゴ、ジャガイモ、スイートコーン、ブルーベリー、クランベリーなど、中西部の環境には不向きな特殊農作物を栽培するようになった。この脱農業化プロセスにより、解放された労働力をほかの事業に投入できるようになった。工業化などのプロジェクトである。

・中西部の発展により、南部の農業は換金作物へと移行した。インディゴ〔藍色の染料〕や綿花、タバコの生産には、小麦やトウモロコシの生産よりも、はるかに多くの労働力が必要になる。中西部にそれほどの労働力はなかったが、南部には奴隷制によって労働力が豊富にあった。こうして地域の経済地理学に合わせて各地域の生産物が特化されるとともに、水上輸送により、どこでも安価な州間交易が可能となったため、人類史上前例のないレベルで「規模の経済」〔生産規模の拡大で得られるメリット〕が生まれた。

・新しい中西部の土地はどこも土壌の質がよく、アパラチア地域とは違い、入植した場所による大きな差はなかった。そのため比較的緊密に入植が進み、生産性が高く輸送コストが低い、この地域の特性と相まって、必然的に小都市が形成された。ミシシッピ川水系の至るところに次々と誕生した小規模な銀行が、東海岸やヨーロッパへの製品販売によって生まれた資産を管理するようになると、豊かな資本がたちまちアメリカの決定的な特徴となった。それは、中西部の農地を発展させ、その生産性を着実に向上させるとともに、インフラや教育を地域ごとに自力で発展させる資金をもたらした。

・河川ネットワークを通じて人やモノが容易に移動できたため、否応なく各地域の定期的な交流が活性化され、多様な民族で構成されていたにもかかわらず、統一的なアメリカ文化が形成された。

・南北戦争は言うまでもなく、このプロセスを妨害した。中西部は戦争が終結するまで、ミシシッピ川水系から大西洋沿岸の防波島群の合間を抜ける輸送ルートを利用できなくなった。だが一八六〇年代後半に戦後の南部再建時代が始まると、中西部の農業人口はさらに増え、農産物の絶え間ない流れが東海岸に押し寄せるようになった。その結果、これまでアメリカ国内で最も人口密度が高く、最も工業化が進んでいた地域はもはや、独自に農産物を生産する必要がまったくなくなった。そのうえ、中西部の穀物の販売によって、アメリカへ大量に資本が流入するようになったため、すでに進みつつあった工業化や都市化をさらに強化することができた。

こうした経済や文化、金融、交易、社会構造のほか、安全保障の問題も考慮する必要がある。アメリカの領土は、まさに「安全」そのものだ。北側には、移動を阻む鬱蒼《うっそう》たる森林と巨大な湖があり、アメリカとカナダの人口密集地の大部分を分断している。アメリカはかつて、米英戦争の際に一度だけ北の隣国と戦ったことがある。だがこの一度きりの戦争でさえ、正確に言えば、アメリカとカナダとの戦争というよりむしろ、カナダを当時植民地支配していた宗主国（当時世界最強の軍事力を誇っていたイギリス）とアメリカとの戦争だった。この戦争から二世紀の間に、アメリカとカナダとの敵対関係は徐々に中立的あるいは友好的な関係へと変わり、もはや同盟関係や兄弟関係にまで発展している。* そのため現在のアメリカとカナダの国境は、世界一警備が手薄で、世界一距離が長い無防備の国境と化している。

一方、アメリカ南部の国境は、北部以上に従来型の軍事攻撃を受けるおそれがない。南部の国境を越えてくる不法移民がアメリカの政治問題になる際に、その国境が公式の国家権力にとって好ましい環境ではないことがよく強調される。アメリカとメキシコの国境地帯は起伏の多い高地の荒野であり、十分な人口の維持や行政サービスの提供どころか、基本的なインフラの整備さえきわめて難しい状況にあるのだ。†

これほど何ものをも寄せつけない辺鄙《へんぴ》な地域で軍事行動を起こすのは、自殺行為でしかない。メキシコからアメリカへは過去に一度だけ、大規模な侵攻があった。一八三五〜三六年に当時のメキシコ大統領サンタ・アナが、テキサス郡の反乱を鎮圧しようとしたのだ［当時テキサス

＊　ただし、兄弟間によく見られるようなけんかはある。

†　興味深い情報を一つ。トランプ政権は国境の壁の建設を進めていたが、そのためにまずは、壁の建設・維持に必要な道路網を構築しなければならなかった。この新たなインフラにより、ドラッグの密輸や不法入国は難しくなるどころか、かえって容易になった。

はメキシコ領だったが、独立を目指して反乱を起こしていた」。だが、この地域でメキシコ軍は疲弊し、自軍の半分ほどの規模しかない非正規軍に完敗し、テキサス独立派に勝利をもたらす結果となった。

その一〇年後に起きた米墨《べいぼく》戦争（一八四六〜四八年）でも、やはり国境地帯の地理が障害となった。アメリカ軍は、メキシコ軍の大半が国境の砂漠を越えて帰還不能地点まで来るのを待ってから、海軍を利用してメキシコのベラクルスに侵攻した。そしてそのまま三〇〇kmにわたり血みどろの進軍を続け、メキシコの首都を陥落させた。

▼アメリカは史上最強の海運国

世界の海洋の沿岸には、たいてい何らかの問題がある。港になりそうな場所でも、海岸線が平坦だったり、干満差が激しかったりすると、絶え間なく波の殴打にさらされるため、大規模な港湾都市が生まれることはあまりない。ただし、アメリカは例外だ。北米大陸の大西洋岸の中部三分の一は、海岸線にへこみやくぼみが無数にあり、容易に港をつくることができる。そのうえ、港になりうるこれらの場所の大半が、半島や防波島の背後に位置しており、それらがアメリカの海岸を防護する役目を果たしている。メキシコとの国境沿いにあるテキサス州のブラウンズビルから、フロリダ半島の先端にあるマイアミを経てチェサピーク湾に至るまで、防波島が並んでいるおかげで、アメリカ大陸にはほかの全大陸よりも、自然港になりうる場所が数多く形成されているのだ。この防波島がないところでも、ボストン港やロングアイランド島やデラウェア湾、あるいは太平洋岸のピュージェット湾やサンフランシスコ湾などは、世界有数の入り組んだ海岸線のおかげで安全に海路にアクセスできる。それに加えて、アメリカには、どこにでも川がある。実際、大規模な港の上位一〇〇カ所のうち、優に半数は川の上流域にある。なかには河口から三二〇〇㎞も上流につくられた港もある。

さらに、世界の大国のなかでもアメリカだけが、二つの大海の沿岸に人口密集地を抱えているという、軽視できない要素もある。経済的・文化的観点から見れば、これによりアメリカは、世界のほとんどの地域と貿易を行ない、拡大の機会をつかむことが可能になる。だが、ここで重要なのは、それが「機会」だということだ。アメリカの太平洋岸とアジア大陸との間、アメリカの大西洋岸とヨーロッパ大陸との間には、ものすごい距離がある。それはつまり、かかわり合いになる必要がないということでもある。海の向こうの国々が不況や戦争に苦しんでいたり、あるいはアメリカがそれらの国とつき合いたくなかったりするならば、ただ自国に閉じこもっていればいい。そうすれば何の害も受けず、何の不都合も被らなくてすむ。

アメリカはまた、このものすごい距離のおかげで、ほかの海洋大国から近距離・中距離の襲撃を受けることのない、数少ない国々の頂点に立っている。太平洋海盆や大西洋海盆に位置する島々のうち、北米大陸を攻撃する拠点として利用できそうな島（太平洋のグアム島やハワイ諸島やアリューシャン列島、大西洋のバミューダ諸島やニューファンドランド島やアイスランド）はすべて、友好同盟国か、アメリカ自身が所有している領土だ。

つまりアメリカは、そしてアメリカだけが、経済的にも軍事的にも、太平洋と大西洋に接するいかなる国とも、好き勝手に接する余裕があるということだ。

▼アメリカは史上最も安定した工業大国

工業化には費用がかかり、簡単に成し遂げられるものではない。以前からあったものをすべて破棄して、木材や石材を、もっと生産性の高い（かつ高価な）鋼鉄やコンクリートに置き換えなければならない。職人がカンテラの灯《あか》りのもとで、一つひとつ手づくりしていた旧来の製造工程を、組み立てラインや電気、鋼材、交換可能な部品に置き換えなければならない。数十年どころか数世紀にわたる経済的・社会的・政治的伝統を打ち捨て、これまでの文化にはない新しいシステムや、突如として普及した新しい技術を採用しなければならない。工業化は、それが起こる場所ではどこでも、大規模な破壊をもたらす。それまで国を機能させてきた、あらゆるものを脇に追いやり、まったく新しいシステムを（たいていは上から）押しつける。このような財政的かつ社会的なコストは、それまでに経験したことがないほどの混乱を招くものである。

ヨーロッパでは、何世紀にもわたる居住によって、もはや利用可能な土地が残っていなかったため、土地の価格（土地コスト）が上昇していた。またヨーロッパの労働者は、その土地のあちこちですでにさまざまな作業に従事していたため、賃金（労働コスト）が上がっていた。さらに、従来のシステムを変えるには莫大な資本が必要になるため、資本調達に伴う費用（資本コスト）が増加していた。そのせいで、土地の利用可能性を少しでも変える出来事（洪水や火事など）、労働力の供給を少しでも左右する出来事（ストライキや軍事衝突など）、資本のストックを少しでも左右する出来事（有力人物の転出や不況など）があると、バランスが崩れ、何につけても劇的にコストが上がり、大規模な社会的混乱が起きた。したがって、工業化以前の時代のヨーロッパ史はきわめて不安定だった。ナイフの刃の上で暮らしているように……。

やがてこの世界に工業技術が到来すると、この微妙なバランスがあらゆる面で崩壊していった。その結果、社会的混乱や革命、暴動、政治崩壊、戦争などが相次いで発生した。それでもユーラシア大陸の国々は、国内に新たな技術を導入し、工業大国に生まれ変わろうと競い合った。

・イギリスは工業化するなかで、グローバルな規模で製品のダンピング［不当廉売］を行なった。そのせいで大英帝国は、あらゆる主要国との間に激しい軍事的対立を引き起こした。
・ロシアでは、二〇世紀初頭の工業化が地主階級と農奴階級を同時に崩壊させたが、旧来の制度をより優れたシステムに置き換えることができなかった。それに起因する混乱が直接的に、ソ連の大衆抑圧へとつながった（ソ連はよりよいものを何も生み出せなかった）。
・ドイツでは、猛烈な工業化が、軍事力を持つ諸侯の権力を奪い、中産階級を打ち砕くとともに産業を寡占する階級を生み出した。そして一連の革命や内戦の末に、二度の世界大戦の舞台となった。
・日本では、工業化を図る初期の努力が、台頭する国家主義的な工業階級と旧藩主たちとの溝を深め、結果的に武士階級［士族］を没落させ、政治体制を急進化させた。その後日本は、朝鮮半島や中国の抑圧および真珠湾の爆撃へと一直線に向かうことになる。
・中国では、工業化によってごく少数の手に権力が集中した結果、大躍進政策や文化大革命といった陰惨な恐怖政治が引き起こされた。

このように、工業化を果たした国は一つ残らず、その過程で壊滅的な社会的・政治的混乱に見舞われている。工業化は避けられない必要不可欠なものではあるが、過酷なものでもあった。ただし、アメリカだけは例外である。その理由を理解するための第一歩は、アメリカが真に豊かな国であることを理解するところから始まる。

アメリカでは、一九世紀末に工業化の波が押し寄せてきてようやく、アメリカ合衆国という国が軌道に乗り始めた。アメリカには膨大な土地があったおかげで、土地コストが低く維持されており、河川ネットワークのおかげで、資本コストも低く抑えられていた。さらには、移民を広く受け入れていたため、労働コストも低いままだった。このように工業化以前から投入資源のコストが低く抑えられていた結果、アメリカでは工業化がほかの国々とは別の形をとることになった。それに、そもそもアメリカには、ほかの国との間に地政学的な競争がなく、国家の安全保障面で工業化を加速させなければならない理由はなかった。*

そのため新たな技術は、すべての地域で一斉に導入されたわけではなく、費用対効果が最も高そうな地域から導入が始まった。土地や労働のコストがすでにほかの地域より高くなっていた場所、つまりワシントンDCから北のボストンまでの間にある諸都市である。工業化によってこれらの都市がインフラで網の目のように結びつけられると、そのあとになって、ようやくこのインフラが周辺に広がり始め、郊外を生み出し、小規模な都市や町をつなぎ、田舎にまで深く浸透していった。

ドイツはわずか一世代余りで工業化や都市化を成し遂げた。それに比べて、アメリカが田舎まで完全に電化されたのは、一九六〇年代になってからである。いや、さまざまな基準を考慮すれば、いまだ完全な電化には程遠い状況にある。山岳地帯や凍土帯、砂漠など居住に適さない土地を除いたとしても、アメリカの人口密度は現在でも最低ランクに位置している。これほど人口密度が低い国と言えば、最近になって人口の空洞化を経験した国(かつてソ連を構成していた共和国)か、アメリカと同じような新世界の国(カナダ、アルゼンチン、オーストラリア)ぐらいである。

アメリカが一九〇〇年時点のドイツの人口密度に達しようとすれば、現在の人口の三倍近くなければならない(しかもこの計算には、ロッキー山脈など居住に適さない場所を含めていない。そのような場所がアメリカの領土の半分を占める)。つまりアメリカでは、工業化は起きたものの変化のペースは遅く、それだけ衝撃も少なく、変化に適応できる時間が数世代分もあった。

＊　工業化を加速させなければならない理由が生まれたのは、第二次世界大戦が始まってからである。これはドイツより一五〇年遅く、イギリスより二〇〇年遅い。

またアメリカの工業化は、世界に莫大な影響を及ぼすものでもなかった。主要国のなかでは珍しく、アメリカは人口が増加の一途をたどっていたうえに裕福だったため、工業生産物（特に北東部や「鉄鋼業地帯《スチールベルト》」と呼ばれた中西部の工業生産物）を国内で容易に吸収できた。そのため、自国内のバランスを維持するために輸出をする必要もなければ、大英帝国が引き起こした（そして嫌われる原因となった）ような経済戦争を仕掛ける必要もなかった。また、各地域の銀行が十分に地元の発展のために融資できたため、（ロシアや中国の国民を疲弊させ、日本やドイツの国民を急進化させたような）集中的な権力が生まれることもなかった。

工業化時代初期のアメリカが有していたグローバル経済との主な接点は、農産物の輸出に限られていた。産業革命を受けて一九世紀後半に化学肥料が導入されると、確かに農産物の生産量は増加した。だがそれは、産業革命により近代医学が導入され、寿命が次第に延びていったのと同じようなものであり、需要とともに供給が増加していったに過ぎない。したがって、アメリカが国際経済に関与する相対的な割合が、大きく変化することはなかった。*

確かにアメリカにも、地域間格差や少数独占の問題はあった（いまもある）。だが、アメリカの独占的な実業家（そのなかでも悪名高いのが泥棒男爵たち［一九世紀のアメリカで不正な取引で蓄財をした資本家たち］である）は、民間セクターで大規模な事業を展開していた。その理由は主に、まだ利用できる資源が豊富にあったため、ビジネス上の理由で政府に取り入る必要がほとんどなかったからだ。そのため、経済的な圧力が政治的な圧力へと自動的に変わることはなかった。その逆もまた、同様である。

＊　ちなみにアメリカは、こうした遅発性の段階的発展を何度も経験している。たとえば、道路や鉄道路線、送電線、電話、携帯電話、ブロードバンドがそうである。このような段階的発展のため、アメリカはドイツや日本、オランダ、韓国よりもやや遅れているような印象を受ける（これらの国々では猛烈なペースで発展のプロセスが起きる）。だがそれにより、アメリカの近代化プロセスは（はるかに）安価ですみ、自国の金融能力を圧迫することがない。これは欠点ではなく特質と言える。

第三章　流れをがらりと変えたもの

アメリカが真に本領を発揮したのは、第二次世界大戦が始まってからである。三年に及ぶ猛烈な軍事動員を経てアメリカは、史上最強の遠征能力を持つ国となったばかりか（複数の作戦区域で、統合された大規模な軍事行動を同時に展開することができた）、終戦時にはすべての敗戦国を占領した唯一の参戦国となった。

それだけではない。ローマ、ベルリン、東京へと進軍する間に、三つの大陸と二つの海盆における経済、人口、物流の重要拠点を掌握した。また、他国への武器貸与や陸海空軍共同の直接攻撃により、西半球［南北アメリカ大陸］と東半球［ユーラシア・アフリカ大陸］の間にある重要な攻撃拠点をすべて確保した。戦時中の巨大な海軍力も相まって、アメリカは知らぬ間にヨーロッパやアジア、金融や農業、工業や貿易、文化や軍事の問題を決定づける存在となった。

ある大国が、新たなローマ帝国として世界を支配する歴史的瞬間があったとすれば、このときが、まさにその瞬間だった。新しい帝国の候補を募るべき正当な理由もあった。ドイツで砲火が止んだ直後から生じた、核をめぐるソ連との競争である。

だが、そんな世界支配は起きなかった。

その代わりにアメリカは、戦時中の同盟国に対して、ある取引をもちかけた。アメリカは自国の海軍（戦争を生き延びた唯一の大規模な海軍）を使い、世界中の海洋を監視し、あらゆる交易を保護しよう。またアメリカは、自国の市場（戦争を生き延びた唯一の大規模な市場）を同盟国に開放し、あらゆる国がアメリカへの輸出で富を取り戻せるようにしよう。アメリカがこの戦略であらゆる国を包み込めば、その仲間は二度と他国からの侵略を心配する必要がなくなるだろう、と。

ただ、そこには一つだけ問題があった。アメリカは冷戦を引き起こそうとしており、各国はどちらかの側につかなければならない。安全を確保し、富を増やし、好きなように経済や文化を発展させたければ、アメリカを支持し、ソ連からアメリカを守らなければならない。つまりアメリカは、世界規模の帝国を築く代わりに、賄賂を贈って同盟を結び、ソ連を封じ込めようとした。この協定は、ブレトンウッズと呼ばれる。ノルマンディ侵攻直後にアメリカがこの取引を初めて提案したニューハンプシャー州のスキーリゾート地にちなんだ名称だ。こうして、第二次世界大戦後の自由貿易時代が生まれた。要するに、グローバル化の時代である。

だがこれは、一種の逃避のように見えないだろうか？　アメリカは勝利を目前にしながら、世界を支配する帝国になるチャンスをなぜ手放したのか？

まず、数の問題があった。一九四五年当時の西欧の人口は、アメリカの人口とほぼ同じだった。これはソ連の人口とほぼ同じでもある。人口の多い東アジアや南アジアを別にしたとしても、終戦時のアメリカには、それだけの領土を維持できる力がなく、単純に計算してみればわかるように、世界規模の帝国を運営できるほどの占領軍を招集することもできなかった。

距離の問題もあった。アメリカ海軍の力をもってしても、大西洋や太平洋は巨大な堀のようなものであり、いわば諸刃の剣だった。水平線の数千km彼方に守備隊を常駐させるのは、物流面から見ても範囲という点から見ても、とても現実的ではなかった。アメリカがその後の数十年間で気づいていくように、現地の人々が望んでいない場合、地球の反対側の国を占領下に置くのは難しい。朝鮮半島、ベトナム、レバノン、イラク、アフガニスタンなど、一度に一か所ずつしか管理しようとしていなかったにもかかわらず、たいていは対処しきれなかった。ドイツやフランス、イタリア、トルコ、アラブ諸国、イラン、パキスタン、インド、インドネシア、マレーシア、日本、中国（および韓国、ベトナム、レバノン、イラク、アフガニスタン）をすべて同時に占領すればどうなるかは、想像するまでもない。

地理の問題もあった。ソ連は巨大な大陸国家であり、大規模で動きの遅い陸上部隊を備えている。それに対してアメリカの軍事力は、同盟国のなかでは最大だったかもしれないが、その力は主に海軍力だった。アメリカの軍事力の大半は水を必要としており、最寄りの友好国の港から一六〇〇〇kmも離れた陸地で戦うことを想定していない。そのため、ソ連の兵士と一対一で戦うという選択肢はありえなかった。

文化の衝突という問題もあった。アメリカは、近代世界初の民主主義国家だった。民主主義国は、自国を守り、独裁を打破し、真実や正義などのために闘う。それなのに、現地の人々から搾取することを明確な目的として、長期にわたり占領するというのはどうだろう？　そんなことはなかなか受け入れられないに違いない。

組織的な性質のミスマッチという問題もあった。アメリカが連邦国家（州政府が中央政府と同程度の権力を行使する）なのには、それなりの理由がある。この国では、安全保障上有利な地理的条件と、豊かな経済をもたらす地理的条件とが相まって、連邦政府がするべき仕事があまりなかった。アメリカ史の最初の一〇〇年ほどの間、連邦政府が常に担っていた仕事と言えば、道路の建設や移民の規制、関税の徴収ぐらいだった。このように歴史の大半にわたり統治を必要としてこなかったため、アメリカには卓越した統治の伝統がない。* それを考えれば、アメリカの二倍もの面積がある外国の領地を管理することなど、とてもできなかったに違いない。アメリカ人は統治が本当に苦手なのだ。

ソ連に対抗する帝国をつくりあげられない（あるいはそのつもりがない）のであれば、アメリカは同盟国をつくる必要があった。十分な効果を生み出せるほど数が多く、アメリカからの距離を縮められるほどソ連に近く、アメリカの海軍を水陸両面で補強できるほど陸上戦闘に熟達し、自国の防衛費をまかなえるほど裕福で、自国の独立を維持するために必要とあらば血を流す覚悟のある同盟国である。自国の領土にアメリカの占領軍が駐留し、自国の企業の役員室に

* この伝統の不在は、いまも誇らしげに継続されている。

アメリカの税関職員がいるような状況では、そのような同盟国を確保することはできない。

だが、アメリカが世界規模の帝国を求めなかったいちばんの理由は、アメリカがすでに帝国を一つ持っており、それ以上の帝国を望まなかったからだ。アメリカが北米大陸に持っている有益な土地は、かつてのいかなる帝国の土地よりも高い潜在力を備えている。終戦時にはまだ、アメリカはそれを利用し尽くしてはいなかった。それを利用し尽くすには、さらに数十年は必要だった。人口密度を考慮すれば簡単に、現在でもなお利用し尽くしてはいないことを立証できる。それなのになぜ、息子や娘を海外に派遣し、現地の人々と毎日流血の戦闘を繰り返し、地球規模の帝国を維持する必要があるのか？　デトロイトやデンバー周辺の道路の建設現場で働けば、そんな兵士と同じ程度の給与を手に入れられるというのに？

アメリカは従来の国際政治から決別して、戦後に勝者が戦利品を奪う慣行を放棄しただけではない。人間の存在の質にまで影響を及ぼし、人間の生活条件を根本的に変えた。

終戦時にアメリカは、ブレトンウッズを利用してグローバル化という「秩序」を生み出し、ゲームのルールを一変させた。同盟国や敵国を従属させるのではなく、平和と保護を提供した。それまでいがみ合っていたほとんどの帝国（数世紀にわたり、立場を変えながら過酷な競争を繰り広げてきた国々）を同じチームに引き入れ、地域の地政学を変化させた。それにより、帝国間の敵対関係が、国家間の協力関係に置き換わった。ブレトンウッズの参加国の間では軍事競争が禁止されたため、かつての帝国もその植民地も、もはや陸軍や海軍や国境地帯に力を注ぐ必要はなくなり、インフラや教育や経済発展に全力で取り組むことが可能になった。

グローバル化の影響

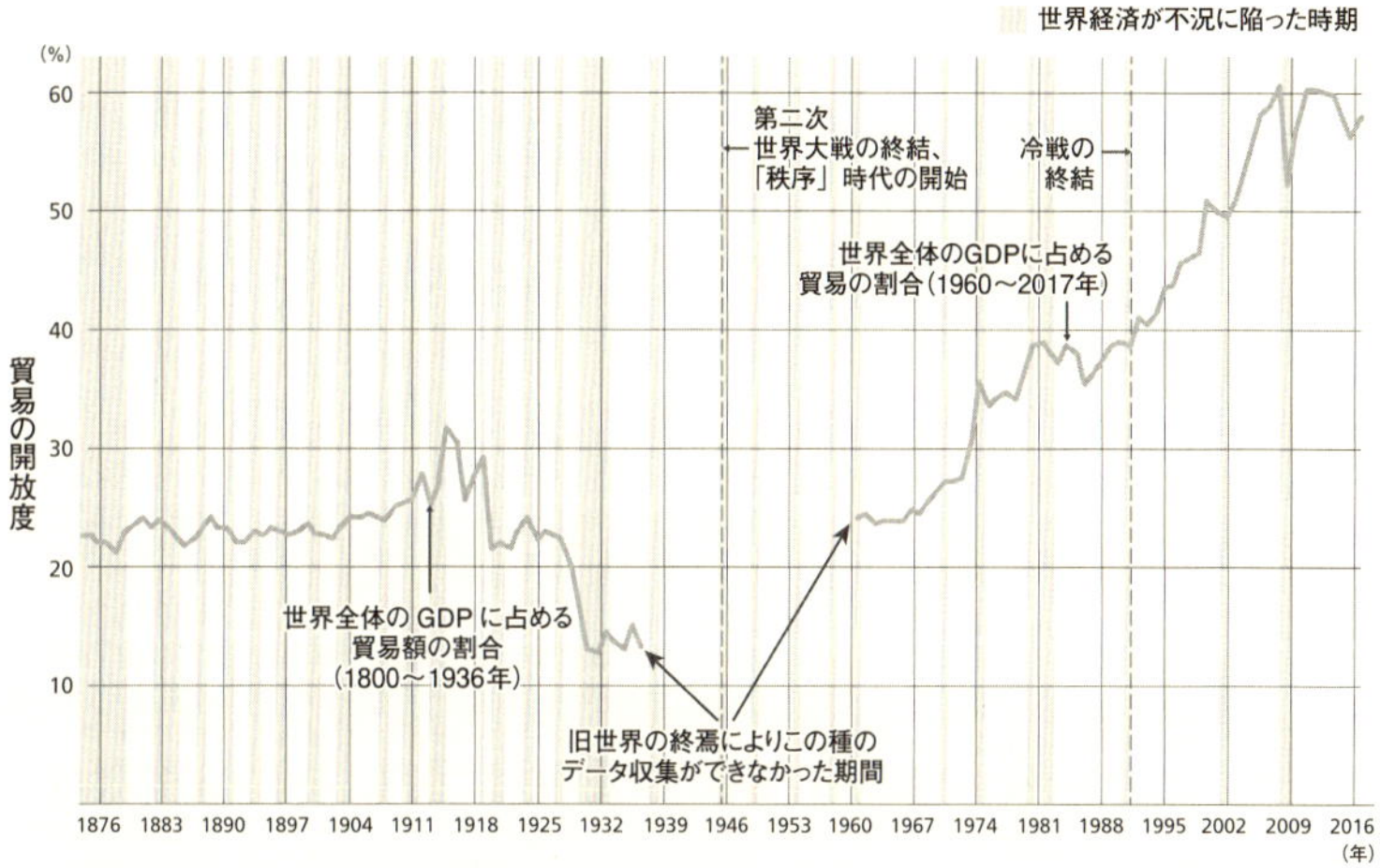

出典　世界銀行、フェデリコ=テナ世界貿易歴史データベース

　食料や石油を求めて戦わなければならない時代は去り、どの国もグローバルな貿易に参加する権利を手に入れた。帝国を撃退しなければならない時代は去り、どの国も自治と安全を手に入れた。それまでの一万三〇〇〇年の歴史に比べれば、これは願ってもない取引だった。しかもこの取引は、みごとに機能した。ブレトンウッズはわずか四五年で、ソ連を封じ込めるどころか、ソ連を窒息死させることに成功した。そして、人類史上最長にして最大規模の経済成長と安定の時代を生み出した。

　少なくとも災難が訪れるまではそうだった。

　アメリカが勝利するまでは。

　一九八九年一一月九日、ベルリンの壁が崩壊した。それから数年の間に、ソ連は中欧の衛星国に対する支配力を失い、ロシアはソ連に対する支配力を失い、モスクワは一時的ではあれロシア連邦に対する支配力を失った。アメリカの同盟国では至るところで、祝典やパーティ、パレード*が行なわれた。だがその一方で、新たな問題も生まれた。

ブレトンウッズは、従来型の軍事同盟ではなかった。アメリカがソ連に対抗するために、海洋における優位性や経済的に恵まれた地理を利用して、同盟関係を「購入」したのだ。アメリカはその見返りに、グローバルな貿易を可能にし、同盟国が輸出できる底なしの市場を提供した。だが、敵がいなくなったいま、ブレトンウッズは存在理由を失った。戦争が終わったのに、同盟関係を維持する費用をアメリカが支払い続ける理由がどこにあるというのか？ それではまるで、住宅ローンを完済したのに、まだ支払いを続けるようなものだ。

一九九〇年代に入ると、アメリカは少しずつどっちつかずの中間領域へと移行していった。確かに、ヨーロッパ諸国や日本が、地域の防衛計画においてアメリカに従うかぎり、アメリカはこの「秩序」を維持し続けるだろう。だがソ連が消滅し、ロシアが混乱し、イスラム世界が多少おとなしくなったいま、ヨーロッパ諸国にとってのコストは減り、利益は増していくものと思われた。NATOが直面する最大の問題はユーゴスラビアの分裂だったが、それはむしろ内輪の出来事であり、その影響がいずれかの加盟国の安全を脅かすようなことはない。中東では、パレスチナとイスラエルの間で紛争がときどき勃発するだけだ。アジアでは、毛沢東崇拝からの解放とともに中国が台頭してきたが、深刻な軍事的脅威と見なすには程遠い状況にあった。そんな無害な環境のなか、あえて波風を立てて物笑いの種になろうと思う国などまずない。

一九九〇年代は、大半の国にとって快適な一〇年間だった。アメリカが提供する強力な安全保障のおかげで、大規模な国際紛争は一つも起きなかった。世界規模の貿易が、かつてのソ連圏にも、冷戦の終結をひたすら待っていた国々にも深く浸透した。アメリカが提供する監視や市場アクセス維持にまつわるコストは着実に増えていたが、平和と繁栄が支配する環境のなかでは、それもすべて管理できると思われた。ドイツは再統合された。ヨーロッパも再統合された。アジアの虎と呼ばれる国々が急成長を遂げた。中国が本領を発揮して、消費財の価格を押し下げた。アフリカやラテンアメリカ、オーストラリアなどの資源産出国は、世界各地の工業化に貢献して莫大な収益をあげた。地球規模のサプライチェーンにより、デジタル革命が可能になるどころか、当たり前のものになった。そんなすばらしい時代を経験して、私たちはみな、それが普通だと思うようになった。

しかし、それは決して普通ではない。

冷戦後に平和と繁栄の時代が生まれたのは、地政学的な対立を抑止し、グローバルな「秩序」を支援する国際安全保障の枠組みに、アメリカが長期にわたり関与したからにほかならない。だが冷戦が終わり、安全保障環境が変わったいま、そのような政策は、もはやニーズに合わない。私たちがみな普通だと思っている時代は実際のところ、人類史上最もいびつな時代である。そんな時代は信じられないほど、もろい。

実際、それはすでに終わっているのだ。

＊　デモ行進ではなく祝賀パレードである。

人によって、行動の仕方は異なる。とはいえ、ここで問題にしているのは、ルーマニア人とロシア人とルワンダ人とロズウェル人［ロズウェルは、一九四七年に米軍によりＵＦＯが回収されたとされるニューメキシコ州の都市］の違いなど、地理が引き起こす民族間の文化的な相違ではない。ある社会のなかでの年齢層ごとの行動の相違である。

子ども、大学卒業後の青年、中年の親、子どもに巣立たれた親、引退した高齢者では、それぞれ行動の仕方が異なる。それを積み重ねると、現代の経済を理解できる。それを分解すると、グローバルなシステムを脅かす、現代のさまざまな傾向を特定できる。現代の人口構成（専門用語では「人口動態」）は、産業革命の直接的な結果である。

▼農地を捨てる

ここで重要になるのが、私たちが暮らしている場所だ。第二次世界大戦後の時代を決定づけた特徴の一つが、大規模な都市化である。この都市化のプロセスは、さまざまな時代に、さまざまな形で、それぞれ異なるペースで展開されてきた。そのなかでも差を生み出す大きな要因となったのが、時間である。産業革命が、あらゆる出来事を一気に引き起こしたわけではないのだ。

一般的な学説によれば、産業革命の第一歩が記されたのは、眠気を催す作業が多い繊維産業だったとされている。産業革命以前の繊維関連の仕事は一般的に、家内工業だった。繊維はさまざまな種類の植物や動物を原材料としており、切る、裂く、叩く、すく、煮る、水につける、刈る、毛羽立てるなど、いろいろな加工が必要になる。こうして原材料を加工したら、それを紡いだり撚《よ》りをかけたりして糸にし、あるいはそれをさらに撚り合わせて太い糸にする。そして最終的には織機で織ったり編んだりして、布地に仕上げなければならない。いずれも退屈な仕事であり、多くの人手を要する。実際のところ、そんな作業を楽しんでいる人間など、ほとんどいなかった。*

だからと言って、それでお金が稼げないわけではない。織物に最初に大々的な関心を寄せたのがイギリスだった。イギリスは、インド人を超安価な労働力として使い、この退屈で面倒な仕事をさせた。東インド会社はもともと、イングランドの食事を多少なりともましなものにする香辛料を確保するために、一六〇〇年に設立されたのだが、一七世紀末になるころには、イ

---

* 皮肉にもこんな作業を楽しんでいるのは、現代のスローライフ支持者だけかもしれない。

ンド製の布を帝国全域に供給する事業に重点を移していた。その結果、大英帝国の市民は、綿やモスリン、キャラコはもちろん、絹の恵みまでも享受できるようになった。他人の労働がもたらす恵みを経験し、インド産のものは何であれ、イギリス本国の繊維産業で利用されている羊毛より優れていることが明らかになると、あらゆるものの質を高めようとする競争が始まった。

一八世紀に入ると、イギリスは綿の輸入（当初はインド亜大陸から、次いでアメリカ大陸の植民地、のちにはアメリカ合衆国から）を始めるとともに、大勢の労働者による大規模な繊維産業の構築を始めた。それから年を経ていくなかで、綿の加工や繊維の製造による利益が増えると、労働者や経営者は、生産性や複雑性、耐久性を高める新たな製造法の開発に乗り出した。飛び杼《ひ》や糸車、水力紡績機、ジェニー紡績機、ミュール紡績機、蒸気動力、綿繰り機、ジャカード織機、変速可能な筬《おさ》、合成染料。新たな発明が一つ増えるたびに、速度や生産量、付加価値などが向上していった。一九世紀に入るまでに、これらを含め、あらゆる発明がイギリス全土に行き渡った。

こうして発明が、また別の新たな発明を呼び、一九世紀初頭には綿製品が、イギリスの輸出額の四〇%を占めるまでになった。だが、話はそれだけではない。紡ぎ方、織り方、縫い方をさまざまに試行錯誤していたこの時期に、イギリスは、木炭からコークスや石炭へ、銑鉄《せんてつ》から錬鉄や鋳鉄や鋼鉄へ、水車から蒸気機関へと移行しつつあった。手づくりであった道具が旋盤やフライス盤に置き換えられ、それによって化学製品の製造機器をつくることも可能になった。

やがて大衆は徐々に、こうした新たな技術が開発・運用・改良される場で、仕事を見つけるようになっていった。新たな技術を活用するには、機械類を設置した特定の作業場での大規模な共同作業が必要になる。従来の家内工業システムが農場や牧場を拠点としており、風力あるいは人力を利用していたのに対して、新たな工業形態は都市を拠点としており、石炭を動力としていた。

そのため大衆は、お金を追い求めて町へ移動していくようになり、農村から人口が流出した。町は、やがて都市になった。こうして人間が一カ所に集中すると、新たな問題が生まれ、医療・衛生・輸送・物流の分野で需要が増え、技術革新が求められるようになった。このように生み出された無数の技術革新の一つひとつが、経済や資源や場所と人間との関係を変えていった。

政府は、電気から医療まであらゆるサービスの大々的な支援・提供を始めたが、こうしたサービスは、人口のまばらな農村よりも、人口が密集した都会のほうが提供しやすい。そのため農村の大衆は、これまでよりも少ない労力で、より高い水準の生活ができると聞いて、大挙して都会へ移住した。

産業革命にはもう一つ、平等の追求（都会に出て楽な暮らしをしたいという欲求）によって、人間と土地との関係が変わってしまうことを証明する側面がある。それは、化学肥料や殺虫剤、除草剤の開発である。これらが一九世紀半ばに導入されると、どの農村でも、面積当たりの農業生産量が三倍（あるいはそれ以上）になると同時に、必要な労働投入量が減少した。これにより農業経済はがらりと変わった。それからは、町が農村から人間を引き抜くのではなく、農村が都会へ人間を押し出すようになっていった。

こうして新たな都市産業の発展と農村の生産性の急激な向上により、あらゆる人々が都市生活への道を歩み始めると、人類がいまもなお対処に苦労している無数の問題が生まれた。そのなかでも劇的な影響が現れたのが、出生率である。農村では、子どもを産むのは、愛とは関係のない経済的な判断と考えられる傾向があった。子どもはいわば、親の経済的ニーズに縛りつけられた無償の労働者だった。親が年老いれば子どもが農地を受け継ぐ（受け継がなかったとしてもさほど遠くへは行かない）という了解が、数千年に及ぶ文化的・経済的規範として根づいていた。拡大家族は同族として、絶えず互いを支援し合った。この文化的・経済的な力学は、有史以来ずっと受け継がれており、世界が帝国や国民国家に整理統合されても、それは変わらなかった。

だが、私の母親も大いに残念がっていたように、こうした規範は都市化によって放棄された。広大な農場から小さな町の四〇〇㎡ほどの土地（ましてや密集した巨大都市の高層マンションの一つ）へと移住すれば、子どもが支えていた経済は崩壊する。町には、子どもがすべき仕事はあまりない。それでも子どもには服を着せ、食事を与えなければならない。農地で生産していたものが、ただ同然で手に入った昔とは違い、お金を払って食料を手に入れなければならない。子どもでも夏休みの間だけの仕事や新聞配達ならできたが、どんなに親が望んでも、せいぜい子育ての費用が赤字にならない程度にしか役立たなかった。

さらに小さな町から都会へ移住すると、子どもはたちまち、お金のかかる話の種に過ぎない存在へと、経済的な意味で退化していった。子どもが成長して、ようやく家を出ていくと、両親ともに悲しげに喜びの涙を浮かべた。工業化以前のほぼ自給自足の農村で子どもが家を出ていったときのように、あわてふためくことなど、もはやほとんどない。こうして子どもを産む経済的なメリットがなくなると、そこから当然帰結される事態が起きた。産む子どもの数が、減ったのである。

それでも、工業化とともに、人口は増え続けた。その理由はいくつかあるが、その一つはきわめてわかりやすい。流通システムが大幅に改善されるとともに、合成殺虫剤や除草剤、さらには肥料が開発・利用された結果、食料生産が次第に安定し、飢饉の起こる可能性が減少したからだ。

また、少々わかりにくい理由もある。下水道が整備されて汚物が処理されるようになり、病気の発生率が下がった。町での生活により事故が減り、医療にもすぐアクセスできるようになった結果、死亡率（とりわけ乳幼児の死亡率）が低下した。こうした理由で、すでに病気やけがは減少していたが、医療の向上により、病気やけがで死ぬ割合も減った。これらすべてが、人々の寿命を延ばす効果をもたらした。平均寿命が二倍になると、出生率が上がらなくても、一世代で人口は二倍になった。これまでに比べて出産可能年数が長くなったからだ。

とはいえ、これらがすべて一斉に起きたわけではない。たとえば力織機［初期の機械動力式の織機］を見てみよう。力織機は一般的に、産業革命初期における最も重要な技術革新だと言われている。実際、力織機のおかげで労働者一時間当たりの生産量は五〇倍に増えた。だがその開発は、一朝一夕にはいかなかった。最初の原型は一七八五年に生まれたが、それから五〇年にわたり、一七の部分に改良が加えられた。さらに、杼［たて糸の間によこ糸を通すために使われる道具］から糸がなくなっても、他の作業が中断することのないよう完全に自動化するまでには、一世紀近い試行錯誤が必要だった。

産業革命の「革命」という言葉には、やや語弊がある。新たな技術は、魔法のように突然開発されたり、実装されたりしたわけではない。二〇〇年もの長きにわたって、設計され、試作され、完成され、大量生産され、大規模に活用され、子や孫にあたる技術を生み出していったのである。

農村から町へ変化するまでには、時間がかかった。ロンドンが世界一裕福で、教育の行き届いた大都市に成長するまでには、時間がかかった。文化的・経済的な規範が、大勢の子どもを補助労働力とする大規模な家族（そのなかでは平均的な大人は三〇代で死亡した）から、子どもを不愉快なほどうるさく、うっとうしいほど動きまわる、家計上の危険因子と見なす小規模な家族（そのなかには六〇代の大人が普通にいた）へと変わるまでには、時間がかかった。イギリス本国の人口が三倍になるまでには、時間がかかった。

イギリスでは、この転換をすべて果たすのに七世代分の時間が必要だった。

だが、それほどの時間を必要としたのは、イギリスだけだった。

第五章　歴史のスピードアップ

イギリスが開発した工業技術のなかに、イギリスに独占されて終わるような運命にあるものはなかった。定住農耕、水力、風力、大航海といった、それまでの時代の各技術が周囲へ拡散していったように、織物や蒸気機関、鉄鋼、電気、肥料といった工業技術もまた、同じように外へ広がっていった。開発された新技術を実用化する作業はすでに進んでいたため、新たな土地での応用はその分速く進み、人口構成にもたらす影響もそれだけ速く現れた。

工業化という大変革を経験した二番目の主要国は、ドイツだった。第一次世界大戦が始まる一九一四年までの一〇〇年間に、ドイツは急速に変貌を遂げた。それ以前の経済システムは、ギルドが支配する、統一性のない前工業化段階にあり、近隣諸国の餌食《えじき》になることも多かったが、そこから瞬く間に、産業・経済・技術・軍事の大国へと発展し、デンマークやオーストリア、フランスとの戦争に勝利した。ドイツの人口は以前のイギリスと同じように、工業化と都市化の過程で三倍近くにまでふくれ上がった。また、これも以前のイギリスと同じように、死亡率の低下により高齢化した。そして、やはり以前のイギリスと同じように、出生率が急落した。だが、以前のイギリスとは違い、ドイツは他人が切り開いた道をたどっていけばよかったため、このプロセス全体がわずか四世代の間に起きた。*

イギリスとドイツの経験全体を通じて見ると、工業化により始まった都市化をいっそう強化した要因が、さらに三つある（これらの要素は相互に無関係である）。

第一に、女性の権利拡張運動の台頭である。

女性の権利拡張運動が実際に勢いを増したのは、ヨーロッパ各地で起きた一八四八年革命以降のことである。産業革命時代の技術発展は、ヨーロッパ全域で大規模な経済的・政治的混乱を生み出し、一連の激しい内戦を引き起こした。旧来の政治的・社会的構造が、これまでにない圧力を抑えきれなくなったからだ。この新たな時代の技術にはすべて、一つの共通点があった。それは、数多くの人間の力を必要とするということだ。新たな組み立てラインには、主に単純労働者が求められた。石油化学産業には、爆発の危険があるため、仕事の内容を熟知している人間が求められた。いずれにせよ、あらゆる労働者階級に新たな需要が生まれ、労働コス

＊　このドイツの急速な工業化は、ドイツの地理的条件と相まって、衝撃的な恐怖をもたらした二つの世界大戦の一因となった。ドイツには、余剰人口を吸収できるような海外領土がなかった。第一次世界大戦前のピーク時でさえ、ドイツの領土はさほど大きくはなく（モンタナ州とアイダホ州を合わせたよりもやや小さい）、しかも領土の半分が起伏の多い開発の難しい地形だった。工業技術により人口の拡大が可能になると、ドイツはたちまち、どこにも拡大できる場所がないことに気づいた。ヒトラーが国外侵攻にこだわった主たる理由がそこにある。

出生率の推移

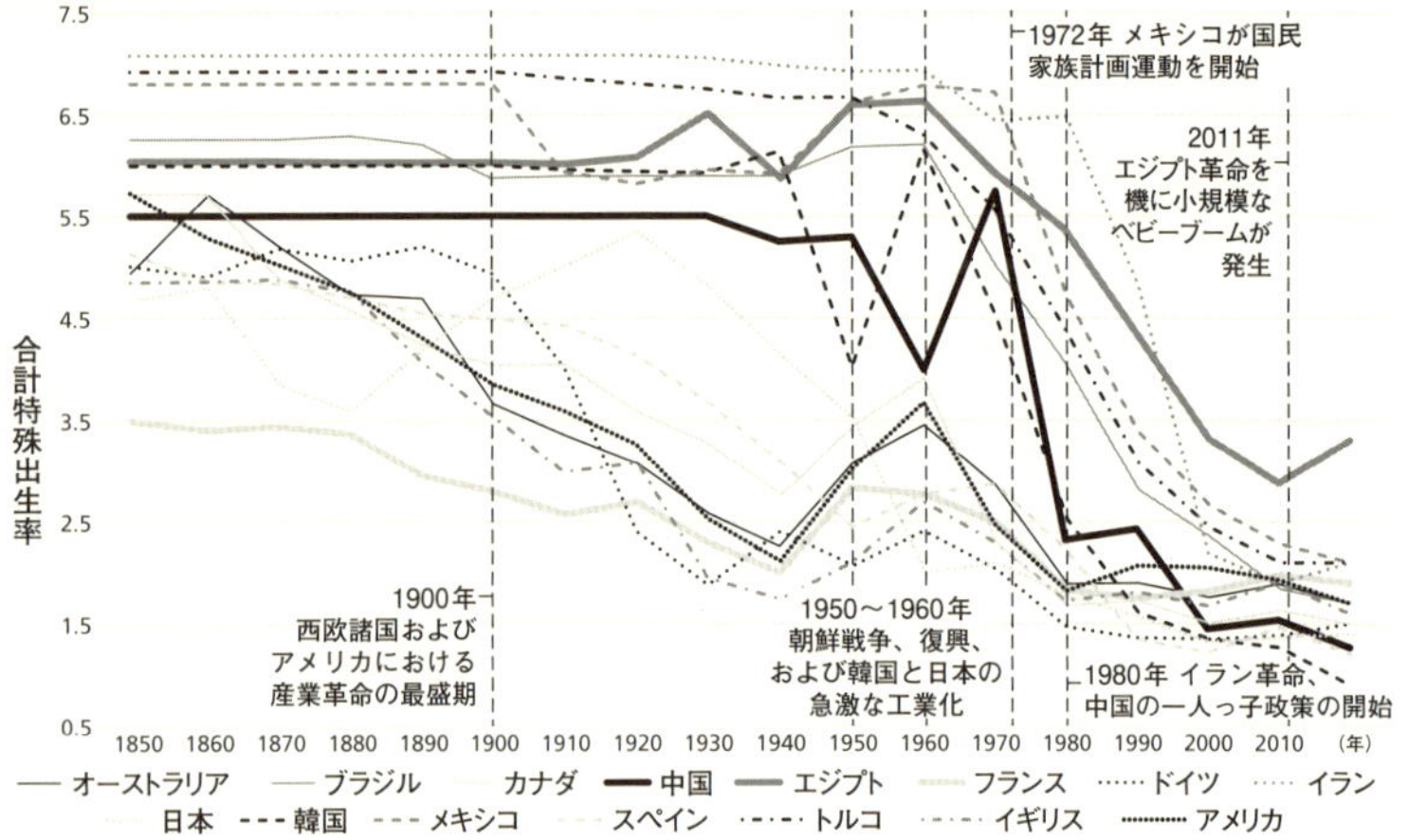

出典　国連経済社会局人口部、世界銀行

トを押し上げた。その結果女性も、男性が町の工場で仕事をしている間に農場の世話をしたり、自身も新たな繊維工場で仕事につき、農場で働くたくましい若者の二倍以上の収入を容易に手に入れたりするようになった。こうして経済的な観点から見れば、女性が自分の人生の主人になる事例が生まれた。

従来の社会では、女性はある特定の物理的な場所（農場と家庭）にしばりつけられる傾向があった。飢饉や戦争があると、男性が率先して食料の調達や戦闘に出かけ、女性は家に残って家事を担った。こうした制約により、女性は何かと利用されやすい状態に置かれていたのだ。そのため工業化以前の社会では、一人の女性が生涯の間に七人以上子どもを産むこともざらにあった。だが、女性の権利拡張運動家たちはこう訴えた。家事や農業と女性とのつながりを断て。大規模な女性教育を実現せよ。女性が自分で収入を得るのを認めよ。また、大家族を希望する女性たちも、新たな職業によって自分たちの希望が犠牲になっていることにすぐに気づいた。たとえば、当人の意思にかかわらず、工場で週に数十時間も過ごせば、妊娠の機会はそれだけ減ってしまう。

出生率の急低下を促した第二の要因は、女性の権利と工業技術の交点にある。つまり避妊である。産業革命以前の時代には、なるべく確実に避妊するには、タイミングを選ぶしかなかった。だが工業化により、避妊方法の選択肢も増えた。一八四五年、アメリカ政府がチャールズ・グッドイヤー*に加硫ゴムの特許を与えると、安価で効果的なコンドーム製造への道が開かれた。こうした進歩と初期の女性の権利拡張運動とが結びつき、政治や経済の分野で成功を収める女性たちが台頭を始めることになったが、それに伴い全体的な出生率は低下した。

出生率を押し下げた第三の副次的要因は、アメリカが壮大な計画をもとに構築した、第二次世界大戦後の国際「秩序」に起因している。二つの世界大戦が旧システムを崩壊させる以前からすでに、都市化は猛スピードで進んでいた。だが、自由貿易「秩序」の時代が始まると、世界の先進的な経済国（特に西欧諸国と日本）はもはや、戦争が絶えず繰り返される世界に悩まされることがなくなった。こうして安全保障上の脅威が取り除かれた結果、各国は得意な分野（あるいは得意にしたい分野）に集中できるようになるとともに、地球の裏側からでも食料を輸入できるようになった。

---

* タイヤ会社のグッドイヤーは、この人物にちなんで命名された。

つまり、グローバル化を促すブレトンウッズの性質により、工業化された先進各国で農業部門が圧迫された結果、出生率が低下した。自由貿易が生まれる前の世界では、食料の大量輸入が実行可能な選択肢になることなど、まずなかった。そのため政府には、経済的にも戦略的にも計算が必要だった。

曇りがちで夏の短いドイツは豊かな農業システムで有名だとは言いがたいが、ヨーロッパ全体が混乱していた一九四五年以前、ドイツが国家を存続させていくためには、粗悪な土地から粗悪な食料をできるだけしぼり出す以外の選択肢はなかった。[*]やはり料理がまずいことで有名なイギリスが、別の道をたどることができたのは、ひとえにイギリスが島国だったからだ。一九世紀後半には帝国の版図を利用して、ヨーロッパから遠く離れた植民地で食料を調達することができた。時代によって調達先は異なるが、エジプト[†]や南アフリカ[‡]、インド[§]、あるいはオーストラリアやニュージーランド[¶]などである。こうした調達先の選択肢があったおかげでイギリスは、産業革命の製造業部門にエネルギーを傾注できただけでなく、世界中に広がる帝国から利益を得ることもできたのだ。

しかし、「秩序」がこのシステムをひっくり返した。グローバルな安全保障を約束し、各帝国を崩壊させ、世界中で貿易の門戸を開放させ、産業革命により生まれた農業技術を広げることで、アメリカは期せずして「グローバル」農業の世界を切り開いた。各国はもはや、食料安全保障のために、遠く離れた農地を支配する必要はない。また、旧帝国を構成していた地域は、宗主国の限られたニーズだけでなく、いまやグローバルな需要をにらんで生産量を極限まで増やすことができる。

グローバル化された世界では、さまざまな機会が増えただけでなく、規模も拡大した。より多くの資本が、より多くの場所に流れ込み、農業に変革をもたらした。

巨大農場は機械化が進み、より少ない労力で、より高い効率性やより多くの生産量を達成できるようになった。こうした最適化により、農場の経済的重要性が高まると、投入資材の値下げを要求できるようになった。すると、地元の店舗から数十袋の肥料や不格好なくわなどを購入するのではなく、農場のニーズに合わせて石油化学企業や製造会社と直接契約を交わすようになり、小さな町の存在理由がなくなった。

グローバル化は、単に田舎を空っぽにしただけではない。それにより世界中の小規模なコミュニティが根こそぎ破壊され、誰もが主要都市に移住せざるを得なくなった。これは、アメリカのネブラスカ州やオーストラリアのニューサウスウェールズ州にあてはまるが、それ以上に激しい影響を受けたのが、ブラジルのセラード［同国の内陸中西部に広がる熱帯サバンナ地帯］やロシアの黒土地帯、中国の稲作地帯などである。これらの場所では、いずれも同じ変化が起

＊　たとえば、あのひどい味のザウアークラウト［乳酸発酵を利用したキャベツの漬物］。
†　おいしいケバブ。
‡　おいしいパップ［トウモロコシの粉を練って焼いた料理］。
§　おいしいビンダルー［酸味と辛味が特徴的な南インドのカレー料理］。
¶　おいしいパブロバ［メレンゲを使った伝統的な焼き菓子］。

きた。つまり、より多くの食料が生産され、より多く流通するようになったが、より少ない労働力でそれが可能になったのだ。

産業革命の初期には、工業関連の雇用が提供されて、農民が農場から引き抜かれていった。その後、合成肥料などが開発されると、農民が都市へと押し出されていった。しかし、「秩序」によってもたらされたグローバルな競争は、農民を農地から追い払った。各国で台頭してきた農業関連の巨大企業が小規模農家を追い出したり、政府が小規模な土地を強制的に整理統合して、効率のよい大規模な工場式農場を推進したりするようになったのは、そのあとの付随的な話でしかない*。

グローバルな競争は、広がる一方だった。有史以来安全が保障されていなかった地域、十分な資金に恵まれなかった地域が、突如としてグローバルな流通を利用できるようになり、史上初めて重要な生産国となり、さらには輸出国となることができた。食料品は品質が高まると同時に、その生産コストは低下した。その結果、先進国に暮らす時代遅れの生産者たちは苦境に陥り、最新技術を導入して生産量を増やすか、幻を追うのはあきらめて、土地や気候に適した作物だけに集中せざるを得なくなった。大衆は、味にうるさくなっていた。大半の国は、うまく育てられない作物の生産をあきらめ、うまく育てられる作物の生産量を劇的に増やした。アメリカが同盟国間の軍事衝突を禁止したおかげで、次の食料をどこで手に入れようかという心配がなくなると、農産物のグローバルな貿易が爆発的に増え、国内または帝国領土内で自給自足をする必要は完全になくなった。

つまり、アメリカがグローバルな安全保障と経済構造を転換したこと、より正確に言えば、アメリカが史上初めて、真にグローバルな安全保障と経済構造を創出したことにより、過去二五〇年にわたってヨーロッパを特徴づけてきた工業化と都市化が、グローバルなものになったのだ。

グローバル化の波はまず、「秩序」同盟に最初に参加した国々に押し寄せた。西欧諸国、敗戦した枢軸国、アメリカの保護下にあった韓国や台湾やシンガポール、イギリスがかつて植民地にしていた国々（オーストラリア、カナダ、ニュージーランド）である。[†] これらの国はいずれも、かつてのイギリスやドイツと同じように、高度成長、大規模な都市化、死亡率の大幅な低下、大幅な長寿化、人口の爆発的な増加、出生率の大幅な低下をこの順に経験した。実際、一九六五年以降の先進諸国の人口増加（全体で五〇％以上の増加）の原因はほぼすべて、長寿化である。また、ドイツがイギリスと同じ道をたどることで、人口構成の変化をより早く、より圧縮した形で経験したように、第二次世界大戦後のグローバル化の波に最初に乗った国々も、同じような経験をすることになった。

＊ 前者はアルゼンチンやブラジル、ウクライナなど、中央集権的な統制が弱い地域でよく見られる。後者はインドや中国、南アフリカなど、国家的な開発計画で知られる国々の標準的な施策となっている。

† 厳密には、西半球の多くの国もブレトンウッズ協定の締約国だったため、この「秩序」の第一ラウンドに参加していた。だがその大半は、このシステムの安全保障面（帝国主義の廃止）を受け入れただけで、経済面に深く関与しようとはしなかった。

やはり、すでにできあがっている道をたどるのは容易だった。電気ではなく水を動力にしていた最初期の工場では、古代の都市と同じように、建設できる場所にさまざまな制約があったうえに、そこに配置する労働者の数にも限界があった。電力が登場する以前に生まれた、交換可能な部品や組み立てラインにも同様の制約があり、このような初期の工業的努力によって、生産量は従来より一桁増えたかもしれないが、それでもまだ、その努力を生かすには風力か水力、あるいは筋力が必要だった。つまり、こうした工場が普及する速度や範囲、場所が、特定の「成功をもたらす地理」に左右されてしまうため、それが都市化の効果を遅らせる原因になっていた。だが、やがてドイツが一九四五年までの間に、電化こそが選ぶべき道であることを証明した。実際、電化により突如として、どこにでも工場を建設できるようになった。その後、歴史はスピードアップした。イギリスが発展への道を切り開いたとすれば、ドイツはほかの国々のためにその道を舗装したと言える。

その結果、イギリスが七世代、ドイツが四世代をかけて成し遂げた変革を、カナダや日本、韓国、イタリア、アルゼンチンは二世代半で成し遂げた。後続の先進国グループ（スペイン、ポルトガル、ギリシャ）はさらに短く、わずか二世代である。

物語はまだ終わらない。

冷戦が終結すると、アメリカは「秩序」の会員権を、旧中立国や旧ソ連圏諸国にもばらまいた。すると、一九五〇年代から六〇年代にかけてヨーロッパや日本に好景気をもたらした、あの資本や資源や技術に、これまでよりもはるかに幅広い世界、これまでよりもはるかに多くの人々がアクセスできるようになった。

いまや発展途上国の大半が、工業化や都市化、人口構成の変化がもたらす喜びを享受できるようになった。こうして新たに頭角を現してきたのが、中国やインド、インドネシア、パキスタン、ブラジル、ナイジェリア、バングラデシュ、ロシア、メキシコ、フィリピン、ベトナム、エジプト、エチオピア、トルコである。工業設備に電力を追加したことで変革プロセスが加速したように、デジタル革命も変革を後押しした。情報がもはや、個人の頭のなかに閉じ込められたものではなくなり、電子の川を自由に流れるようになると、クリック一つで専門知識が共有できるようになった。すると試作品製作プロセスが、数年からわずか数週間にまで圧縮された。知識が数秒で拡散され、大陸や海洋を超えた共同研究も可能になった。

ドイツがイギリスよりも速く発展の道を歩み、日本がドイツよりも速くその道を走り、スペインが日本よりも速くその道を駆け抜けていったように、いまや発展途上国のなかでも先進的な国々（特に中国、ブラジル、ベトナム）は、スペインよりも速く同じ道を疾駆していくことができた。

それは、ひどく無計画な変革だったにもかかわらず、なぜか失敗せず、それどころか、みごとに成功した。この冷戦後の時期において真に目を見張らせる（不思議でさえある）事実を挙げるとすれば、それは、ほとんどの世界から戦争や飢饉が消えたことよりもむしろ、高齢化や人口増加のペースに差はあれ、これらの国々の人口が、史上類例のない無謀な速さの経済成長をもたらす完璧な基盤となったことである。

イタリア 1950年

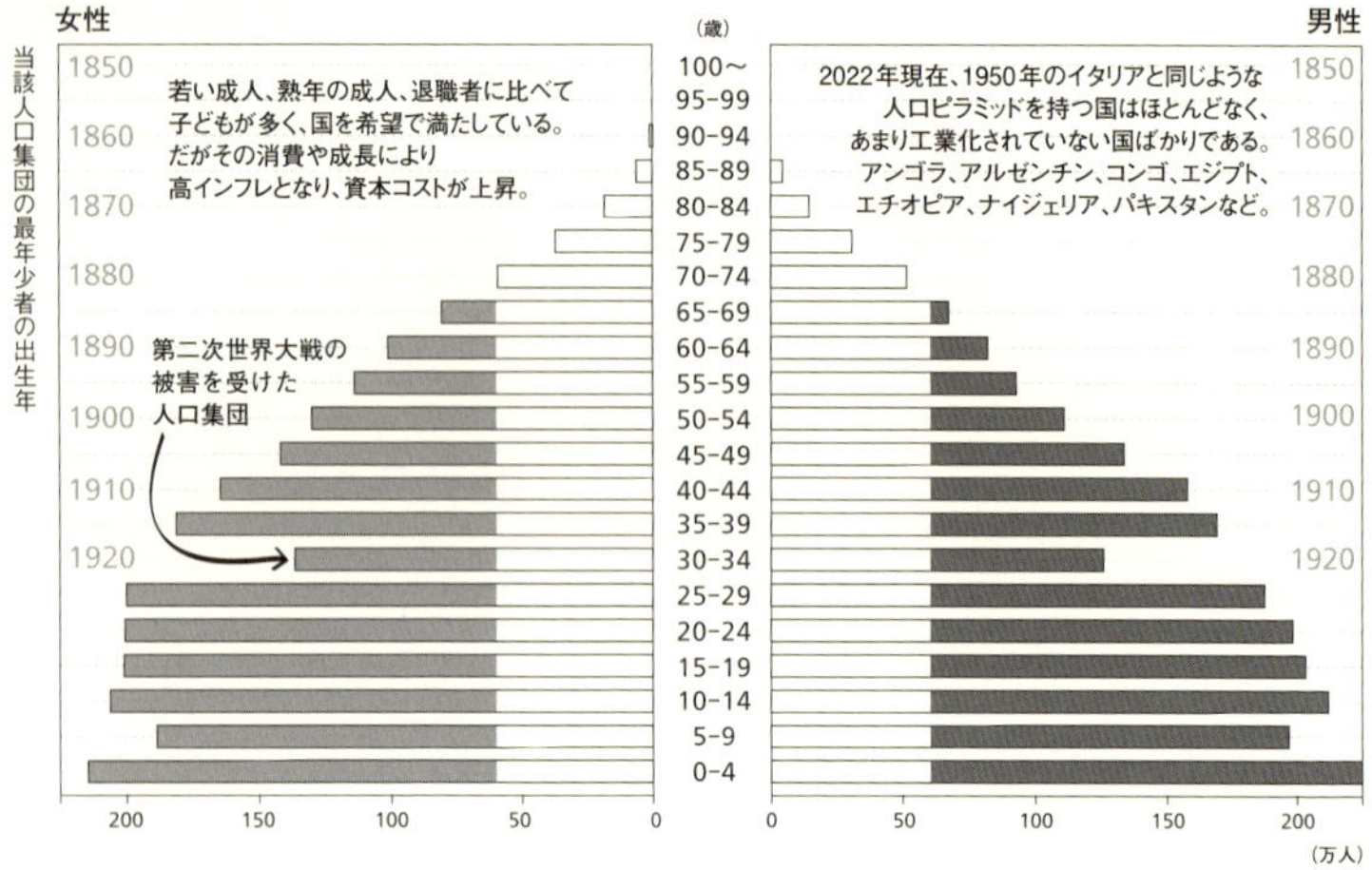

イタリア 1995年

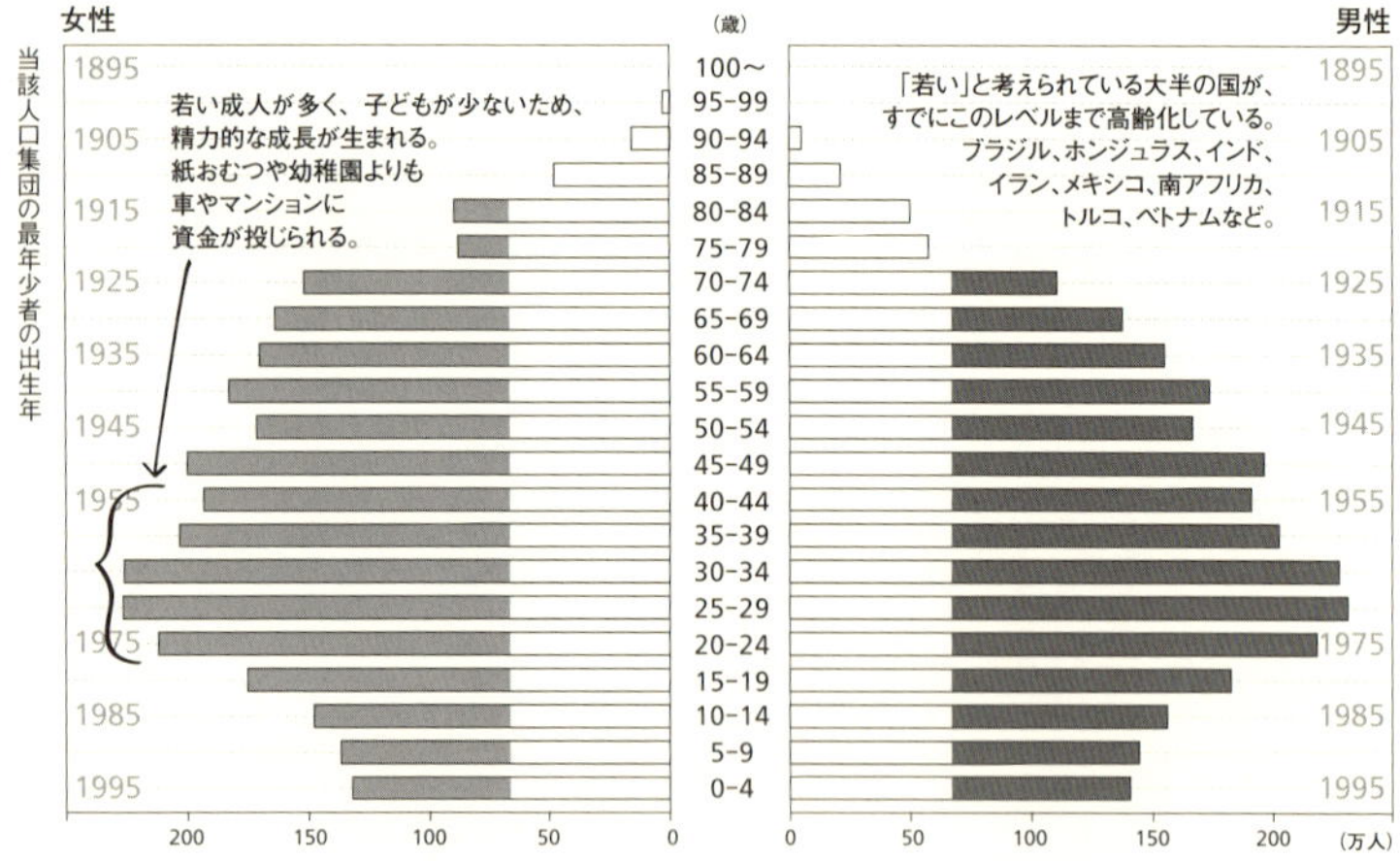

出典　国連経済社会局人口部

イタリア 2020年

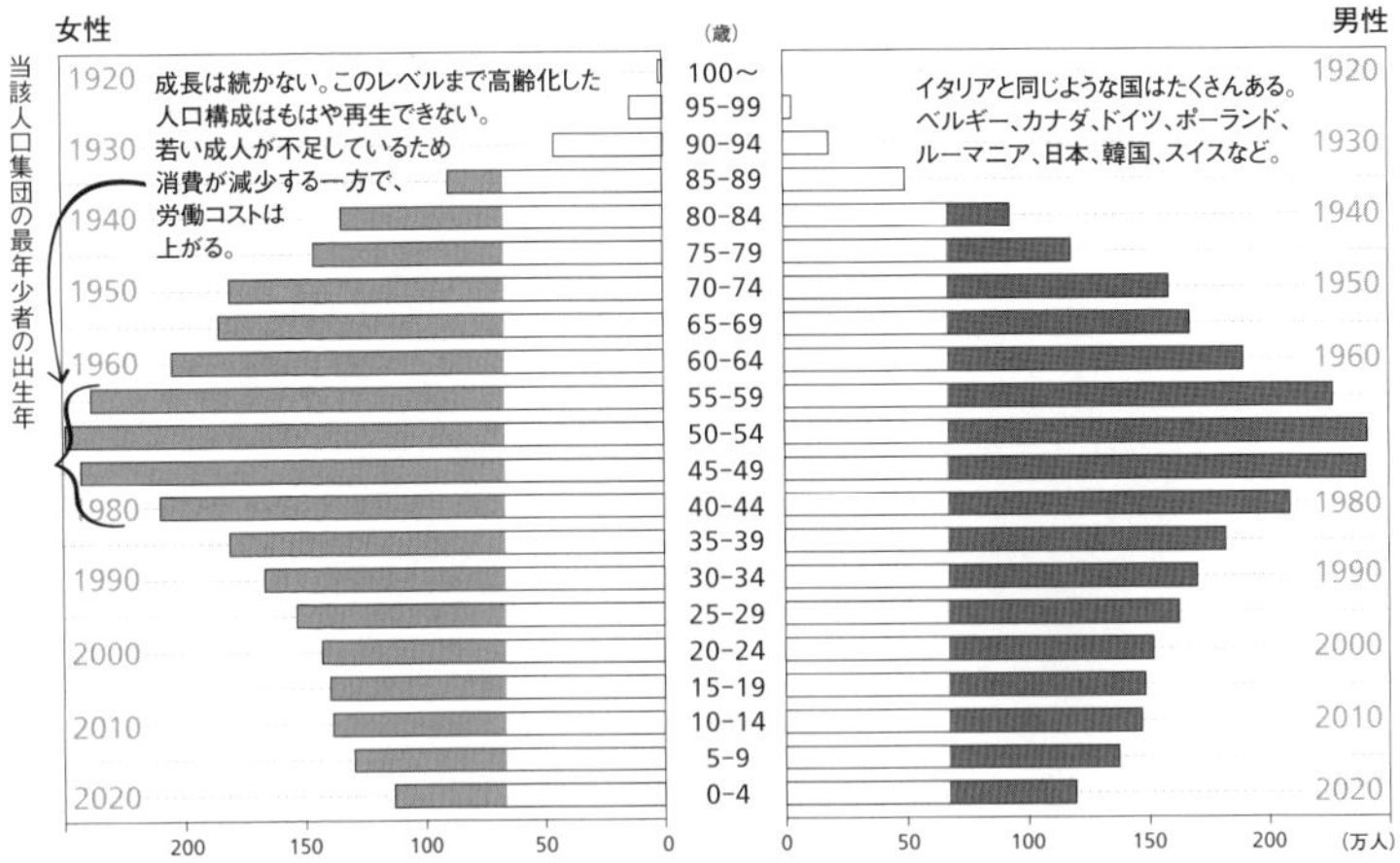

イタリア 2040年(予測値)

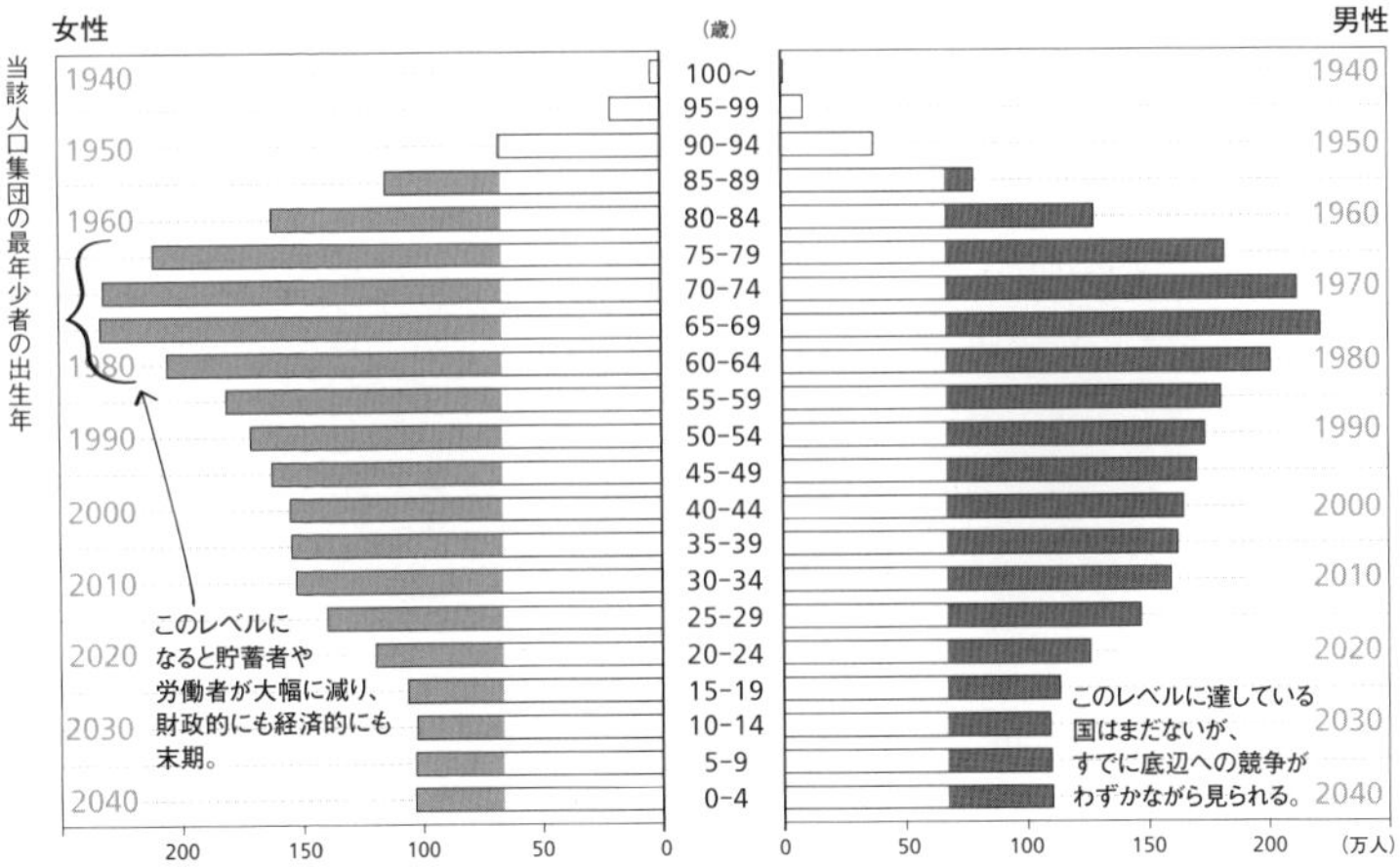

出典　国連経済社会局人口部

この一九八〇年ごろから二〇一五年までの間に、世界の国々は国際的に結びつきながらも、大きく二つのグループに分かれた。

第一のグループは、比較的最近に人口構成の変化を経験した国々である。死亡率が急速に低下し、寿命が急速に延びてはいるが、出生率の低下により若い労働者の数が壊滅的なほど減少するまでには至っていない。こうした国々は貪欲だ。それは食料に対してだけではない。一人の人間が行なう支出の大半は、一五歳から四五歳までの間に起こる。人生のこの期間に、車や家を購入したり、育児をしたり、高等教育を受けたりする。このような消費主導の活動は、経済を前進させる。このグループの国々は、消費がまだまだ旺盛だ。

第二のグループは、その先を行く国々である。死亡率はいまだに低下し、寿命はいまだに延びているが、そのペースは鈍化している。これらの国は、第一のグループより数十年も早く工業化を始めた。そのため、出生率の低下もその分早く始まっており、人口構成において明らかに子どもが不足しつつある。そうなると優先順位が変わる。子どもが少なくなれば、育児や教育に費やされる資金が減り、車やマンションに投じられる資金が増える。また熟年層は資本をたくさん蓄積しているため、より多くのお金を貯蓄や投資にまわせる。そのためこうした社会は、高齢化しつつあるとはいえ、活力がないどころか、むしろ活力に満ちている。迅速に技術を開発・実装できるため、生産性が上がると同時に生産物の質が向上する。ただし、生産したものを消費する若者が足りない。

この問題については、偶然にも、アメリカが解決策を提供した。「秩序」の中心的原則は、アメリカの市場を世界に開放することだけではない。世界全体の文明を守る安全保障にアメリカが関与することも含まれていた。これにより年老いた人口構成の国々、つまり輸出主導型経済の国々が、世界中の消費者市場にアクセスできるようになった。これは、消費主導型の国と輸出主導型の国が単に適切なバランスを保っているというだけの話ではない。アメリカが世界の安全保障問題に配慮することで、真にグローバル化された世界が現れ、繁栄を謳歌できるようになったのだ。

しかしそれは、自然に起きたことではない。グローバル化は常に、グローバルな「秩序」を維持しようとするアメリカの努力に依存していた。しかし一九八九年にベルリンの壁が崩壊して以来、この「秩序」を維持してもアメリカに戦略的利益はない。アメリカがあらゆる国を監視しなくなれば、東アジアか中東かロシア周辺のどこかで（戦争などが起こり）、グローバルなシステムが修復不可能なほど破綻してしまうのは、もう時間の問題でしかない。アメリカ自身がその破綻を引き起こさなかったとしても、である。

それに、アメリカが世界全体の文明を守り続ける選択をしたとしても、グローバル化の全盛期を維持することはできないだろう。一九八〇年から二〇一五年までの平穏かつ幸福な日々は終わった。一九六〇年代に先進国で始まり、一九九〇年代に発展途上国で始まった出生率の低下は、いまや数十年分の悪影響を溜め込んでいる。

それは時限爆弾のようなものだ。工業化が次第に加速していったように、人口構成の変化も次第にスピードアップしている。一七〇〇年には、イギリスの女性一人当たりの平均出生数は四・六人だった。これは、一八〇〇年のドイツ人女性の平均、一九〇〇年のイタリア人女性の平均、一九六〇年の韓国人女性の平均、一九七〇年代前半の中国人女性の平均とほぼ同じである。これらの国のいずれでも、いまではこの平均出生数が一・八人未満に落ち込んでいる（この数値を大きく下まわっている国も多い）[*]。二〇三〇年には、これがバングラデシュ人女性の平均出生数になるだろう。

ここから下り坂が始まる。

工業化に伴うあらゆる成長物語の中心には、経済成長の大部分は、ふくらみ続ける人口から生まれるという要因がある。大半の人は見逃しているが、この工業化および都市化のプロセスには別の側面もある。死亡率の低下によってあまりに人口が増えるため、それが、出生率の低下がもたらす悪影響を覆い隠してしまうのだ。だが、それもせいぜい……数十年の間だけだ。いずれ寿命の延長が限界に達する。それまで人口は増えるかもしれないが、子どもは現在より少なくなる。過去に子どもが少なければ、現在の若い労働者が少なくなり、明日の熟年労働者が少なくなる。その明日が、やってきたのだ。

二〇二〇年代に入ったいま、もはや出生率が低下しているだけではない。出生率がこれほど低い状態があまりに長く続いたため、年齢構成が比較的若い国でさえ、若い成人（子どもを産む年齢層）が不足している。すでに少ない二〇代や三〇代が、三〇代や四〇代になるにつれ、出生率はさらに長期にわたり低下を続け、いずれは崩壊する。子どもよりも年寄りが多くなれば、人口の激減という恐るべき事態が、もはや完全に避けられないものとなる。このプロセス

が始まっている国は、すでに若い成人が払底しているため、人口を回復できないのだ。†
　さらに悪いことに、イギリスがこの道をたどり始めて以来、田舎から都市への全体的転換が加速していったのと同じように、子どもの多い人口構成から定年退職者の多い人口構成への転換もスピードアップしている。初期段階の転換や成長が速ければ速いほど、最終段階の人口崩壊までのスピードも速くなる。
　この人口の圧縮現象により群を抜いて最悪の影響を受けているのが、中国である。中国史を見てみると、比較的工業化されていない時代が長く続いており、ようやく工業化が始まったのは、アメリカのリチャード・ニクソン大統領が一九七二年に訪中して毛沢東と会談してからだ。これによりアメリカは、共産主義国の中国をソ連から離反させることに成功する。中国を再編する方法は至って簡単だった。アメリカが主導するグローバルな「秩序」に中国を参加させたのだ。これによりおよそ八億人を擁する中国が、工業化への道をたどり始めた。その道はもはや、新たに切り開かなければならない道ではなく、いわば大型バス専用車線［乗員が多い車だけが走れる車線］が二本ある、一四車線の高速道路も同然だった。こうして中国は、ほかの国の国民が確立したパターンをたどり、死亡率を四分の三も急減させ、それにつれて人口を増大させた。一九七〇年に八億人未満だった人口は、二〇二一年には一四億人超にまで急増した。‡

＊　韓国と中国の最新データ（二〇二二年初め）によれば一・二人である。
†　安価かつ大規模なクローン技術が開発されれば話は別だが。

現在、経済面、軍事面、人口面で急速に台頭してきた中国を世界中が脅威と見なしている。しかしこれは、二〇〇年以上かかってもおかしくない経済や人口構成の転換が、猛烈な四〇年に圧縮された結果でしかない。それにより中国社会や世界の貿易パターンが一変したのだ。

だがそれとともに、中国の人口構成も一変した。どう分析しようと、現在の中国社会は、人類史上最速で高齢化しつつある。中国における人口増加は終わった。いや、もっと正確に言えば、一九九〇年代に出生率が人口置換水準を下まわって以来、人口増加は終わっている。人口置換水準とは人口が減少も増加もしない均衡した状態となる出生率を意味し、その数値は女性一人当たり二・一人である。それに対して、二〇二二年初頭に部分的にのみ公表された中国の二〇一一〜二〇二〇年の国勢調査を見ると、女性一人当たりの出生数はせいぜい一・三人であり、人類史上最低の部類に属する。いまや中国では、人口が増加したのと同じペースで人口が減少しつつある。わずか一世代分の期間のうちに、人口の完全崩壊が確実に起こる。中国は確かに驚異的だが、それは大半の人が述べているような理由からではない。この国は、一人の人間の一生分の期間のうちに、富や健康が前工業化社会のレベルにあった時代から、人口が崩壊するポスト工業化の時代へと移行していく。残りの時間はわずかしかない。

そんな危機にあるのは、中国だけではない。イギリスからドイツ、ロシアや北欧諸国や日本、韓国、カナダやスペインに至るまで、工業化していくプロセスには時差があったが、このプロセスには次第にスピードアップしていく性質もある。そのため大半の国々がほぼ同時期に、高齢者の大量定年退職を経て人口の激減に直面する。世界の人口構成は、あと戻りできない地点を二〇～四〇年前に通過した。二〇二〇年代は、それが全面的に崩壊する一〇年になるだろう。中国やロシア、日本、ドイツ、イタリア、韓国、ウクライナ、カナダ、マレーシア、台湾、ルーマニア、オランダ、ベルギー、オーストリアといった国が憂慮すべきは、自国がいつ高齢化社会に入るかではない。どの国も、二〇二〇年代には労働者が大量に定年退職する。その一方で、その人口を再生できるほどの若者がいる国は一つもない。いずれの国も、末期的な人口構成を示している。だから、真に憂慮すべきは以下のような問題になる。自国の社会はどれくらい早く、どのように壊滅するのか？　黙って人口が収縮するに任せるのか、それとも迫る闇

✣　これらの数値や時期があいまいに見えるとしたら、それは実際に数値や時期があいまいだからだ。中国は地理的にきわめて複雑であり、それがきわめて複雑な（かつ分裂した）政治史を生み出した。こうした地理的な多様性と政治的な混乱により、中国は一本道をたどるような発展を遂げていない。上海などは早くも一九〇〇年ごろから（むらのある）工業化を始めていたが、北部の大半は、多大な被害をもたらした大躍進政策（一九五八～六二年）が実施されるまで、工業化の試みを始めることさえなかった。そのため人口の増加も同様にむらがあり、一部の沿岸地域は、ほかの地域よりはるかに早く人口の急上昇を経験した。全体的に見れば、一九五〇年から七〇年までの間に、中国の人口が五億四〇〇〇万人から八億一〇〇〇万人に増えたのはよかったが、その間の大躍進政策により、人類史上最大の人為的な飢饉が発生し、一五〇〇万～五五〇〇万人が死亡した（歴史学者により数値が異なる）。したがって、「中国」はニクソンが訪中するまでまったく工業化されていなかったのか、という問いに対する答えは「ノー」である。実際、当時の中国はすでに、世界の二酸化炭素排出量の五％を占めていた。それでも中国は広大なため、これらの二酸化炭素を排出していたのは、人口比で言えばごくわずかな人々に過ぎない。最も発展していた沿岸地域および南部の都市に暮らしていた人々である。

に抵抗するのか？

これらの国のすぐ背後には、もっと速い出生率の低下を経験してきた国々が控えている。それらの国も、二〇三〇年代から四〇年代にかけて同様の人口崩壊に直面するだろう。ブラジル、スペイン、タイ、ポーランド、オーストラリア、キューバ、ギリシャ、ポルトガル、ハンガリー、スイスといった国である。

二〇五〇年代にはさらに、出生率の急減が少し遅れて始まった国が続く。それらの国ではまだ、現在の二〇代や三〇代に子どもをたくさん産んでもらえれば、人口崩壊を回避できる可能性がある。だが率直に言えば、これらの後発組の出生率も深刻なレベルまで低下しているため、希望は持てない。バングラデシュ、インド、インドネシア、メキシコ、ベトナム、イラン、トルコ、モロッコ、ウズベキスタン、サウジアラビア、チリ、チェコといった国である。

そのあとに並んでいるのは主に、ラテンアメリカやサハラ以南のアフリカや中東の貧しい国々だ。これらの国にはさらなる不安がある。その人口構成は、先発組の国々よりはるかに若いのだが、だからといって安心できる立場にいるわけではない。なぜならこれらの国には、人口や年齢よりも、経済や社会の健全性に問題があるからだ。

これらの国々の大半は、一次産品を輸出する採取経済国であり、その収益によって輸入した食料や消費財を国民に供給している。こうした国々は、工業化プロセスがもたらす成果の一部（死亡率の低下、食料供給の安定、都市の拡大、人口の急増）は獲得したが、それを発展させるのに必要な要素を獲得してはいない。具体的には、教育レベルの向上、政府の近代化、付加価値経済システム、社会の進歩、工業の発展、技術の開発といった要素である。

世界がグローバル化されていて、どこへでも安全にアクセスでき、一次産品を輸出して金銭を手に入れられるのであれば、こうした雑種的な経済モデルでもなんとか存続していける。だが、世界が分断されて安全ではなくなり、貿易が厳しく制限されるようになれば、これらの国々の住民が直面する最大の問題は、国家の完全崩壊どころではなくなる。つまりこれらの国々は、海外の変化の影響を受けやすく脆弱《ぜいじゃく》だ。死亡率の低下や生活水準の向上をもたらす工業技術をなかったことにはできないが、貿易が途絶えれば、そうした技術さえ手に入れられなくなる。これらの国々の一次産品の輸出や収入、あるいは各種製品の輸入に影響を与える何らかの事態が起きれば、何もかもが機能停止に陥るとともに、歴史的な規模に及ぶ深刻な飢饉に見舞われることになるだろう。経済の発展、生活の質、長寿、健康、人口の拡大すべてが、グローバル化の気まぐれに左右される。いや、この場合はむしろ、脱グローバル化の影響にさらされることになるのだ。

第六章　恐るべき「脱文明化」とは？

ここで少し理論的ではない話をしよう。

私は現在、海抜二三〇〇mの高さにあるコロラド州の山岳地帯の田舎で暮らしている。ここでは雪は、季節の風物詩というよりも生活の一部である。初めてここに引っ越してきたときには、こう考えたものだ。「新たな始まり？　新たな家？　新たな『自分』？　それに合わせて自分の体を改造しよう！」。そしてほぼ毎日ハイキングに出かけた。雪が降るようになると、雪に果敢に挑んだ。シャベルを手に。

シャベルだけで。

それは、かつてないほど愚かな行為だった。

一カ月後には、トロ社製のガソリン式の除雪機を購入していた。これのおかげで、骨折さえしかねない二十数時間に及ぶ重労働が、多少面倒なだけの二時間もかからない作業になった。

この二十数時間の労働というのは、わが家の周辺の車道や人間の通り道だけの話だ。そこから山のふもとまでは三㎞以上ある。さらに、そのふもとからデンバー市街が広がる高原に行くには、一二㎞ほどの距離を、峡谷を縫うように通り抜けていかなければならない。シャベルで雪かきなどしていたら大変だ。ガソリン式の除雪機がなければ、現実的にも理論的にも、標高二三〇〇mのこの場所に家を建てることも、維持していくこともできないだろう。*

デンバーは、かつて「グレートアメリカン砂漠」と呼ばれていた地域にある。アメリカの土地は、中西部の湿潤な低地から西へ向かうにつれ、徐々に高度を増し、乾燥していく。しかもデンバー市はロッキー山脈の東側、つまり常に風下側の雨の少ない地域に位置するため、年間降水量は一九〇㎜未満だ。そのうえ標高が高いので、降った雨雪はすぐに蒸発してしまう。標高一六〇〇mの高地にあるデンバーはきわめて湿度が低く、小雪などは直接、蒸気へと昇華する。コロラド州の住民のおよそ四分の三は、ロッキー山脈分水界の東側で、これとほぼ同じ気象条件のもとで暮らしているが、同州の雨雪のおよそ四分の三は、この分水界の西側に降る。

デンバー（およびコロラド州全体）は、この問題に二つの方法で対処している。第一に、あちこちにダムを設置している。デンバーなど、ロッキー山脈の東端に位置する主要都市の地図

＊　世の環境保護活動家たちは、ガソリン式の除雪機よりも充電式の除雪機を選んだほうがいいと思うかもしれない。私も充電式を試してみた。だが充電式は、シャベルを使うよりは速いが、すぐに除雪能力が落ちてしまう。およそ一〇㎝の積雪があった際には、わが家の周辺をおよそ五時間で除雪できたが、それ以上となると、電気エンジンが焼き切れるおそれがある。実際にこのダメエンジンは、その脅しを実行に移した。

を見ると、湖が複数あることに気づくはずだ。実際、湖が無数にあるように見えるが、これは自然の湖ではない。春の雪融け水を貯めておくための人造湖である。コロラド州の主要都市は、近場の土地を改造して、あらゆる水をなるべく長く蓄えておくようにしている。

しかし、それだけでは足りない。そこで第二の方法として、ロッキー山脈にトンネルを掘削し、雨の多い同州の西側地域と人口の多い東側地域とをつないでいる。現段階で、東西の両地域を横断する巨大水路が二〇本以上ある。こうしてあらゆる降雨を人造湖に蓄え、年間一億㎥に及ぶ水を西側から移送しているおかげで、フォートコリンズ、エステスパーク、グリーリー、ボールダー、コロラドスプリングス、プエブロ、そしてデンバーといった都市が存続できるのだ。同州の農業部門のほぼ全体が、それに依存していることは言うまでもない。

この水管理システムの構築・維持に必要な技術を奪われたら、これらの都市が維持できる最大人口は、現在のおよそ四五〇万人から、その一〇分の一にまで激減してしまうことだろう。似たような話は、世界の人口密集地域のほぼどこにでもある。インフラの問題なのか、気候の問題なのか、あるいは資源や食料や安全保障の問題なのか、といった違いはあるかもしれない。だがいずれにせよ、結論は同じだ。何らかの理由で、製品やサービス、エネルギー、食料のグローバルな流れが滞れば、人口や政治・経済地図は一変する。

脱グローバル化後の世界でも、アメリカのように多様な資源に恵まれた広大な国であれば、国内で生産物を融通し合い、すべてを問題なく機能させていくことができる。私が行なっているリモートワークも、オハイオ州の鉄鋼、ケンタッキー州のアルミニウム、テキサス州のプラスチックで構成された通信ネットワークを利用しているし、自宅はモンタナ州の材木を、私道はオクラホマ州のアスファルトを使っている。除雪機もミネソタ州製、ガソリンもコロラド州の原油を同州で精製しており、除雪に必要なガソリンを調達できるだろうか、という心配など一切なく暮らしている。

アメリカほどの多様性や広大な土地、場所やモノへのアクセス、ゆとりを備えた場所はごくわずかしかない。たいていの地域は、除雪などのきわめて「単純」な作業さえ、グローバル化に（多くは全面的に）依存している。すると、次のような疑問が生まれてくる。石油がなければ上海はどうなるのか？　鉄鋼がなければベルリンはどうなるのか？　食料がなければリヤドはどうなるのか？　脱グローバル化が起きれば、単に世界が暗く、貧しくなるだけではない。それ以上に事態は悪化する。

破綻が起きるのだ。

現在の世界には、この破綻がどんなものかを示す不穏かつ妥当な事例が二つある。それは、ジンバブエとベネズエラだ。どちらの国も、運営・管理の著しい失敗により、輸出財（ジンバブエの場合は食料、ベネズエラの場合は石油や石油製品）の生産能力が損なわれた結果、極端な資金不足に陥り、輸入能力が大幅に低下した。ジンバブエでは最終的に、経済のマイナス成長が一〇年以上続き、それがかつての世界大恐慌よりもはるかにひどい影響を及ぼし、国民の大半が自給農業に追いやられた。ベネズエラはもっと不幸だった。この国は経済が破綻する前、食料の三分の二以上を輸入していた。ところが石油生産が急減すると、作物の種をまくのに必要な燃料にさえ事欠くようになり、西半球史上最悪の飢饉を引き起こした。

これらの事例を軽く考えてはいけない。こうした結果を描写するのに最適な言葉は、「脱グローバル化」でもなければ「脱工業化」でさえない。「脱文明化」である。

人類の文明に関する私たちの知識はすべて、組織化という単純な考え方に基づいている。「人間を殺してはいけない」などの基本原則を政府が定めると、人間はそれに従った行動を始める。家族をつくり、作物を育て、道具をつくりだす。やがて交易を始めると、農民は小麦粉をつくる必要がなくなり、鍛冶屋は自分の食料をつくる必要がなくなる。こうして農業や製粉、鍛冶などが専門化されると、それぞれの分野の生産性が上がる。その結果、社会が豊かになり、拡大していく。より多くの土地、より多くの人々、より高い専門性、より多くの交流、より多くの国内取引。そして「規模の経済」がさらなる成長を促す。

文明の夜明け以来、このパターンが少しずつ発展してきたのだが、その過程ではしばしば、後退するだけでなく、崩壊することもあった。帝国は興隆しては滅びる。そのときには、帝国が成し遂げた進歩の大半も滅びていった。ところが、アメリカの主導する「秩序」が、ゲームのルールを変えた。それどころか、秩序ある状態を制度化し、工業化や都市化をあらゆる場所に行き渡らせた。その結果、世界の人口構成が、子どもの多い状態から若い労働者や熟年労働者が多い状態へと移行し、人類がかつて経験したことがないような長期にわたる消費・投資ブームが引き起こされた。安全が保障され、資本やエネルギーや食料が十分に供給されたことで、六〇〇〇年に及ぶ興亡が、不断の進歩に置き換えられたのだ。

「秩序」が生み出したこの魔法のような人口構成の時代に、労働の専門化が進むとともに技術が著しく発展した結果、かつては生きていくために不可欠だった作業を営む能力を私たちは完全に失ってしまった。フルタイムの仕事をしながら、生きていくために必要な電気や食料をつくりだすことはできない。このような現代の生活を可能にしているのが、継続性という概念である。つまり、現在享受している安全や安心を明日もまた享受できるという考え方だ。私たちは人生をこのシステムに委ねている。だが、明日政府が崩壊することが確実になれば、上司が重要だと主張する些末《さまつ》な仕事など放り投げ、野菜を缶詰にする方法を学ぶに違いない。

いまでは労働の超専門化が当たり前になっている。交易が複雑化したため、それを円滑に進めようと、経済全体に細分化された無数の分野（金融業、アルミ成形業、倉庫計画コンサルタント業、砂研磨業など）が存在する。この専門化は人間だけに限らない。平和な世界であれば、国も専門化できる。台湾は半導体、ブラジルは大豆、クウェートは石油、ドイツは機械に特化している。こうして文明化プロセスは、最終的な「最適化」のピークに達しようとしている。

だがこの「最適」は、「自然」に生まれたものではない。この時代に関するものは、すべて人為的なものだ。アメリカが安全保障の構造を再編し、歴史的に前例のない人口構成を生み出したに過ぎない。それがいま破綻し、終焉を迎えようとしている。

人口の高齢化およびグローバル化の破綻という奈落をのぞき込んでいる国々が、これからたどる下り坂はさまざまだが、そこにはある共通点がある。相互交流が減り、アクセスが減り、収入が減り、「規模の経済」が働かなくなり、労働の専門化が後退し、それによりさらに相互交流が減り、という悪循環が続く。物資の不足により、住民も国も、必要なものは自分（自国）でなんとかしなければならなくなる。継続性や労働の専門化がもたらす付加価値の優位性は失われる。あらゆる人々の効率が低下し、生産性が低下する。その結果、あらゆるものが少なくなる。電子機器だけでなく電気が減り、自動車だけでなくガソリンが減り、肥料だけでなく食料が減る。食料が減り、部分は全体のために力を発揮できなくなる。事態はさらに悪化する。電力不足は製造業を破壊する。食料不足は人口を減少させる。人口が減れば、専門的な労働者を必要とするあらゆるものが維持できなくなる。そのあらゆるものとは、たとえば、道路の建設や配電網の整備、食料の生産である。

つまり、「脱文明化」とはそういうことだ。機能不全が別の機能不全を呼ぶ連鎖を引き起こし、基盤を傷つけるだけでなく、破壊してしまうことにもなりかねない。「秩序」が生まれる前の時代には、文明が現れるのに適した地理は一部に限られていた。ということは、この「秩序」がなくなれば、文明を維持できる場所も一部に限られることになる。

メキシコのようにアメリカとつながっている国は、なんとか工業を発展させ、アジアからの輸入品がなくてもやっていけるかもしれない。だが韓国のような国が、これまで輸入に頼っていた石油や鉄鉱石、食料、輸出市場へのアクセスを失ったときにどうなるかは別問題である。

最悪の事態に陥るのは発展途上国だ。その多くは、ほかの地域の文明に全面的に依存している。ジンバブエやベネズエラは、脱文明化の道をたどった国の好例だが、大半の発展途上国も同様に、自国が管理するどころか影響を及ぼすこともできない遠く離れた場所での出来事のせいで、脱文明化を押しつけられることになる。ブラジルやドイツ、中国などで小さな問題でも起きれば、ボリビアやカザフスタン、コンゴ民主共和国で産出される原材料の需要が途絶する。するとこれらの弱小国は収入を失い、最低限の現代的生活に欠かせない製品を輸入できなくなる。しかもブラジルやドイツ、中国のような国が直面するのは、小さな問題にとどまらない。

この深まりゆく暗闇のなかにも光明がないわけではないが、ごくわずかしかない。

高度の発展を遂げながらも出生率の崩壊を回避してきた国が、少数ながら存在する。そんな国は悲しくなるほど少ない。アメリカ、フランス、アルゼンチン、スウェーデン、ニュージーランド、それだけだ。しかしながら、あらゆる人間が善人になり、これらの国々が自国のニーズよりも世界のニーズを優先することを望み、政策調整を行なったとしても、世界の人口構成の変化の規模があまりに大きいため、これらの国々をすべて合わせたところで、新たなグローバル・システムを支える基盤にはとてもなりえない。

グローバル化は大半の分野（特に教育、富、健康）で偉大な成果をあげてきたが、それが続くことはない。私たちやその両親（場合によっては祖父母も含まれる）が、普通あるいは当然と見なしてきた過去七〇年余りの理想的な生活は、歴史的に見れば、戦略的な面でも人口統計学的な面でも、異常な状態である。とりわけ一九八〇年から二〇一五年までの期間は、単発的な、唯一無二の、幸運な時代だった。だが、その時代は終わった。私たちが生きている間に、そんな時代が戻ってくることは決してない。

しかも、それだけではすまないだろう。

第七章　「より多く」の終わり

遠洋航海術が生まれる前の古き悪しき時代には、人間の経験値はそれほど高いものではなかった。ほとんどの統治システムは、帝国主義と封建主義が混じり合ったものだった。

ここで問題になるのは勢力の及ぶ範囲である。

地理的条件に恵まれた数少ない地域は、帝国の「中心」となり、その富を使って軍事的にも経済的にも手を広げ、ほかの土地を支配していった。ときには、これらの「中心」が地域の勢力バランスを一変させるような技術を発明・改良し、さらなる土地の収奪を進めた。たとえばローマは、道路を利用して軍隊をあちこちへと迅速に派遣した。モンゴルは、鉄製のあぶみを開発して周囲のほとんどの民族を掃討した。

しかしながら、こうした技術はいずれ競争相手にも広まってしまう。そうなれば、自国の一時的な優位は消えてしまう。それに、敵に支配されることを望む民族など、まずいない。そのため、どの民族も、相手と競うように新たな技術を開発したり、相手の技術を自国に適用しようとしたりする。有名なところでは、ハンニバルは数頭のゾウを手なずけ、率いていくという予想外の方法で、ローマ帝国の中核的な領土を攻撃した。ポーランド人は、モンゴルの騎馬軍の襲撃に耐えられる城塞をいくつもつくり、騎馬軍がどこからやってきても迎え撃つことができるようにした。

以上が当時の全体像だが、あまり正確ではない。というよりも、これがすべてではない。組織的観点から言えば、帝国の領土拡大が普通だというわけではなかった。確かに、技術に関する競争やそれに対抗する競争の歴史はあった。だが帝国が、領土拡大に成功することもあれば、失敗して崩壊することもあり、一瞬たりとも日の目を見ることのない地域が無数にあった。

また全体像ではなく細部を見れば、その世界は実にささやかなものだった。

地域のレベルでは、そこで営まれる人生は、それほど劇的なものではなかった。大半の住民は、農奴だった。自給自足に近い過酷な生活をちょっとマシな用語で呼べば、そういうことになる。この農奴が安全に暮らせるかどうかは、ひとえに地元の領主との関係にかかっていた。領主は要塞化された町や城塞を支配しており、侵略者や小規模な軍隊が略奪にやって来ると、農奴は急いで要塞の中に駆け込み、脅威が去るまで身を隠していた。封建領主は、こうして提供する安全と「引き換え」に、農奴から税や食料や労働を徴収していた。*だが、農奴は一般的

＊「引き換え」という言葉が示すように、これは選択の関係だった。農奴は事実上、土地に縛られた奴隷だったため、領主がその土地を売れば、一般的に農奴も土地とともに売られることになった。

に税を余剰作物で支払っていたため、どの領主も、ほかの領主と交易できるほど、差別化された産品を持っていなかった。つまり、広範囲に及ぶ相互交流や教育、進歩、発展を促すようなシステムではなかった。そのため、大した変化は起きなかった。そんな時代が続いていた。ずっと変わらずに。

これら二つのシステム（帝国主義と封建主義）の経済は、悲しくなるほど似通っていた。封建主義はいわば、安全保障の取引だった。領主が農奴に保護を提供する代わりに、農奴は領主に人生を捧げる。それだけだ。帝国主義も、それとさほど変わらない。大規模な交易は、帝国の領土内でのみ行なわれる。したがって新たな物品を入手するには、領土の外に出て征服するしかない。だが、あらゆる技術的優位は一時的でしかないため、帝国の「中心」と地方との関係は結局のところ、安全保障と忠誠心との取引関係に行き着く。地方の安全は帝国の軍隊が保障するというわけだ。

つまり、経済のパイ［経済的メリットを獲得するための市場や版図］は、それほど大きくはなかった。しかも、少しずつしか大きくならず、小さくなることもしばしばだった。誰もすべてを手に入れることはできず、過酷な地理のせいで貿易が著しく制限されていた。当時の人間は、発展性のない、分断されたパイのどの部分を誰が支配するのかをめぐって、戦いを繰り広げていた。

ところが、歴史的に見ると、すべてが一挙に変わった。

一五世紀末からのコロンブスの遠征が、相互接続の連鎖反応を引き起こしたのだ。遠洋航海術によって、まずはスペインやポルトガルが、次いでイギリスが、最終的にはあらゆる国が、海洋に面したあらゆる土地に手を伸ばし、交易を行なえるようになった。すると、帝国はいまだ帝国のまま存在していたが、その経済基盤ががらりと変わった。ほとんどの場所のほとんどの産物を入手できるようになったからだ。こうしてより巨大なシステムの経済基盤が広がると、地方ごとの封建主義経済は崩壊した。帝国の戦争には、これまで以上に多くの人員が必要になった。帝国の経済の拡大には、より多くの労働者が必要になった。帝国の貿易により新たな産業が生まれた。いずれの点でも立場を失ったのは、封建領主だった。封建領主は、自給自足に近い生活しか提供できなかった。

やがて数十年がたち、数世紀が過ぎると、経済の変化に合わせて、期待されるものも変わっていった。経済のパイは、もはや一つでもなければ、発展のないものでもなくなった。パイは大きくなるばかりで、とどまるところを知らなかった。何よりもそれが、私たちの知っている世界である。

より多くの製品。より多くの関係国。より大きな市場。より多くの市場。より容易な輸送。より幅広い相互接続。より多くの貿易。より多くの資本。より高度な技術。より深い統合。より幅広い金融の普及。より多く、より大きく、より多く。

「より多く」の世界。

コロンブスが紺碧の海を渡って以来このかた、人類の経済は、この「より多く」という概念を特徴としてきた。「より多く」という概念のなかで世界が発展し、「より多く」が合理的に期待されるようになった結果、遠洋航海術が登場する以前の帝国主義・封建主義が備えていた古い経済は崩壊した。新たな商品、市場、関係国、富、相互交流、相互依存、拡大には、新たな関係を管理する、新たな方法が必要になる。こうして人類は、新たな経済モデルをいくつも生み出した。そのなかでも、ある程度持続的なモデルとして成功を収めたのが、ファシズム的協調主義、指令主導型共産主義、社会主義、資本主義である。過去数世紀の人類の歴史を決定づけたのは、これらの体制間や主義間の競争である。

煎じ詰めて言えば、あらゆる経済モデルは分配のシステムである。つまり、誰が何を、いつ、どのように手に入れるのか、だ。

・資本主義は、ほとんどのアメリカ人にとって、最も馴染《なじ》み深いシステムである。このシステムは、大半の判断（特に消費や生産、需要や供給、技術や通信に関する判断）を一般市民や企業に任せ、政府はそれにあまり干渉すべきではないと考える。資本主義はアメリカ経済の基盤だが、アメリカだけが資本主義を採用しているわけではない。日本、オーストラリア、スイス、メキシコ、台湾、レバノン、バルト三国はいずれも、独自の資本主義システムを採用している。

・社会主義は、ヨーロッパでは標準的なシステムだが、アメリカの政治的右派から見れば敵である。現代の社会主義システムでは、企業と政府と市民が、千変万化する協力と対立の万華鏡のなかに存在する。だが、真に社会主義的な構造の中心には、政府は経済システムと切り離せないものだという考え方がある。そのため、政府がどこまで中心的な役割を果たすべきか、政府はその権力を駆使してどのように社会を形成・維持していくべきか、という議論が常に伴う。社会主義システムが適切に運用されている現代の好例が、カナダやドイツである。イタリアやブラジル、南アフリカの社会主義は……多少手を加える必要がある。*

・指令主導型共産主義は、極端に走り過ぎた社会主義である。資本主義なら民間企業や一般市民に任せるであろうことを、政府がすべて決定する。民間企業も含め、民間の選択を完全に排除することにより、政府が社会のあらゆる力を駆使して、取り組むべきあらゆる目標を達成する。この指令主導型共産主義に最も成功した最大の国が、ソ連である。だが、

＊ ちなみに、社会主義を自称しているシステムの多くは、実際には社会主義などではない。たとえば、アメリカの右派を大いに悩ませてきたベネズエラの「社会主義」がそうだ。ベネズエラでは社会主義は、エリートが政治的な隠れみのとして利用しているブランド名でしかない。エリートは実際のところ、自分たちの私利私欲のためにありとあらゆるものを略奪している。確かに私たちは、このような事態に陥ることを憂慮すべきではある。だがこれは社会主義ではなく、泥棒政治である。実践的な主義などと呼べるものではない。
　確かに「社会主義」を「労働者による生産手段の所有」と結びつける古典的な政治学者やイデオロギー信奉者もいるだろう。だが厳密に言えば、そんな事態はこれまで一度も起きてはいないため、起きてもいないことは無視することにしたい。現代の経済学者は「社会主義」を、ヨーロッパで人気がある手厚い社会福祉国家と同義と見なしているが、私もそれと同意見である。

権力を誇示したがる政治的エリートに支配された多くの国で、似たようなシステムが現れている。冷戦時代初期の韓国は、政治的には積極的な「反共」姿勢を示していたが、実際には、きわめて閉鎖的な指令主導型共産主義をきわめてうまく運営していた。*・ファシズム的協調主義は、考察の対象になることはあまりないが、企業の指導力と国家の指導力を融合する。最終的な決定権は政府にあり、政府が公然と企業と協調し、政府の目標を推進する。ここで重要なのは「協調」である。企業は政府と結びつき、政府の指示を受けるが、原則的には政府に操作されているわけではない。適切に運営されているファシズム経済では、政府が民間企業に助力を求め、政府が決めたさまざまな目標（アウトバーンの整備やユダヤ人の殲滅《せんめつ》など）を達成する。だが企業の日々の管理は、ほぼ企業自身に任されている。現代のファシズム的協調主義システムの代表例と言えば、やはりヒトラー支配下のドイツである。冷戦時代後期、資本主義的・社会主義的方向へ向かう前の韓国も、数十年間ファシズム体制下にあった。現代の「共産主義国」中国は、共産主義どころか社会主義でもなく、むしろファシズムにはるかに近い。「アラブの春」後のエジプトにも同じことが言える。

それぞれのモデルには、長所と短所がある。資本主義は、経済的・技術的な成長を最大化するために、平等を犠牲にしている。社会主義は、包摂性と社会的平穏を維持するために、成長を犠牲にしている。指令主導型共産主義は活力を犠牲にして、焦点を絞った成果や安定性を目指している。ファシズム的協調主義は、成長や活力を犠牲にすることなく、国家目標を達成しようとするが、民意が犠牲になるとともに、とてつもなく暴力的な国家や、壮大なレベルの汚職、ほんの一筆で国家主導の大量虐殺が行なわれかねない恐怖を生み出すおそれがある。資本主義と社会主義は、民主主義と幅広く共存できるが、それにはあらゆる政治的雑音や混乱が伴う。一方、指令主導型共産主義やファシズム的協調主義は、政治的には……はるかに静かである。

しかし、人類がここ数世紀の間に発展させ、ここ数十年の間に微調整してきた、これらの「〇〇主義」に共通している概念がいま、この世界から失われようとしている。それは、「より多く」という概念だ。

地政学が教えるところによれば、第二次世界大戦後（とりわけ冷戦後）の経済の急成長は、人為的で一時的なものだ。その経済の急成長が「通常」に戻る際には、やはり収縮が必要になる。また、人口統計学が教えるところによれば、大量消費主導型経済が示す数値や全体的規模

＊　これを読んで、私が「真」の共産主義、「純粋」な共産主義についてどう考えているのかと不審に思うイデオロギー信奉者や経済学者もいるに違いない。彼らの言う共産主義とは、能力のある人々から必要のある人々へ財やサービスを分配する公平な仕組みとして国家が存在するという考え方を指す。だが、カール・マルクスの時代以来、それを試みた者は一人もおらず、これからもそれを試みる者は現れないだろう。なぜなら、人間の性質が変わることはなく、そのようなシステムでは、能力のある人々が何もしなくなるか国を捨てることになるからだ。これに同意できないという人は、もっと大人になってほしい。あるいは好きな惑星に逃れて、そこで人間ではないものと暮らせばいい。

は、すでにピークに達している。二〇一九年には史上初めて、全世界の六五歳以上の人口が、五歳以下の人口を超えた。二〇三〇年には定年退職者の数が、五歳以下の人口の二倍に達すると推定されている。

地理に恵まれ、アメリカの安全保障支援がなくても発展できる国々は、そのほとんどがすでに発展を遂げている。その結果、ほとんどの国の人口構成が、数十年前から末期的な衰退期にある。つまり、大幅に老化しつつある。

一方、地理に恵まれず、アメリカの安全保障支援を必要とする国々は、もはや機会を逃している。これまで数十年にわたりアメリカの支援のもとでどうにか発展を続けてきたが、いまや人口構成的にも地政学的にもつまずきつつある。

地政学と人口統計学を重ね合わせてみれば、新たな大量消費システムなど今後一切現れないことがわかる。さらに悪いことに、グローバル経済というパイは、単に縮小していくだけではない。アメリカの不作為のせいで、まったく統合されていない、いくつかの断片へとばらばらに分断されていく。

あなたが暮らしている町を考えてみてほしい。その町が、工業製品や食料やエネルギーをつくるために必要なものすべてを、自給しなければならないとしたらどうなるだろう？　あなたの住む町が上海や東京、ロンドン、シカゴだったとしても、現在のような暮らしを続けることは不可能だろう。あの「秩序」は、世界の大部分を一つの「町」にしてしまった。そのなかで私たちは、各自が得意なことを専門に仕事をしている。アボカドの収穫、金属の切断、ブタジエンの精製、フラッシュメモリの組み立て、風力タービンの配線、ヨガの指導といった仕事だ。そして、得意なことを仕事にして得られた収入で、生産や提供が不得意なモノやサービスを購入している。これは、完璧な仕組みとは言えないが、人類史上最大の技術的進歩を促し、大半の人間をデジタル時代へと導き、これまで以上に高いレベルの教育を求める欲求を高めていった。

しかし、これはいずれも「普通」の世界がもたらした、自然な結果ではない。むしろアメリカ主導の安全保障と貿易の「秩序」がつくり出した人為的な結果である。グローバルな平和がなくなれば、世界は小さくなっていく。いや、もっと正確に言えば、一つの巨大な世界が、いくつもの小さな世界(しかも、たいていは相互に対立する世界)に分断されていく。

率直に言えば、既存の「〇〇主義」はいずれも、この来るべき試練にまったく対応できない。

・成長なき資本主義は、大規模な不平等を生み出す。政治的なコネや富を持つ人々がシステムを操作し、次第に収縮していく経済のパイの大部分を支配するようになる。その結果、社会が暴発する方向へ向かう可能性が高くなる。社会がどのように荒廃していくのかを示す事例はいくつもあるが、代表的なものを三つ挙げれば、世界大恐慌の際にアメリカ国内で起きた無政府主義運動、産業の空洞化が進むラストベルト地域でのドナルド・トランプの台頭、レバノン内戦による社会全体の崩壊だ。

・社会主義の未来は、仮に未来があったとしても暗い。社会主義は、経済のパイが拡大しているときでさえ、資本主義ほどの成長を生み出せない。経済のパイが収縮していくとなれば、なおさらだ。経済的な平等は維持できるかもしれないが、このモデルを救済できる可能性は低い。少なくともエリートたちはどうにかやっていける資本主義とは違い、社会主義では、あらゆる人々が年々暮らしを著しく悪化させていく。そこから大衆の暴動や国家の分裂に至るのは、ほぼ確実だろう。

・ファシズム的協調主義は、経済の現場管理の大半を大企業に委託することで、何らかの選択肢を提供できるかもしれない。だが最終的には、資本主義や社会主義と同じ問題に直面する。企業に権力を集中させることから生まれる不平等、経済のパイの収縮による屈辱的な停滞である。もちろんそれを監督しているのは政府なので、民衆の非難がデモ行進に変わるまでに、さほど時間はかからないだろう。

・残るは指令主導型共産主義だけである。残念ながら、この四つのなかではこれがいちばん有効と言えるかもしれない。ただし、オーウェルの小説『一九八四年』のようなプロパガンダばかりの独裁が全面的に行き渡り、それが国民の精神を麻痺《まひ》させ、反対意見を封じ込めている場合に限られる。言うまでもなく、このモデルが一般的に抱えている欠点は、そのまま残る。その欠点とは、指令主導型経済を運営している人々が、どんな技術が勝ち残るのか、どんな製品が必要とされるのか、それをつくるために必要な資源をどう入手すべきかをすべて正確に予測しないかぎり、このモデルは機能しないということだ。しかもそのプロセスを繰り返していかなければならない。常に、常にだ。

つまり私たちは、人口構成の変化によって引き起こされる経済破綻に向かっているだけではなく、過去五〇〇年の経済史の終わりに向かっている。

現時点では、この退化しつつある世界に対応できるかもしれない既存の経済モデルは二つしかない。二つとも、きわめて古い時代のものだ。

第一のモデルは、昔ながらの帝国主義である。これを機能させるためには、軍隊を持たなければならない。大規模な強襲揚陸攻撃ができる強力な海軍である。その軍隊を他国に派遣して領土や人民を征服し、望みの方法でその土地や人民から搾取する。人民に労働を強制して製品をつくらせる、土地の資源を奪う、人民や土地を自国製品の専属市場として扱う、などの方法だ。最盛期の大英帝国はこれを得意としていたが、率直に言えば、「帝国」という名称を持つコロンブス以後の政治体制はいずれも同じだ。そう言われると、主人と奴隷との間に地理的・法的な差別がある、大規模な奴隷制のような印象を受けるかもしれないが、おおむねそう考えて間違いない。

第二のモデルは、重商主義と呼ばれるものである。これは、自国の消費者にむけて他国が輸出してくるのを厳しく制限する一方で、自国のあらゆる製品を他国の消費者に購入させようとする経済システムである。このような押しつけにはたいてい、他国の生産能力を破壊するという副次的な目標がある。その結果、標的となった市場は、輸出攻勢を仕掛けてきた国に長期にわたり依存することになる。帝国主義時代のフランスは、当然のようにこの重商主義を推進したが、その後の新興工業大国も同じことをしている。イギリスが一九世紀初め、ドイツに向けて製品のダンピングをしたのは有名な話だが、ドイツも一九世紀後半には、あらゆる関係国を相手に同じことをした。二〇〇〇年代および二〇一〇年代には中国も、国の標準的な経済運営政策として事実上、重商主義を採用していたと言える（それもアメリカの戦略的支援があってのことだった）。

この両モデルは本質的に、他国民から徹底的に搾取すること、経済の全体的混乱がもたらす苦しみを、侵略する側から侵略される側へ押しつけることを目的に実行される。つまり、世界全体の経済のパイが小さくなるなかで、そこからなるべく多くの分け前を手に入れようとするということだ。理論的に見ればこの両モデルは、ますます貧しくなり、暴力的になり、分断されていく世界でうまく機能するかもしれない。二つを合わせた場合には、なおさらそうだろう。だが、二つを合わせた帝国主義的重商主義も、その実現を危うくするような、全体に影響を及ぼす重大な問題に直面する。

その問題とは、銃ばかりがあって新兵が足りないという状況である。

かつての帝国主義（および重商主義）時代の場合、イギリス（あるいはドイツ、フランス、オランダ、ベルギー、日本、ポルトガル、スペイン、アルゼンチンなど）は、まだ刀や槍などの軍事技術しか持たない地域に、銃や大砲を持って現れた。するとたいていは、それらの武器の威力をさほど誇示しなくても、地元民は言われたとおりにするのがいちばんいいと判断し、イギリス人に従った（その判断ができるまで生き延びていられたらの話だが）。このように厳然たる技術的優位があれば、占領者は海外にわずかな軍勢を派遣するだけで支配権を維持できた。その最たる例と言えるのが、イギリスのインド支配である。この南アジアの植民地には、地元民が二億人以上暮らしていた。だが、それに対してイギリスが通常派遣していた兵士は、五万人にも満たなかった（一万人もいないときさえあった）。占領者が被占領者の四〇〇〇分の一というきわめて低い割合である。これはいわば、私の故郷であるアイオワ州マーシャルタウンの人口で、ミシシッピ川以西のアメリカ全体を支配するようなものだ。

一方が工業化されており、他方が工業化されていない時代には、それほど数に差があっても問題はなかった。しかしインドが技術的な発展を遂げるにつれ、イギリスが支配権を維持できるという考え方そのものが、瞬く間に笑止千万だと見なされるようになった。こうして、インドがイギリスを追い払うのは、時間および政治的意思の問題となっていった。*

確かに現在でも、工業化（および軍の装備）のレベルは地域によって差がある。だが、一九世紀に工業化された世界と工業化以前の世界の間に見られたような大きな差は、もはや存在しない。アメリカ（発展の最上位に近い国）がアフガニスタン（発展の底辺に近い国）を再編しようとして、いかに苦労したかを考えてみるといい。いまでは、銃や鉄道、アスファルト、電気、コンピューター、携帯電話に精通していなくても、銃や鉄道、アスファルト、電気、コンピューター、携帯電話を所有することができる。

---

* その立役者がガンジーである。

二〇二二年以後の世界において、海外領土を持つ帝国を維持できるのは、以下の三つの条件を満たせる国だけだ。過剰なまでの文化的優越感、あまり抵抗を受けない場所で確実に武力を展開できる軍隊、そして使い捨てにできる大量の若者である。

これまでの歴史のなかで、この三要素を兼ね備えていた最後の国が、第二次世界大戦後のアメリカだった。一九世紀から二〇世紀初めにかけてアメリカは、技術的・地理的・人口的・経済的に優位に立ったが、一九四五年に銃声がやむと、技術的・地理的・人口的・経済的にだけでなく、軍事的・戦略的・数的にも優位に立った。ところが、そんなときでさえアメリカは、占領した領土を支配しない道を選んだ。その地の住民がアメリカを解放者として歓迎していたにもかかわらずである。ところが現在、私たちは人口の崩壊が加速する世界に暮らしている。十分な数の若者と、費用対効果を維持したまま持続的に自国から海外へ武力を展開できる力量とを兼ね備えた国は、もはや一つもない。

となると、考えうる最良のモデルは、遠洋航海術が登場する以前の地域的な帝国、つまり、地域の大国が直接的な威嚇や征服など、野蛮な方法によって近隣を支配する帝国なのかもしれない。だがこの場合でさえ、フランスやトルコを除けば、このモデルが機能する国があるとは思えない（フランスやトルコは、安定した人口構成や強力な産業基盤をもち、将来的に新植民地になりうる国々に対して、きわめて大きな技術的優位性を備えている）*。拡大や増加を求めて起こす行為はいずれも、数がものを言うゲームとなる。ほとんどの地域のほとんどの国は、そのゲームに参加して一矢報いるどころか、そのゲームに参加することさえできない。とはいえ、こうして考えうる経済モデルについて議論しているのは、読者を落胆させるためでもなければ（私見では、これがきわめて妥当な結論である）、どんな結果になる可能性が最も高いかを見定めるためでもない。

そうではなく、この事態が引き起こす二つの結果を強調するためだ。

第一に、これからはすべてが変わる。この世界がどんな経済システムや経済システム群を新たに生み出すにせよ、それは、私たちが現在実現可能だと認識しているようなものにはならないだろう。今後はおそらく、必要となる資本がますます多くなる（定年退職者がスポンジのように資本を吸収する）一方で、獲得できる資本がますます減っていく（労働者が減れば納税者も減る）。その結果、経済成長や技術的進歩（そのどちらも資本を投入する必要がある）は行き詰まる。だが、それはほんの一面に過ぎない。資本主義やファシズムなどが調整・管理してきたもの（供給や需要、生産、資本、労働、負債、欠乏、物流など）すべてが、歪《ゆが》むというよりは、人類がかつて経験したことのない形態へと変化していく。私たちは、激しい変化の時代に入りつつある。そこでは、戦略的・政治的・経済的・技術的・人口的・文化的規範すべてが同時に流動化し、変化する。そしてもちろん、別の管理システムへと移行していく。

第二に、このプロセスは多大な衝撃を及ぼすことになるだろう。「より多く」という考え方

＊　この二国の過去・現在・未来に関する「なぜ」や「どのように」という疑問については、前著『*Disunited Nations*（分裂する国家）』で詳しく解説している。

は、過去数世紀にわたり人類を導く光だった。ある視点から見れば、過去七〇年のグローバル化は、長年にわたり獲得してきた経済的知見を一気に応用し、「より多く」という方針を無理やり、ステロイドで強化した結果だと言える。私たちは、人口構造の逆転とグローバル化の終焉のはざまで、長く続いた「より多く」の経験に終止符を打とうとしているだけでもなければ、「より少なく」という恐るべき新世界に突入しようとしているだけでもない。経済の急速な落下に直面している。ルネサンス期以来、人類の経済生活を支えてきたあらゆるものの歴史が、一気に巻き戻されていく。

グローバルな「秩序」が崩壊し、グローバルな人口構成が逆転すれば、当然これまでのルールは機能しなくなる。機能しそうなルールを見つけるまでには、数十年の月日がかかるだろう。旧来のシステムが崩壊するペースやプロセスは、国によって異なる。それぞれの国が、独自の強みや弱み、文化や地理的条件に応じたアプローチで、その変化に対応することになる。新たな「〇〇主義」は、余裕のある時代の制御された環境下では生まれない。それは、人口構成や地政学的秩序が崩壊する「いま、ここ」で生まれる。

私たちは、最初の挑戦でそれに成功することはないだろう。これまでと同じ道をたどることもなければ、これまでと同じ目的地に到着することもないだろう。既存の四種の経済モデルも、見つけるまでに数世紀の時間がかかった。それは激動のプロセスであり、予測可能な一直線をゆったりと進むようなプロセスではない。人類が前回、新たな経済モデルを必要とする変化要因に取り組むきっかけとなったのは、最初のグローバル化の波に伴う産業革命だった。人類はそれを機に、どんなシステムが最適なのかを熱心に議論し始めた。それをめぐって争いがあり、戦闘があり、大規模な戦争があった。その大半が、武力によらない冷戦などではなかった。

歴史を乗り超えるのは、一筋縄ではいかない。

第八章　頼りにならない先行例

アルコールが欲しくなったところで、成功がどんなものかを示す事例をいくつか見てみよう。全体的に見れば、私たちがこれから迎える事態をこの世界はまだ経験してはいないものの、その人口統計学的・地政学的現実により、ほかの国に先駆けて、この変化に対処せざるを得なくなった国もある。それらの国に何らかのヒントがある。ルールや条件を変えるためのヒント、あるいは少なくとも地雷を避けるためのヒントだ。

ここでは、参考になる二つの事例を紹介しよう。

▼ロシア――一つの成功例として

ロシアはこれまでもいまも、あらゆることを独自の特異な方法で成し遂げてきた国だが、最初期に工業化された国の一つであることには、異論の余地はない。イギリスのすぐあと、ドイツとほぼ同じ時代にである。ロシアとドイツを結びつける人口構成の変化と工業化の歴史は、一九世紀初頭から現代に至るヨーロッパの歴史でもある。*

だが、ドイツがアメリカ主導の「秩序」を利用して、付加価値の規模を飛躍的に高め、工業経済から輸出志向の技術主義的構造へと転換を果たしたのに対し、かつてのソ連はその「秩序」の標的となったために、それらを何一つ成し遂げられなかった。その代わりにソ連は、指令主導型共産主義の道を歩んだ。そのため軍事面以外の領域では、アメリカが主導する世界の技術発展の過程についていけなかった。やがて数十年がたつと、ソ連経済は高度化という面では停滞期に入った。だがそれでも、一九六〇年代から七〇年代にかけて経済成長を続けた。技術や生産性が向上したからではなく、労働年齢人口が拡大したからだ。インプットが増えれば、それだけアウトプットも増える。

ソ連が長期的に機能し続けるためには、人口が増え続ける必要があったが、それはとても無理な話だった。二度の世界大戦による荒廃、スターリンによる都市化と集産化のはかない取り組み、フルシチョフ政権下の大規模な失政、ブレジネフ政権下の組織的停滞が重なり、ソ連は新たな労働者を十分に生み出せなくなった。一九八〇年にはすでに人口の供給路が干上がり、やがて底を突いた。ソ連の崩壊は、経済的、文化的、政治的、戦略的、および人口統計学的な悪夢を引き起こした。一九八六年から一九九四年までの間に、出生率が半減する一方で、死亡率はほぼ二倍になった。現在のロシアは、脱工業化しつつあると同時に、人口が崩壊しつつあ

---

* 前掲の『分裂する国家』には、この二国に関する詳細な解説もある。

る。

暗い？　確かにそうだ。しかし、ロシアは工業化された国々にとって、おそらく最良のシナリオだ。結局のところロシアは、十分な核兵器に加え、自国に食料や燃料を供給する豊かな能力を備えており、侵略をもくろむ国々に対して（数十回にわたり）攻撃をためらわせる力がある。貿易や資本に制約がある世界では、戦略的な強みと、ほぼ確実に入手できる食料や燃料、電力がなければ、ロシアよりもはるかに悲惨な状況に陥るおそれがある。

だが、ポスト成長時代の生活に備えるうえで役に立つ究極の事例は、ほかの国にある。

▼日本――優雅に老いる

日本は五〇年以上前から人口崩壊への道を歩んできた。第二次世界大戦以後、極端な都市化が進み、東京にあふれるマンションには、大規模な家族どころか、普通のサイズの家族が余裕をもって暮らしていけるスペースさえない。また高齢化が深く進行しており、年間およそ三万人がそうしたマンションで孤独死しているが、においが広がるまで気づかれないため、燻《くん》蒸《じょう》消毒をしなければならないありさまだ。日本の人口構成は、一九九〇年代にもはや回復できないレベルに達したが、政府や企業はそれ以来ずっと、座して死を待つのではなく、この国の人口構成をいかに利用するかを模索してきた。その人口構成には弱みだけでなく、強みもある。

日本の企業は、自国の人口構成が悲惨な状態にあることに気づいている一方で、日本国内で製品を大量生産するには、自国にもはや存在しない若い労働力が大量に必要なことや、日本の製品をほかの市場でダンピングすれば乱暴だと思われかねないことにも気づいている。そこで、新たな方策を選択した。デソーシングである。

日本の企業はこれまでに、工業生産能力の多くを他国へ移転してきた。海外の国で、現地の豊富な労働力を使って製品を生産し、現地の市場で販売する。そして、製品の販売で得られた収益の一部を日本に還元し、(高齢化が進む) 日本の人口を養うのである。設計や技術的に高度な製造作業など、高い技能を有する熟年労働者がするような仕事は、日本にとどめておき、それ以外のほとんどの製造サプライチェーンを海外に移転したというわけだ。実際のところ日本の企業は、一九八〇年代にはすでに不吉な前兆を感じていた。安全保障を担うアメリカが製品のダンピングに不満を抱いていることを知り、ターゲット市場のなかで製品を製造する数十年間に及ぶ努力を始めた。実際、「売れる場所で生産する」というこのコンセプトは、トヨタの新たなスローガンとなった。

この新しい工業モデルのおかげで日本は、多少優雅に高齢化できるようになった。だが、このモデルには、見落とすことのできない問題が二つある。

第一に、日本の経済は行き詰まっている。インフレ調整後の数値で見ると、二〇一九年の日本の経済規模は一九九五年より縮小している。自国民による生産にも、自国民による消費にも期待できないとなれば、従来の基準を変える必要がある。ポスト成長時代の世界では、並外れた経済的成功を収めたとしても、さほど成長率には結びつかない。

第二に、日本がたどった道を他の国々が再現できる可能性はまずない。一九八〇年から二〇一九年に至る日本の経験は、さまざまな点で日本独自のものだったからだ。

・日本のポスト成長システムへの転換は、アメリカの鉄壁の安全保障のもとで行なわれたため、日本政府は自国の物理的保護に気をつかう必要がなかった。だが、現代のアメリカは安全保障への関心を失っており、大半の国はそのような支援を受けることができないだろう。

・「株式会社ニッポン」が、海外で安全保障上の重大な脅威に直面しなかったのは、冷戦後の環境下で対立的な関係がなくなったからであり、アメリカが安全保障上の脅威を防いでくれていたからである。今後アメリカがこの世界から離脱すれば、大半の国（および大半の貿易ルート）が、日本経済の発展を可能にしてきた鉄壁の保護を失うことになる。

・日本経済の転換は、日本の企業がグローバルな消費者市場（特にアメリカの市場）にアクセスできた時代に起きた。人口の高齢化問題を別にしても、それ以後アメリカの政治体制は著しく内向きになっており、今後アメリカは、貿易のために世界を開放しておく努力をしなくなるだろう。特に、アメリカの消費者市場に製品がダンピングされるような事態を容認してまで世界を開放しておくようなまねは絶対にしないはずだ。

・日本は転換を始めた当時、きわめて裕福だった。一人当たりの数値で見れば、一九八〇年代後半の日本はアメリカ並みに豊かだった。日本の企業が外国に工場を建設するにはそれなりの費用が必要であり、それを自力でまかなわなければならなかったが、それだけの余裕が十分にあった。なぜなら当時、日本の人口構成が変化しつつあったとはいえ、まだ完全には変化していなかったからだ。日本がデソーシングを始めた一九九〇年代には、まだ利用できる機能的な労働力がおよそ二〇年分あった。一方、現在の世界を見ると、裕福さという点でこれほど有利な出発点に立てる国はほとんどなく、課税基盤や労働力を今後一〇年以上維持できる国は一つもない。

・日本の人口は世界一均質であり、九八%程度は日本生まれの人々である。この統一性のおかげで社会的・経済的転換を実現できたのであり、多様な民族から成る国では、そのような転換は大規模な混乱を起こしかねない。

・日本は著しく防御しやすい地理的環境にある。島国であり、これまで一度も侵攻されたことがない。あのアメリカでさえ、本土を征服するという任務にひるみ、海兵隊を延々と送り込む作戦よりも、広島と長崎に原子爆弾を投下して降伏を迫る作戦を選択したほどだ。そのためアメリカの監視がない世界でも、日本は防衛ニーズに対応できる。それに日本には、自国の防衛任務に適した規模の海上自衛隊がある。

・最後に、あらゆる人口問題について言えることだが、日本はこのうえなく重要な資産も持っていた。それは「時間」である。経済の転換は一朝一夕にはできない。日本は、一九九〇年の株式市場および不動産市場の暴落によって古い経済モデルが破綻してから三〇年をかけて、新たなモデルへと転換を果たしていった。

現在、日本型のデソーシングが可能なほどの熟練労働者や資本を有している国は、ごくわずかしかない。思い浮かぶのは、デンマーク、オランダ、イギリス、シンガポール、韓国、台湾ぐらいである。ただし、ここに挙げたヨーロッパの国々も、自国の安全を保障するためには、ある程度のアメリカの支援や、より人口構成的に安定したフランスと連携する必要があるかもしれない。また、それ以外のアジア諸国は、自国の安全を保障する監視をほかならぬ日本に頼ることができるかもしれない。

だがどの国にとっても、どこにデソーシングするかは、ばくちも同然となるだろう。

当初からEU（欧州連合）の中核を形成してきた西欧諸国も、二〇〇〇年代にEUに加盟した中欧諸国に対して、この戦略を試みてきたと言えなくもない。だが中欧諸国は平均的に、西欧諸国よりも高齢化のペースがはるかに速く、この戦略は二〇二〇年代のうちに自重でつぶれるだろう。アジアの虎と呼ばれた国々は、東南アジア諸国にデソーシングできる可能性があり、部分的にはすでにそれを実践している。だが、外国からの広範な支援がなくても、そのような関係を維持できるほどの軍事力を持っている国は、そのなかに一つもない。また、アメリカという明らかな例外を除いても、まずまず健全な人口構成を有する国は、経済上あるいは安全保障上の競合相手になる可能性があるため、適切な投資先とは言えない。

新たなシステムへの転換は、常に痛みを伴うものであり、大半の国はうまくやっていけそうにない。だが、私が二〇一六年に本書の核となる構想を練り始めたころには、一五年ほどの時間があればどうすべきか決められるのではないかと思っていた。五〇〇〇年の歴史を覆すにはあまりに短い時間だが、まったくないよりはましだ。ところが、二〇二〇年が始まって間もなく、悲劇的かつ恐るべきことに、あらゆる希望が突然ついえた。

▼ふざけるな、新型コロナウイルス

新型コロナウイルスの大流行は、人間から命を奪っただけではない。来るべき人口崩壊に備えるために何よりも必要なもの、それでいて地球上の誰も増やせないものを奪った。

つまり、時間を奪ったのだ。

二〇一九年一一月、のちに新型コロナウイルス（COVID-19）と呼ばれるようになる病原体が、中国の湖北省に蔓延《まんえん》し始めた。ところがメンツばかりにこだわる地元政府は、上昇の一途をたどる感染率の報道を規制し、上位の機関にも、医療関係者にも報告しなかった。さまざまなレベルのさまざまな行政組織が驚くほどの創造性を発揮し、驚くほど多様な方法により驚くほどの頻度で、危機管理上の不正を行なった。情報を規制するこの最初期の判断のせいで、一地域の衛生上の懸念が全世界的な大流行へと発展した。新型コロナウイルス感染症は、はしか以降では全世界に広まった最も感染力の高い感染症であり、致死率ははしかの五倍も高い。本稿執筆時点で、全世界で三億人以上が新型コロナウイルス感染症と診断され、六〇〇万人が命を落としている。*

新型コロナウイルスは、ほぼ例外なく呼気を通じて広がる。経済的観点から見れば、これは最悪である。ＨＩＶはコンドームをつければ感染を抑止できる。がんは伝染しない。心疾患は

主に生活スタイルの問題だ。破傷風にかかるには、有刺鉄線と取っ組み合わなければならない。しかし、呼吸により病原体が広まり、感染するとなるとどうだろう？　それらの対応ではうまくいかない。屋内で暮らすしかない。仕事も屋内でする。食事も屋内でとる。新型コロナウイルスはこうして、人間の生活のあらゆる場面に入り込み、その生活を脅かした。

　呼吸器系の疾患に効果的に対処するには、接触を制限するしかない。マスクも役に立つが、それ以上に効果的なのが隔離だ。新型コロナウイルスは、あらゆるものを閉鎖に追い込んだわけではないが、再三にわたり大半の経済に打撃を与えた。

　容易に蔓延するこのような病原体は無数の影響をもたらすが、本書に関係するのは以下の四つである。

　第一に、人間同士の接触が抑制され、接触の機会が減ると、それが経済活動の抑制・低下を引き起こす。経済学の用語で言えば、景気後退である。二〇二〇年八月には、この低迷状態が一時的なものではなく、全世界の人々が集団免疫を獲得するまで続くことが明らかになった。二〇二一年一〇月には、当時支配的だったデルタ株に感染することで生まれる免疫には、その防御効果に大きなばらつきがあること、そして何よりも、人によっては抗体がわずか数週間しかもたないことがわかった。となると、合理的な対処方法はワクチン接種しかない[†]。幸運なことに、二〇二〇年一二月には一連のワクチンが市場に出まわり始めた。だが、ワクチン忌避や製造面での制約により、大半の先進国では、市中感染を防ぐ基準となる九〇%以上のワクチン接種率を二〇二一年のうちに実現できなかった。また新たな変異株の登場により、「成功」と言える基準が絶えず変わった。

第二に、経済における「通常」の意味そのものが空洞化した。経済規模上位三〇カ国のいずれもが、都市封鎖などの混乱を経験した。景気後退だけでも十分に害はあったが、生活スタイルの混乱により、誰もが消費する商品の内容が変わった。サービスの消費が減り、財の消費が増えた（特に電子機器やコンピューター製品など）。都市封鎖が行なわれては解除されるたびに、大衆が消費する内容が変わり、都市封鎖が行なわれては解除されるたびに、世界中の製造業者が、変化する需要に合わせて作業内容を変えた。こうした変更には、より多くの労働者、より多くの投資、より多くの時間が必要になる。つまり経済学的に言えば、高インフレが誘発される。ますます多くのベビーブーム世代が定年退職し、年金生活に移行しつつあるこの時代にはなおさらだ。本稿執筆時点で、世界中の資本が、新型コロナウイルスのせいで九回目の設備再編を行なっている。

第三に、グローバルな経済の安定性という点から見れば、新型コロナウイルスの被害を比較的免れたのは、安定にはあまり貢献しない国々だった。サハラ以南アフリカの国々はさほど被

＊　新型コロナウイルスについては、世界的な統計は言うまでもなく、国単位の統計もあいまいである。ただしこれは、政府の無能だけが原因ではない。新型コロナウイルス感染症患者の四〇％以上は無症状であるため、実際の感染者数や死者数がこれらの数字よりはるかに多いことは間違いない。
†　少なくとも大半の人々はこの結論に至った。

害を受けなかったが、これは率直に言ってしまえば、この地域の大半は平均寿命がきわめて短く、七〇歳まで長生きできる人が相対的に少なかったからだ（新型コロナウイルス感染症による死者の半数以上は七五歳以上の高齢者だが、この地域にはそもそもこの感染症の被害を最も受けやすい年齢層がさほど存在しない）。また、東アジアの国々もさほど多くの被害を受けなかったが、これは、迅速かつ効果的な政府の対応により、患者数が低く抑えられたからである。しかし、グローバル経済にとっては残念なことに、サハラ以南アフリカの国々は経済規模が小さく、全部合わせても世界全体の国内総生産（GDP）の一・九％を占めるに過ぎない。また、東アジア諸国はいずれも、輸出主導型の経済である。そのため、これらの国々で感染率が低かったとしても、グローバルな消費にはさほど影響しなかった。これらの国々が市場を失っただけだ。

第四に、コロナ禍の間に無関係な問題が激化し、グローバルな関係の分断をさらに加速させた。その最たる事例が、アメリカのトランプ政権が中国との貿易戦争を始めた一方で、中国が自己陶酔的な国家主義に傾斜しつつある問題である。これにより、アメリカを含むあらゆる消費主導型システムが、なるべく多くの製造を国内でまかなう方向へと舵《かじ》を切った。国家主義への不安、ポピュリズム［大衆迎合主義］、衛生、安全保障、政策、雇用など、理由は何であれ、過去数十年間にわたり、製造業を決定づけてきた複合型サプライチェーンが、こうして強引に解体された。

新型コロナウイルスは、世界の消費主導型の地域に混乱をもたらした。その一方で、輸出主導型の地域は二〇二〇年代の間にポスト成長型へ移行しようとしている（その移行の大半をこの一〇年間の最初の五年で行なおうとしている）。このように新型コロナウイルスにより、輸出主導型の経済圏と消費主導型の経済圏とのつながりは弱まっている。大半の消費主導型の国々は、グローバルな世界から分離して、部分的に隔離された独自の世界を形成しており、輸出主導型の国々がシステムを推進させるために必要な貿易黒字や、脱グローバル化後の世界にそのシステムを適応させるために必要な移行期間が奪われている。

グローバル化のゲームは、終わりつつあるのではない。すでに終わっている。ほとんどの国は、コロナ禍以前の二〇一九年に経験していたレベルの安定や成長へは決して戻れない。そしていまやほとんどの国が、より新たな基盤、より適切な基盤へと転換する試みの機会さえ失っている。

だが、ここで「ほとんどの国」と述べている点に注意してほしい。つまり例外もある。

第九章　「より多く」の最後のかけら

このような事態にもかかわらず、人口という松明《たいまつ》を灯《とも》し続けている国がないわけではない。その国の人々の生活も変わらずにはいられないが、ほかの国に比べれば、その変化は迅速でも劇的でもなく、さほど悪い方向へ変わるわけでもない。その国とは、ほかのあらゆる国々を合わせたよりも影響力のある国、アメリカである。

▼「より多く」のかけらが残るアメリカ①――地理

まずは例の地理的・戦略的特徴から説明を始めよう。

・アメリカには質の高い、耕作に適した温帯域の農地が、ほかのどの国よりも豊富にある。しかも農業サプライチェーン全体が、北米大陸のなかに収まっている。アメリカが世界最大の農産物生産国・輸出国になっている理由は、そこにある。食料の安全保障には、何の問題もない。

・アメリカには居住に適した土地（ほどよい気候で、比較的平坦で、水を入手しやすく、害虫が少ないなど）が、ほかのどの国よりも豊富にある。一人当たりが利用可能な面積という観点から言えば、アメリカの土地は、人口が現在（三億三〇〇〇万人）の倍になっても、その人口を支えられる。それほど増えても、密集しているとは感じられないだろう。

・物資を輸送する際、水運は陸運のおよそ一二分の一のコストしかかからない。アメリカには、内陸のあちこちに水路があるため（ほかの国々の内陸水路の総計よりも多い）、ほかのどの国よりも国内輸送費を低く抑えられる。*

・シェール革命のおかげで、アメリカは世界最大の石油生産国になり、実質的に石油を外国に頼る必要がなくなった。またその副産物として、政府の助成もないのに、電気代が世界一安価な国になった。

・アメリカは、先進国のなかでは最も赤道に近い国であり、太陽エネルギーを利用できる潜在力がほかのどの国よりも高い。また、海岸と山岳の絶妙な配置により、風力を利用できる可能性も、ほかのどの国よりも高い。再生可能エネルギーであれ、化石燃料であれ、アメリカで電力供給が問題になることはない。

・土地やエネルギーなどへの投入費用が安価ですむため、アメリカでは早くも二〇一〇年ご

＊　アメリカ政府が国内の規制構造を改善できれば、状況はさらによくなる。

ろから、大規模な再工業化プロセスを開始することができた。これによりアメリカは、グローバル化が破綻する二〇二〇年代に起きるであろう大規模な産業再編に対して、有利なスタートを切ったことになる。

・一八四〇年代以来、アメリカは北米大陸内の国々から安全保障上の脅威にさらされたことがない。南の国境には砂漠や山岳地帯が広がっており、とても侵攻などできない。北の国境は湖沼や森林に覆われており（それに一〇対一の人口差がある）、そこを侵攻しようなどと考えるのは、野卑なセリフばかりの粗悪なアニメ映画のアイデアと大差ない。*

・アメリカは、国境を接するカナダやメキシコと対立するどころか、両国と協力して統合的な製造・貿易圏を形成してきた。「規模の経済」の拡大により、この地域的な製造圏は世界クラスの高品質と低コストを誇っている。

・アメリカは大西洋と太平洋にはさまれており、東半球からの侵攻はほぼ不可能である。これらの海洋を自力で横断できる艦船を所有している国は、ほとんどない。それに、アメリカに侵攻しようとすれば、まずはアメリカ海軍をかわさなければならないが、アメリカ海軍の力は、ほかの国々の海軍すべてを合わせた力の一〇倍に及ぶ。†

・アメリカには核兵器がある。しかも何千発とある。グーとパーとチョキのほかにトカゲとミスター・スポックと核爆弾を加えたじゃんけんでも、常に核爆弾が勝つ。

つまり、「より多く」のない世界でも、アメリカは豊かさを備えているだけでなく、それを維持する力も備えている。

だが、それ以上に有利なのは、アメリカがこれまでおおむね、グローバルな発展に伴う人口崩壊の罠を逃れてきた点である。

▼「より多く」のかけらが残るアメリカ②――ベビーブーム世代とミレニアル世代

第二次世界大戦中、海外で戦闘に従事していた一七〇〇万人のアメリカ人男性(アメリカの男性人口の二〇%以上)のうち、四〇万人を除く全員が終戦後に帰還し、自分の人生をやり直す準備に入った。これらの元兵士たちは、復員軍人援護法により教育を受ける機会を与えられた。また、アイゼンハワー政権が一九五六年に施行した連邦補助高速道路法により、全国的な道路網の整備が進み、どこにでも移住できるようになった。さらには、新たな住宅ローン政策のおかげで、若い退役軍人が最初の家屋を購入・建築するのが容易になり、州間幹線道路網の整備と相まって、現在郊外と呼ばれる地区が生まれた。

これらの新たな政策はすべて、アメリカ国民にとって、さまざまな意味でそれまでに経験したことのないものだった。その政策の大半は、第一次世界大戦が終わり、数百万人のアメリカ

＊ ケニーが殺された！ このひとでなし！「アニメ『サウスパーク』によくあるセリフ。ケニーはそのアニメのなかで毎回死ぬキャラクター」

† しかも、海軍力において世界第二・第三の規模と航行距離を有する日本とイギリスは、アメリカの同盟国である。

人兵士が復員した際に起きた経済的惨事を繰り返すまいとして実施された。前回の戦争終結時には、兵士が一斉に帰国して労働市場に殺到したため、大幅な供給過剰に陥り、デフレ・スパイラルが発生したのだ。それが、世界大恐慌の一因となった。

新たな政策の主眼は、政府支出を利用して、労働市場に殺到する労働者を吸い上げるか、大学に追いやって悩みの種を数年先送りすることにあった。当時、政府支出をこれほど持続的に拡大することには賛否両論があったが（同様の議論はいまだにある）、あらゆるピースが収まるべき場所に収まったことで、アメリカが空前のベビーブームを迎えたことに議論の余地はない。戦前には、人口が一億三五〇〇万人足らずでしかなかったのに、終戦から一九六五年までの間に七〇〇〇万人以上の子どもが生まれた。アメリカにベビーブーム世代が誕生したのだ。

アメリカのベビーブーム世代について語ればきりがない。この世代は、一九七〇年代に成人に達し、現在アメリカ文化と呼ばれているものを生み出した。ディスコ？　そう、いい例だ。さらに彼らは、アメリカの社会福祉制度をつくりあげ、現在進行中の定年退職の波により連邦予算を圧迫させている。また第二次世界大戦後、ほかの国々が荒廃していたころに、アメリカで次々に建造された製造業のコンビナートのそばで育ったのもこの世代であり、やがてほかの国々が「秩序」のもとで回復していくにつれ、それらのコンビナートが移転していくのを苦々しい思いで見送ったのもこの世代だ。ベトナム戦争からアフガニスタン紛争まで、ジョンソン政権からトランプ政権まで、市民権運動から長距離通勤まで、性革命からテクノロジー弱者まで、この世代全体の判断や欠点が、まさに現在のアメリカを決めたと言える。

ほかの国々にも、たいていはベビーブーム世代がいるが、それもやはり同じような理由で誕生した。戦争が終わり、アメリカの支援のもとで新たな（ほとんど戦争のない）時代が始まると、大半の政府は国防の重荷から解放され、国民生活の向上に専念できるようになった。特にヨーロッパの各国政府は、近隣諸国を制圧するよりも、国民生活を豊かにすることに多くの時間とエネルギーを費やすようになった。また世界中の多くの国々が、これを機に初めて発展を経験し、先進国と同じように死亡率を低下させた。その結果、あらゆる場所で人口が増加した。

だが、アメリカのベビーブーム世代は、戦前の人口との比較で見ると、ほかの国々の同世代よりもはるかに規模が大きかった。独立から一七〇年が過ぎ、人口が三〇倍にふくらんでいたというのに、アメリカにはいまだ、利用できる土地が豊富にあった。そのため、先住民の殲滅によって得た土地へと、まだまだ広がっていくことができた。利用価値のある土地が豊富にあるということは、低コストで高報酬を手に入れられる機会が豊富にあるということでもある。一方ヨーロッパ諸国は、数十年前に土地の収容能力の限界に達しており、国内に未開拓地などほとんどない。新たに発展した国々でさえ、田舎に未利用の土地があふれるほどあるわけではなかった。

しかし、それは昔の話だ。現在の状況を見てみよう。二〇二〇年代に入ると、ベビーブーム世代はおおむね現役を引退した人口集団となる。二〇二二年から二三年にかけて、世界のベビーブーム世代の大多数が六五歳になり、定年退職者へと移行する。

これは労働市場に二重の打撃を与える。ベビーブーム世代は過去最大規模の世代であり、この世代がいなくなると、数字という点からだけでも、多大な影響を及ぼす。またこの世代は、経済活動に従事している最も年長の世代であり、稼働可能な熟練労働者の大半を占めている。そんな熟練労働者の多くが短期間のうちに定年退職してしまえば、数年のうちに、労働力不足や労働コストのインフレが起きることは目に見えている。

その下の世代がX世代［一九六五～八〇年ごろに生まれた世代］である。この世代は前の世代の苦難や苦労を見ており、それを嫌った。ベビーブーム世代はあまりに数が多かったため、労働市場に参入する年齢になると職の奪い合いになり、労働コストを押し下げた。そのためベビーブーム世代の多くが、どうにか暮らしていくために共働きをせざるを得なくなった。だがそれは、さらに労働コストを押し下げたばかりか、夫婦関係にかなりのストレスをもたらし、ベビーブーム世代の離婚率を押し上げる結果となった。そこでX世代は、こうした結果をなるべく回避しようとした。実際X世代は、前の世代に比べて単一収入の家庭を営む割合がはるかに高く、お金以上に時間を大切にしている。

X世代はもともと前の世代よりも規模が小さいため、ベビーブーム世代が去ったあとにできる巨大な穴を埋められないうえに、労働市場参加率が低いため、かなりの労働力不足が起こるだろう。これはX世代にとってはいいことだ。仕事をする選択をした人は、これまでのいかなる労働者よりも高い賃金決定力を持つことになるからだ。ただし、労働市場全体から見れば、ちょっとした災難ではある。

人口構成グラフのいちばん下にはZ世代［一九九五～二〇一二年ごろに生まれた世代］がいる。

アメリカの人口構成 2020年

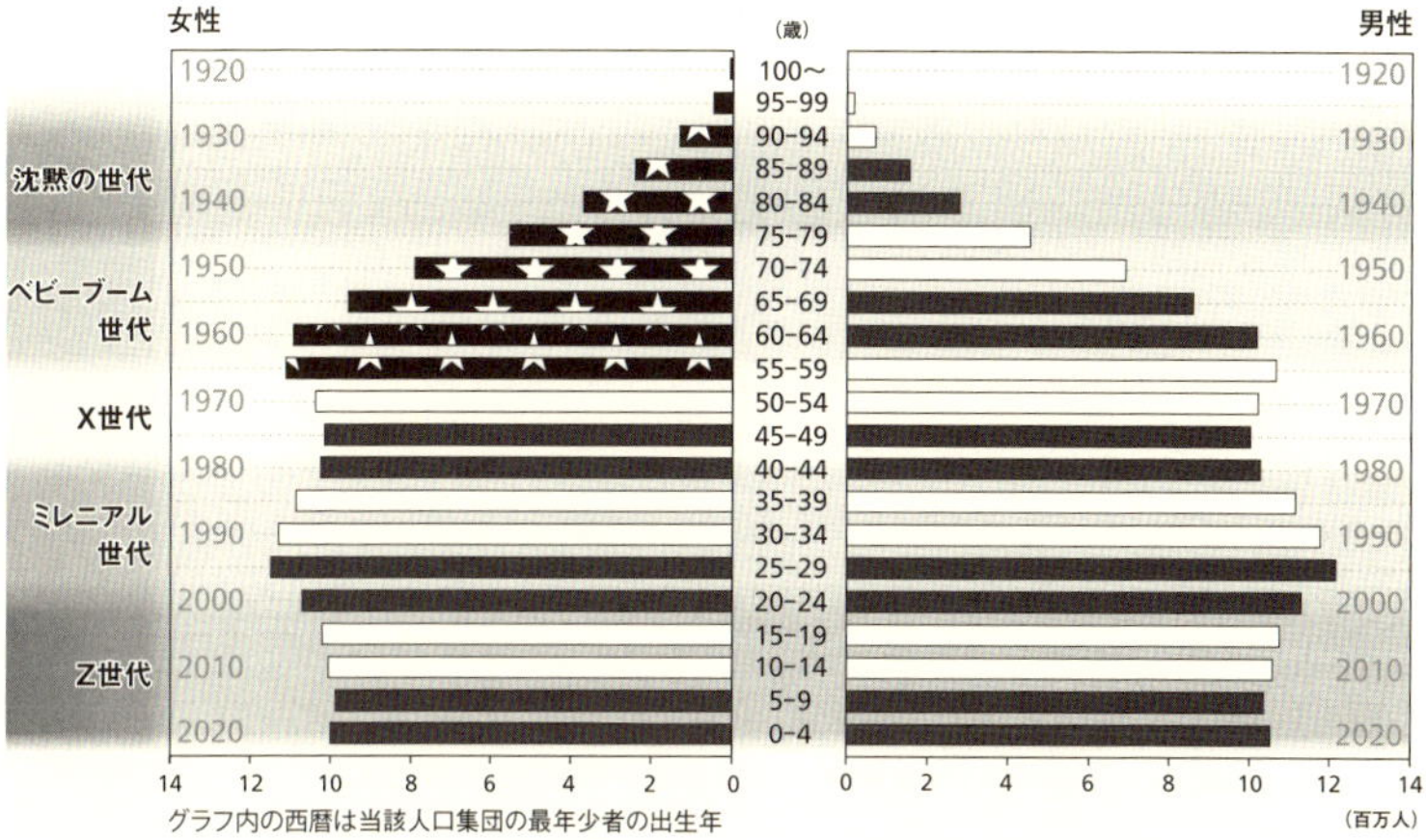

出典　国連経済社会局人口部

この世代は仕事熱心だが、数が少ない。というのは、Z世代はX世代の子どもだからだ。数が少ない世代からは、数が少ない世代が生まれる。現時点では、生まれるはずのZ世代の人間はみなすでに生まれているが、Z世代の人間が、その親世代ではなくベビーブーム世代の先例にならい、一人残らず労働市場に参加したとしても、労働市場の不足を補うにはまるで数が足りない。そのような状況が今後二〇年間続く。

これまでに挙げたベビーブーム世代、X世代、Z世代の話は、世界全体にあてはまる。だが、ここから話は違ってくる。アメリカのベビーブーム世代は、ほかの国々の同世代がしていないことをした。子どもをたくさんもうけたのだ。それがミレニアル世代［一九八〇～九五年ごろに生まれた世代］である。アメリカのミレニアル世代について言うべきことはたくさんあるが、これだけは間違いなく言える。アメリカのこの世代には、ほかの国々の同世代にはない利点がある。

それは、十分な数がいるということだ。

全体的に見て、アメリカのミレニアル世代は、二つのグループに分けられる。第一のグループは、権利を主張して怠惰に過ごし、大学生から社会人になっても青春時代を延長している人々であり、第二のグループは、ひどい目にあわされた人々である。第二のグループの人々は、大人になろうとしながらも、ベビーブーム世代により労働市場から締め出されていたところへ、二〇〇七〜〇九年の金融危機による大量失業が重なり、大人になることを妨げられてきた。いずれにせよ、ミレニアル世代は意義ある労働経験を数年にわたりしていない。その結果、アメリカ近現代史における同年齢集団としては、最も熟練度が低い。

それでも数だけは多い。アメリカのミレニアル世代は、数のうえでは、すでに最大の労働人口を占めている。これはかなりの利点であり、きわめて重要なポイントである。だが、真の希望は、彼らが産む子どもにある。アメリカのミレニアル世代は、いずれ労働需給の差を埋められるほどの数の子どもを産む可能性がある。ただし、その差が実際に埋められるのは、早くてもそれらの子どもが労働市場に参入したときであり……二〇四〇年代半ばまでは、そのような状況が始まることはない。それに、リスクもないわけではない。労働需給の差を埋めるためにはまず、ミレニアル世代がそれだけの子どもを産まなければならないが、現時点でのミレニアル世代の出生率は、アメリカ史上最低を記録している。

まとめれば、アメリカではミレニアル世代が、問題があるとはいえ、労働力をある程度補っている。多くの基準から見て不十分ではあるが、ミレニアル世代の存在そのものが、現時点でプラスに働いていると同時に、未来に希望をもたらしている。

ところが、アメリカ以外の国は、はるかに暗い状況にある。その理由は単に、ほかの国のベビーブーム世代の大半が、あまり子どもを産まなかったからだ。出生率が低かった理由は、地域によって大きく異なる。東アジア諸国はすでに人口密度が高く、大規模な都市化も役に立たなかった。ヨーロッパ諸国は主に、子育ての推進よりも技術改良に資金を投じた。カナダは気候が寒冷なため、都市化が進むとすぐに、暖を求めて誰もが都市に押し寄せたが、共同住宅はその場所やそこに住む理由がどうあれ、家族の規模を縮小させる究極の要因になる。

確かに、ベビーブーム世代は今後大量に定年退職し、財政を逼迫《ひっぱく》させるだろう。しかしアメリカのベビーブーム世代は、世界的な標準と比べれば、相対的に規模が小さいうえに、その子孫が政府の財政を支えてくれるようになるため、この世代が財政に及ぼす打撃は、ほかの国ほど大したものではない。それに対して中国、韓国、日本、タイ、ブラジル、ドイツ、イタリア、ポーランド、ロシア、イランといった国の統治システムは、さまざまな課題に直面して徹底的に破壊されるだろう。アメリカにはミレニアル世代が存在する。そのため、二〇三〇年代には財政危機から、そしておそらく二〇四〇年代には労働力不足から、少なくとも部分的には回復すると考えられる。だが、それ以外の国は、二〇一〇年代より状況が好転することはない。絶対に。

アメリカと同類の国もわずかながらある。

フランスは、人口で西ドイツを上まわろうと意識的かつ持続的な努力を続け、世界的に見てもきわめて家族に優しい国になった。スウェーデンは、揺りかごから墓場まで家族を支援する社会民主主義的な制度を維持している。ニュージーランドは土地に余裕がある（オーストラリアやアメリカの過去の政策の陰にかくれがちだが、意図的に先住民の選択肢を減らしている）。だが、これら三カ国とアメリカは、あくまでも例外である。ほかの国のベビーブーム世代は、人口置換水準に近い出生率を達成できなかった。それから六〇年がたったいま、先進諸国のミレニアル世代の規模はあまりに小さく、現実的にはおろか理論的にさえ、国家を長期的に存続させていくことはできない。

人口構成と統計（私には微積分学と同じに見える）の研究者が大雑把に計算してみたところ、スペインやイギリス、オーストラリアなど、まずまずの人口構成の国か、やや問題のある人口構成の国は、毎年GDPの二％分ほど、経済成長を阻害されることになる。ドイツやイタリア、日本、韓国、中国など、真に末期的な人口構成の国は、その率が四％以上になる。一方、アメリカやフランスなど、比較的若い人口構成の国は、その率が一％程度ですむ。それを一〇年積み重ねれば、「必ず台頭する」と言われてきたドイツや中国が、支配権を握るどころか、正常に機能していけるかどうか、あるいは国家として存続していけるかどうかさえ怪しい。

これだけでも十分だが、アメリカにはまだ利点がある。

▼「より多く」のかけらが残るアメリカ③——文化

アメリカは、世界に四つある入植者国家の一つである。これはつまり、アメリカ人の家系をたどっていくと、現在アメリカの領土ではない、別の場所で生まれた祖先に行き着くということだ。一八～一九世紀という初期の時代にアメリカにやって来た人々は、若くはつらつとしていた。時代遅れの頑固者や口うるさい老人は、数週にわたる海洋航海の間、窮屈な船のなかで過ごさなければならない状況に耐えられなかった（耐えようともしなかった）。そのためアメリカにやって来る人々は、①老衰で死ぬ可能性が低く、②すぐにでも多くの子どもをもうける可能性が高く、③開けた土地ならどんなところでも進出・展開でき、④次々と船でやって来てエリス島の移民検査収容所で入国を待つ、多くの若い入植者により人員を増強できた。つまり、きわめて若く、きわめて迅速に増加する人口に恵まれていた。確かに、これは一世紀以上前の話だ。だが、人口統計学的傾向は長期にわたり継続される（現代のロシアはいまになって、第一次世界大戦の戦禍や第二次世界大戦以前のスターリンの粛清が人口構成にもたらした、悪影響の報いを受けている）。

入植者国家であるアメリカは、他国よりもはるかに政治的アイデンティティに自信を持っており、移民に好意的な傾向がある。実際、アメリカは世界的にも珍しく、他国で生まれた市民の数に関するデータを公表しているほどだ。ほかの国なら、そんなデータを（発表するのはおろか）集計する行為でさえ、反逆的と見なされるか、政治的な動揺をもたらす要因となることだろう。だがアメリカの場合、それが社会に衝撃を与えることはない。先住民を除き、先祖

アメリカの人種別人口構成 2019年

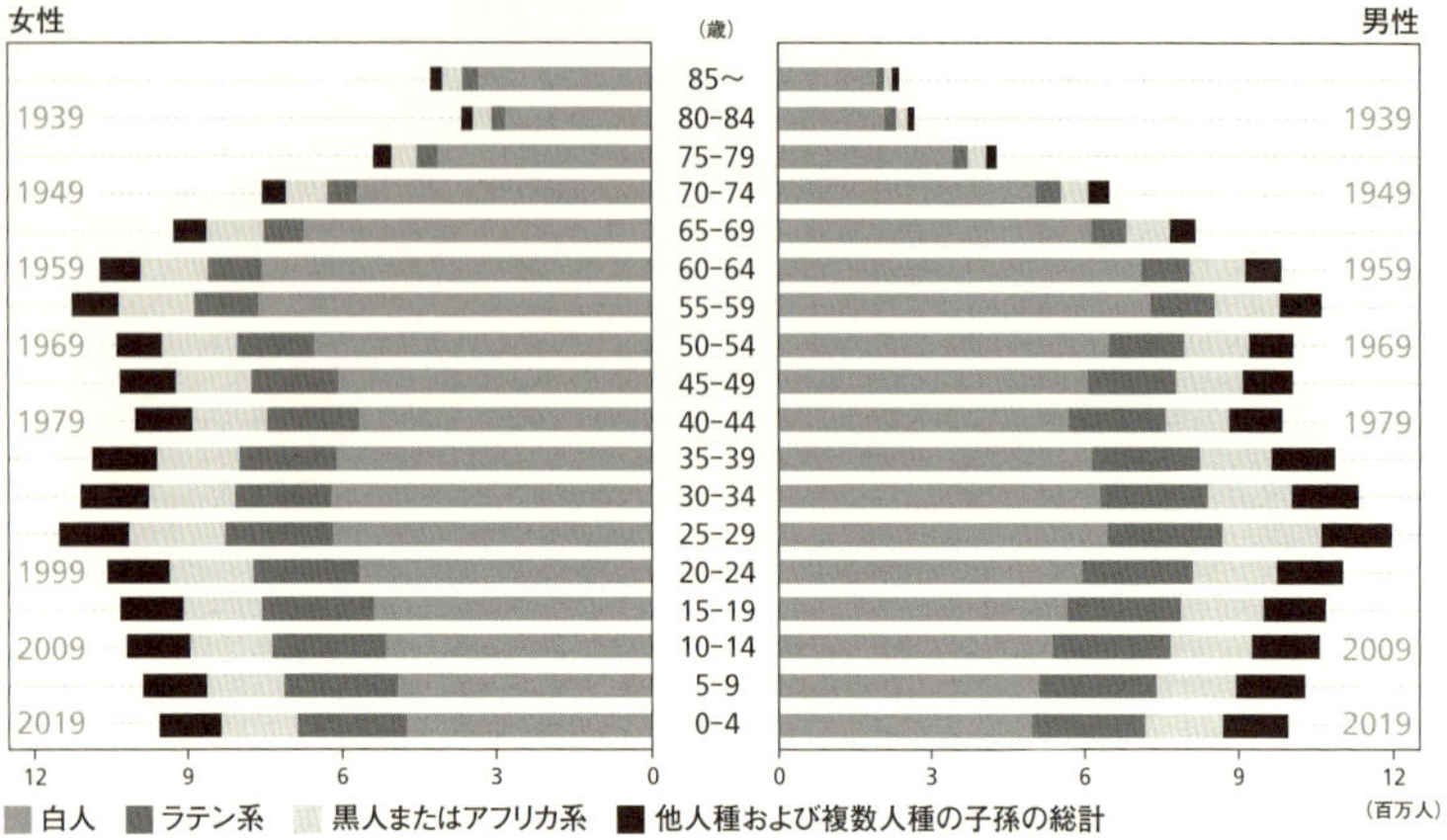

出典　アメリカ国勢調査局（2019年）。「他人種」には、国勢調査の以下のカテゴリーが含まれる。アジア系アメリカ本土およびアラスカ州の先住民、ハワイ州および太平洋諸島の先住民。グラフ内の西暦は当該人口集団の最年少者の出生年。

代々アメリカ生まれのアメリカ人などいないからだ。この数十年間は、アメリカや世界の経済状況、あるいはアメリカ国内の政治的雰囲気の変化に応じて、アメリカへやって来る移民の数が増えたり減ったりしているが、それでも全体として見れば、全市民に占める移民の割合は、世界のどの国よりも圧倒的に多い。

これはナショナル・アイデンティティにも大きく関係している。ほとんどの国は、国民国家だ。つまり政府は、特定の領土（国家）にいる特定の民族（国民）の利益のために存在する。フランスという国はフランス人のため、日本という国は日本人のため、中国という国は中国人のために存在する。このような国民国家では、中央政府があらゆる政策を決める傾向がある。なぜなら中央政府は、誰の利益のために存在しているのかを理解しているからだ。このような政治形態を単一政府制という。

しかし、すべての国家が国民国家だというわけではない。なかには地理的に離れた別々の民族が、それぞれ独自の地域に独自の自治体を持ちながら、歴史の変遷や戦争、必要性、偶然などから共通の政府をつくりあげてきたという国もある。その結果、地方政府、地域政府、国家政府といった異なるレベルの政府が、それぞれ異なる権利や権限、責任を持つハイブリッドな制度が生まれた。そのなかでも、カナダやブラジル、スイス、ボスニアなどの国では、上下の政府のつながりがあまりに緩いため、中央政府は事実上、名ばかりの政府に過ぎない。これを連合国家という。一方、アメリカやインド、オーストラリアなどの国では、さまざまなレベルの政府間のバランスがおおよそ均衡を保っている。これを連邦国家という。*

こんな政府形態の話をだらだらとしてきたのは、次のような事実を指摘したかったからにほかならない。ワシントンDCに置かれているアメリカの連邦政府は、特定の民族の利益に資することを目的とはしていない。批判的人種理論［白人による人種差別がアメリカの制度や構造に組み込まれているとする考え方］の支持者でさえ、アメリカを政治的・経済的に支配している集団としての白色人種は、（多い順に）イングランド系、ドイツ系、アイルランド系、イタリア系、

＊ ドイツも連邦国家だが、自らそれを選択したわけではない。第二次世界大戦が終わると、連合国がドイツに代わってドイツ憲法を起草した。その結果、国家的な意思決定を遅らせる（ドイツが近隣諸国に侵攻するのを阻む）ことを意図した憲法構造となった。これまでは、それでよかった。

フランス系、ポーランド系、スコットランド系、オランダ系、ノルウェー系、スウェーデン系、ロシア系の人々の混血であることを完全に認めている。

このように、「アメリカ人」とは何かという定義は比較的あいまいである。そのおかげで、アメリカをはじめとする入植者国家や、広い意味での連邦国家や連合国家では、ほかの国よりもはるかに容易に大勢の移民を吸収できる。単一政府制の国家では、移民は支配的な文化に参加するよう求められる。うまく参加できなかった移民は、底辺層に陥るしかない。しかしアメリカでは、移民はたいてい最初から、幅広いコミュニティの一員になることを認められる。

来るべき世界では、こうした特徴が大いに役立つだろう。世界の消費主導型の国が自国での生産を増やし、内向きになっていけば、輸出主導型の国に暮らす労働年齢の成人は経済的機会に恵まれなくなる。ポスト成長型の国であれば、なおさらだ。こうして弱体化していく国々では、たとえ国家が存続していたとしても、そこに暮らす労働者はいずれ、高齢化していく人口を支えるためにどんどん高くなっていく税金を支払い続けるか、その国を離れるかの選択を迫られる。その結果、世界中の労働者の多く（特に高い技能を持つ労働者）が、じきにアメリカの扉を叩くことになるだろう。こうした移住が起きるたびに、他国に対するアメリカの地位は強化されていく。

たとえこのような移住の力学が働かなかったとしても、アメリカにはもう一つ、最後の切り札がある。

▼「より多く」のかけらが残るアメリカ④——メキシコ

メキシコがもたらす第一の利点は、言うまでもない。二〇二一年時点で、メキシコ人の平均年齢は、アメリカ人の平均年齢より一〇歳近く若い。メキシコは移民の直接の供給源として、アメリカにとっては至れり尽くせりの存在だ。メキシコからの移民は、アメリカ人の平均年齢を押し下げ、半熟練・未熟練労働者の労働コストを抑制し、幅広い地域の人口増加に貢献してきた。とりわけ、アメリカ南部への貢献度は大きい。この地域にメキシコ人が大量に流入していなければ、急速に高齢化しているイタリアと同じような人口構成に悩まされていたことだろう。

メキシコがもたらす第二の利点は、第一の利点ほどわかりやすいものではない。それは、製造プロセスの統合である。メキシコのシステムは、十分な電力や教育、インフラを国民に提供できていない。このような事態は、メキシコの賃金だけでなく、メキシコの労働者の技能や生産性をも引き下げている。しかし多段階生産システムには、高度な技術が必要とされる段階もあれば、技術がさほど必要とされない段階もある。ボーキサイトを溶かすのは、アルミニウムを成形するよりも簡単だ。コンピューターの部品を組み合わせるのは、ソフトウェアをプログラミングするよりも容易だ。地面に溝を掘る作業は、その溝に敷設するケーブルを製造する作業よりも技術を必要としない。このような各作業と労働者の技能とを合致させれば（つまり分業を行なえば）、コストを最小化しつつ生産を最大化できる。グローバル化されたサプライチェーンはすべて、技能の差や労働コスト構造を利用して、経済的に最も効率のいい成果を生み出すことを目的としている。技術面で相互に補完し合える相手がすぐ隣にいるという点で、アメリカとメキシコほど幸運な国はない。

メキシコがもたらす第三の利点は、直感にまったく反するものだ。メキシコの支配的な民族グループはスペイン系であり、アメリカの支配的な「民族」グループは白色人種である。だが、メキシコ人から見れば、そこにさほど違いはない。スペイン系のメキシコ人は先住民系のメキシコ人をやや見下しているうえに、中米からの移住者に対して、おおよそアメリカ人と同じような感情を抱いている。そのためメキシコ人は、アメリカに移住すると、たちまち同化する。メキシコ系アメリカ人は、第二世代になると自分を「白人」と見なすのがごく一般的になり、第四世代になると、もはや反射的に自分を「白人」と見なす。メキシコ系アメリカ人という社会階層のなかでは、「白人」という単語が、「自分たちとは違う人々」や「あのアメリカ人」を意味する排他的な言葉から、「自分」や「自分たち全員」を指す包摂的な言葉へと変化している。

アメリカの同化能力は、それまでのいかなる国からの移民よりも、メキシコからの移民に強い作用をもたらしている。たとえば、どこからの移民であれ、移民の言語がアメリカ英語に駆逐されてしまうまでには、二〜三世代の時間がかかる。だが、メキシコからの移民の場合、そうなるまでに一世代より長くかかることはまずない。現代のメキシコ系アメリカ人は、経済的な面だけでなく文化的な面でも、誰よりも熱心にアメリカン・ドリームを追い求めている。

とはいえ、もちろんいいことばかりではない。

外国生まれのアメリカ人の人口

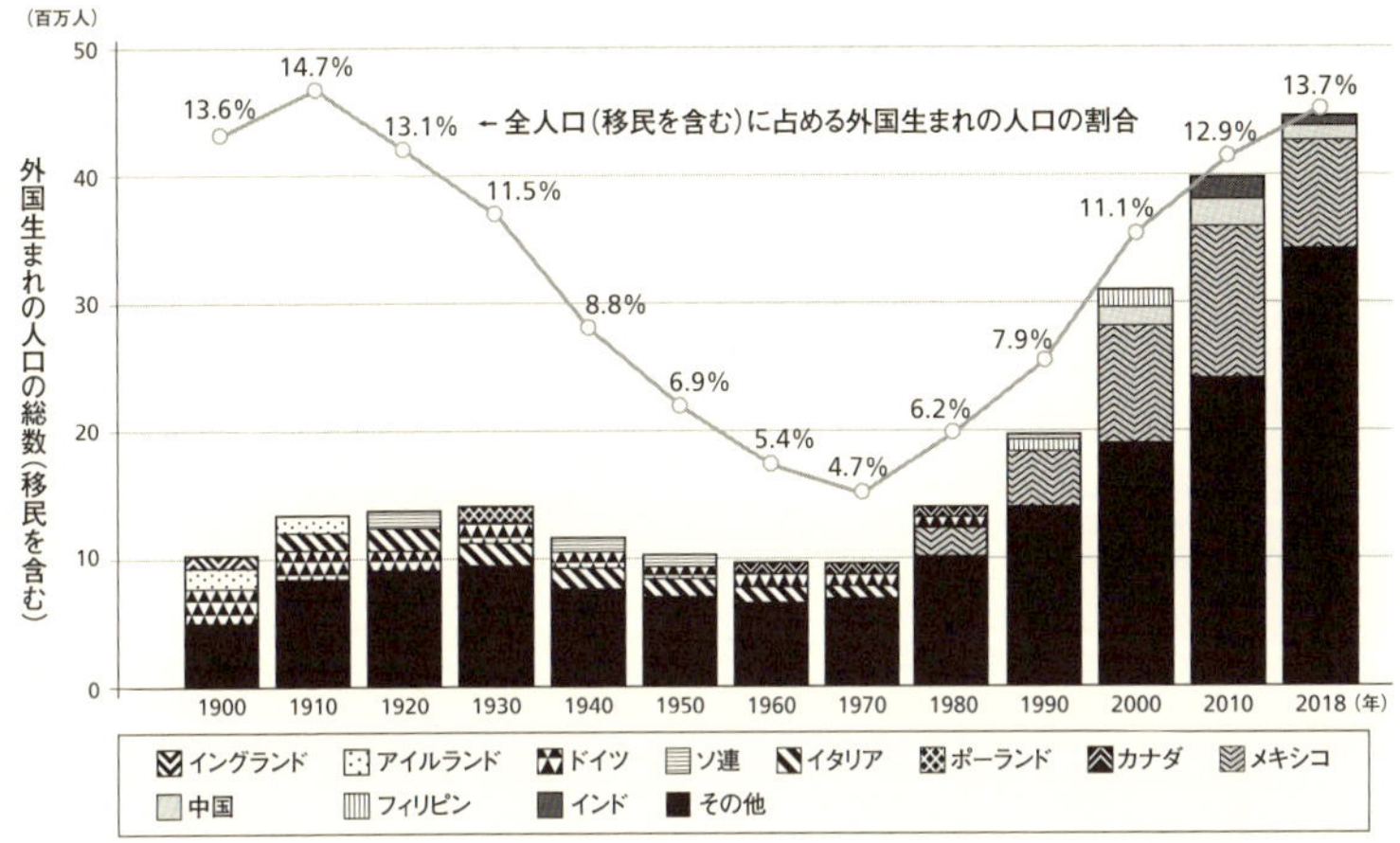

出典　アメリカ国勢調査局による10年ごとの国勢調査（1900〜2000年）、アメリカ国勢調査の地域社会調査データ（2018年）

移民には確かに、経済的・財政的・人口構成的な利点があるが、移民が殺到すれば、それを早急に社会に吸収せざるを得ない。その結果、二〇一〇年代から二〇二〇年代初めにかけて、アメリカが移民受け入れの限界に達したかのように感じられることもあった。これは単なる直感などではなく、データを見れば、その理由がわかる。

一九七〇年代には、アメリカへの移民が人口に占める割合は史上最低を記録した。これは、アメリカのベビーブーム世代が成人に達した時期に相当する。ベビーブーム世代（圧倒的に白人が多い）にとって、当時の人種間関係に関する主要な出来事と言えば、公民権運動だった。つまり、ベビーブーム世代が若く、政治的にリベラルだった時代に、すでにアメリカにいた人々に関する運動である。

だがその後、移民の割合は徐々に増え、二

〇一〇年代には史上最高に近い値を記録した。そのころになるとベビーブーム世代は、もはや定年退職が近い年齢になっており、政治的には保守的になっていた。また、この世代が次第に年老いていく間のどの一〇年を見ても、最も多い移民グループは常にメキシコ人だった。その結果、ベビーブーム世代の多くが、メキシコ人に対して、「単なる他者」ではなく、「次第に数を増してやって来る他者」だという印象を抱くようになった。ベビーブーム世代の多くが、ドナルド・トランプのような移民排斥主義者を支持するようになった主な理由がここにある。彼らは、アメリカ社会の変化の速さに衝撃を受けたのだ。それは集団幻覚などではなく、現実の数字により、はっきりと証明されている。

これが、アメリカ政治が二〇一〇年代から二〇二〇年代初めにかけて、急に内向きになった無数の理由の一つである。しかし、ベビーブーム世代やメキシコ移民、人種、貿易、同化、国境などについて、どのように考えるかにかかわらず、以下の点を忘れてはならない。

第一に、メキシコ移民は、すでにアメリカ国内にいる。アメリカ文化がどうなるか、アメリカの労働市場がどうなるかをいくら懸念したところで、メキシコ移民の大波は、すでに押し寄せているというだけではない。その波は、もはや引き始めている。アメリカへのメキシコ移民の数は、二〇〇〇年代初頭にピークを迎え、二〇〇八年以降の一三年間のうち一二年間は前年を下まわっている。というのは、先進国では工業化や都市化により出生率が下がっているが、それと同じプロセスがメキシコでもわずか数十年遅れで始まっているからだ。現在のメキシコの人口構成を考えれば、メキシコはもはや二度と、アメリカの移民人口に大きく貢献することはないだろう。実際、二〇一四年以降アメリカに大規模な移民を供給している国は、ホンジュラス、エルサルバドル、グアテマラなど、破綻寸前の中米諸国へ移行している。*

第二に、アメリカの政治思考がきわめて移民排斥的だった時期でさえ、メキシコにはアメリカに入り込む余地があった。メキシコ移民を公然と強姦魔や「悪党」呼ばわりしていたあのドナルド・トランプが、わずか二年後には、貿易や安全保障に関する取引にメキシコを巻き込み、両国史上最も友好的で生産的な二国間関係を築きあげたのだ。トランプ政権によるＮＡＦＴＡ（北米自由貿易協定）の再交渉の要となったのは、製造業を北米で復活させることを明確な目的とする条項だった。この北米とは、アメリカだけでなく、協定締約国すべて［締約国はアメリカ、カナダ、メキシコ］を指す。トランプ政権がこの条項を追加した際には、明らかにメキシコを念頭に置いていた。

その一方で、メキシコ系アメリカ人は移民排斥主義者になりつつある。アメリカ国民のうち、強硬な移民排斥を一貫して支持しているのは、白人ではなく、（第一世代ではない）メキシコ系アメリカ人である。彼らは家族の再統合を望んではいるが、実際に望んでいるのは自分の家族の再統合だけだ。実際、二〇二〇年の大統領選では、南部国境に接するほとんどの郡で、移民排斥と国境の壁建設を訴えていたトランプが勝利している。

＊ この三カ国全体の人口構成もメキシコ同様、わずか数年遅れで出生率の崩壊を経験している。いずれにせよ、大勢の移住希望者が陸路でアメリカへやって来る時代は、さほど長くは続かないだろう。

第三に、アメリカとメキシコにはいまだ、ほかのほとんどの国にはないものがある。それは「より多く」の機会である。両国が協力すれば、この「より多く」は、間違いなくさらに強化される。

先行きに不安な要素がないわけではない。アメリカの人口もまた、ゆっくりとではあるが、高齢化している。メキシコの人口はまだ若いが、アメリカより速いペースで高齢化しつつある。二〇五〇年代半ばのどこかの時点でほぼ確実に、メキシコ人の平均年齢がアメリカ人を上まわることになるだろう。

とはいえ、人口統計学的に見て最悪なこのシナリオに従ったとしても、アメリカにはやはり、ほとんどの国にはないものがある。それは、次第に迫り来る「無秩序」な世界に対処する時間である。

ほかの国は、自国のシステムを解体・再編し、新たな「〇〇主義」を設計・実装する方法をわずか数年の間に見つけなければならない。だがアメリカとメキシコには、数十年の時間がある。少なくとも二〇五〇年代までの猶予があるのだ。それだけあれば、アメリカとそのパートナーであるメキシコは世界全体を見わたし、ほかの国の試行錯誤から学ぶことができる。

だが、ここで特筆すべき結論とは、アメリカは（メキシコと結束すれば）間もなくやって来る世界にさほど衝撃を受けることなく対応できるということではない。むしろこう言ったほうがいいのかもしれない。この世界の未来はアメリカにある、と。

そう言えるのは、きわめて単純な計算による。アメリカの人口は十分すぎるほど若い。そのため、メキシコや移民の存在がなくても、少なくとも数十年間は人口の成長を維持できる。

▼私たちが知る世界が終わる……

中国の状況と比べてみるといい。中国の人口は二〇年前に末期的な状態に入った。統計により異なるが、中国国民の平均年齢は、二〇一七年から二〇二〇年までのどこかで、アメリカ国民の平均年齢を超えた。中国の労働人口も全人口も、二〇一〇年代にピークを迎えている。その結果、最善のシナリオでも二〇七〇年には、中国の人口は二〇二〇年の半分未満になる。それどころか、中国の国勢調査機関から漏《も》れた最新のデータによれば、その時期を二〇五〇年に前倒しする必要があるかもしれないという。中国の崩壊はすでに始まっているのだ。

しかもこの計算には、グローバル化がはっきりと過去のものになったときに起こるであろう全世界（および中国）の死亡率の上昇が、一切考慮されていない。（中国を含む）大半の国は、食料生産に使用する投入資源やエネルギーの大部分を輸入している。国民の財産や健康ばかりか生活そのものさえ、交易に頼って維持している。そんな交易がなくなれば、全世界（および中国）の死亡率は確実に上昇する。現在の人口構成では、出生率の低下が続くことが予想されるにもかかわらずである。

このように世界の大半で人口崩壊が起きている一方で、アメリカの人口は安定している。そのため、世界の総人口に占めるアメリカ人の割合は、今後わずか数世代で確実に上昇する。場合によっては一・五倍以上に増加するかもしれない。しかもアメリカは、世界の海洋を支配する力を維持している。さらに、自国のシステムを新たな世界に対応させる時間さえ有している。その一方でほかの国々は、粉々に崩壊した経済システムの残りくずをめぐって争い合う可能性が高い。

本稿を執筆している現在、私は四八歳だ。新たな世界が完全に姿を現す二〇五〇年代に、私が人間として完全に機能しているかどうかはわからないが、地平線の先にあるその世界がどうなっているか、最終的にアメリカが再び世界に深く関与するようになったときに、この世界がどうなっているかは、またの機会に考察することにしよう。本書の目的はむしろ、それまでの移行期間がどのようなものになるのかを提示することにある。私たちがこれから経験するのは、どんな世界なのか？　食料や金融、エネルギー、輸送、製品、天然資源に関する私たちの知識はどう変わっていくのか？　成長を通じて再編する？

そんなことは、もはや不可能だ。

それを念頭に置いて、この世界が終わったあとの生活を語ることにしよう。

第二部

輸送

第一章　長い道のり

まずは、キムチのケサディーヤ［トルティーヤに具材を挟んで揚げたメキシコ料理］の話から始めよう。

私は各国料理をかけ合わせた料理が大好きだ。ベーコンの酸辣湯《サンラータン》、ブレックファスト・ピザ［あり合わせのものを載せて焼いたピザ］、エンチラーダ［トルティーヤを巻いてなかに具材を詰めたメキシコ料理］のラザニア、キャラメル・チーズケーキのワンタン、パイナップル・バーガー、クレームブリュレのパブロバ、鴨ソースのプーティン［フライドポテトにチーズとグレイビーソースをかけたカナダ料理］など。何だっていける！

意外なことに、食料品店の冷凍食品コーナーを見ても、アメリカンドッグ寿司といった商品はない（残念で仕方がない）。それでも、トウモロコシ粉や小麦粉、ヒマラヤ岩塩、胡椒《こしょう》、中白糖、低コレステロールの卵、生食用のマグロ、米酢、ハウスもののキュウリ、スモークサーモン、ワサビ、マヨネーズ、海苔《のり》、色とりどりのニンジン、ショウガ、味噌《みそ》、醬油《しょうゆ》、ゴマ、ベニバナ油などは、食料品店にいつでもあり、いつでも購入できる。

現代の平均的な食料品店には、およそ四万点もの商品が並んでいる（ちなみに、二〇世紀初頭は二〇〇点ほどだった）。さほど立派な食料品店でなくても、そこは奇跡的な技術の賜物であり、そのおかげで私は、見たこともないワイルドでクレイジーな組み合わせの料理を試してみたいときにはいつでも、世界各地のほとんどの食材を調達できる。* スウェーデン料理？　タイ料理？　モロッコ料理？　季節外れの料理？　どれでも何の問題もなく準備できる。食材が品切れになることなどめったになく、ほぼいつでも利用でき、法外な代金を払う必要もない。ただ安く利用できるだけではない。いつでも安く、いつでも確実に利用できるのだ。

この「確実に利用できる」というコンセプトをあらゆるものに適用して考えれば、現代のグローバル化した経済を支える「全面的な相互接続性」の片鱗《へんりん》が見えてくる。現代の工業製品や消費財の原材料をこのように利用できるのは、それを文字どおり地球の裏側から、このうえなく安全に、低コストかつ高速で輸送できるからにほかならない。携帯電話、肥料、油、サクランボ、プロピレン、シングルモルト・ウイスキーほか、何でもいい。それらの製品や物資は、絶えず移動している。すべて、絶えず、だ。つまり、現代の生活を究極的に支えているのは、輸送である。

大半の技術は、私たちの生活を根本から変えることはない。たとえば、スマートフォンを見

* ちなみに、私の感謝祭のごちそうは伝説になっている。

てみよう。そこには、懐中電灯、音楽プレイヤー、カメラ、ゲーム機、プリペイドカード、リモコン、図書館、テレビ、料理本、コンピューターなどが全部入っている。だが、それにより、これまでにない新しいことがたくさんできるというわけではない。既存の器具や機器を一つにまとめ、効率性や利便性を高めているだけだ。重要な技術かと言われればとんでもなく重要なのだが、このような改良中心の技術は、私たちのあり方を根本的に変えるものではない。

それに対して輸送の技術は、人間と地理との関係を大きく一変させた。現在では、数時間で大陸間を行き来できる。だが、歴史を通じていつもそうだったわけではない。いやむしろ、これまでのほとんどの時代にわたり、そんなことはできなかった。実際、数百年前までは、家から数km以上先まで出かけることなどめったになかった。人類史の最初の六〇〇〇年間は文字どおり、長い道のりを苦労しながらゆっくり歩くだけだった。

A地点からB地点まで移動する手段の進化や技術革命を理解し、現代の食料品店やスマートフォンを生み出した相互接続性を理解すれば、なぜ私たちの世界がこのような形になっているのかを理解できるだろう。

そして、来るべき数十年の間に、どんな混乱や恐怖を私たちが経験するのかも。

▼輸送の物理学の苦闘

人間の体は華奢《きゃしゃ》なうえに、モノを運ぶ「手段」としては、とんでもなく非効率的な形をしている。

自分が、ホモ・サピエンスが登場してから一八世紀半ばまでの、どこかの時代の人間だったと仮定してみよう。その当時は残念ながら、輸送手段が自分の足しかなかった可能性が高い。手押しの一輪車が一般的になるのは、西暦一〇〇〇年ごろからである。荷馬車は高価だったため、たとえ道路が整備されていたとしても、平均的な農民が利用できるようになったのは、それから数世紀後のことだ。自転車などの古風な輸送手段でさえ、一八世紀後半まで（ペダルつきであれば一九世紀半ばまで）待たなければならない。交易商人が現在でもラクダを利用しているのには、それなりの理由があるのだ。

大半の人間の生活や暮らしは、重い荷物を背負って一日で歩いていける距離によって決まっていた。

そのため、町は小さいままだった。工業技術がこの世界をつくり変える以前、「都市」が飢えを防ぐためには、住民一人当たり二〇〇〇㎡近い農地が必要だった。これは、現在私たちが利用している土地の七倍以上に相当する。そのうえ、料理や冬の暖房に使う木炭を生産するためには、さらに現在より一〇〇倍も多い森林地が必要だ。その結果、都市は小規模にとどまらざるを得なかった。都市の規模が大きくなりすぎれば、①それだけ遠くから食料を調達しなければならない（つまり飢える）うえに、②その地域で生産する食料を増やすために森林を伐採しなければならず、当時の最先端技術である火を利用できなくなる（つまり、飢えると同時に凍死する）。

車輪は役に立ったが、一般的に考えられているほどではない。古代ローマ帝国の街道の話は、誰もが聞いたことがあるに違いない。これは、近代以前の偉大な業績の一つに数えられているが、少し視点を変えて話をしてみよう。

あの有名な古代ローマ帝国の街道は、グラスゴーからマラケシュ、バグダッド、オデッサまで延びていたというが、その総延長は……現代のアメリカのメイン州［その面積は一〇〇㎢に満たない］の道路の総延長と大して変わらない。たったそれだけの道路網の整備にさえ、六世紀（およそ一〇億労働日）もの時間がかかった。しかもこの時間は、道路の補修工事に必要な労働時間を考慮していない。

また、「交易」という概念そのものが、確立されていなかった。当時は、自分が売ろうとしているものを隣町が実際に必要としているかどうかを、事前に確認することができなかった。それに、傷んでしまうという問題もある。また、長距離の交易となると、そこまで移動する間の食料が必要になるが、十分な食料を持っていこうとすれば、それだけ商品を持っていけなくなる。

コンクリートやアスファルト、化学保存料や冷蔵技術などは工業化時代の賜物であり、一九世紀まで現れることはなかった。つまり人類史のほとんどの期間にわたり、大量の物資を効率よく定期的に陸上輸送するのは、比較的短い距離だったとしても困難であるばかりか、経済的に採算がとれなかった。

さらに言えば、当時は穀倉地帯の人々でさえ、確実に食いつないでいけるわけではなかった。たとえばフランスでは、一五〇〇年から一七七八年までの間に、全国的な飢饉が何度もあった

（地域的な飢饉は数十回に及ぶ）。そう、フランスでだ。一〇〇〇年前からヨーロッパで最も安定した最大の食料供給国であり、三つの独立した農業地域を持ち、工業化以前の世界では最高の国内輸送システムを備えたあの国でさえ、そんなありさまだったのだ。

陸上輸送には、それだけ問題があるのだ。

そこで人間は、物資を運ぶほかの方法を見つけた。水に浮かべるのである。

ラクダは二五〇kgの荷物を、牛車は約一tの荷物を運べるが、船を使えば、初期のばら積み船でさえ、数百tの荷物を運ぶことができた。しかも、一t当たりのコストは、ごくわずかな金額ですむ。よく知られているように古代ローマ帝国は、帝都ローマの食料の大半をエジプトから輸入していた。その際には、あの世界一優れた街道を利用していたのだろうか？　違う。西暦三〇〇年当時、エジプトからローマまで穀物を二二〇〇kmほど海上輸送するほうが、街道を使って一〇〇km陸上輸入するよりもコストがかからなかった。水上輸送はそれほど経済的だった。そのため一部の文化圏（オランダ、アステカ、中国など）は、水上輸送を可能にするために、統治システム全体を再編した。起伏の多い岩だらけの土地に、石製のつるはしだけで数百kmに及ぶ運河を掘削する労働力を動員できるように、統治システムを適合させていったのだ。西暦一〇〇〇年を過ぎるまで、人類の輸送技術の頂点に君臨していた、あのごく平凡な荷船を浮かべるためである。

一四世紀に入ると、ようやく歴史が速度を増し始めた。帆や釘、櫂《かい》や舵、船倉や甲板、銃や大砲、羅針盤や天体観測器が普及していった。それに海洋進出への熱狂もあった。熱狂の力を過小評価してはならない。実際、西洋における季節風の発見は、何が起こるかわからない海洋の真んなかまで漕《こ》ぎ出すことを望んでいたギリシャの航海マニアたちが成し遂げたと言われている。これらすべてを組み合わせ、より新しく、より大きく、より速く、より頑丈で、より武装した船がつくられるようになると、人類は遠洋航海の時代に突入した。一五世紀末のことである。

だが、これは言うまでもなく、産業革命をはるかに過ぎた現代から見た、お気楽なとらえ方でしかない。

▼遠洋航海時代の輸送——質・速度・コスト・安全性は向上したが、不十分

物資を長距離輸送できるようにはなった。だからと言って、そんな長距離輸送を頻繁に行なっていたわけではなかった。

遠洋航海の時代を迎えても、まだ産業革命が始まっていない時代には、バルト沿岸諸国から西欧への穀物の輸送さえ、決して定期的に行なわれてはいなかった。英蘭《えいらん》戦争により輸送が妨害されなかったとしても、スウェーデン人がバイキングとなって船を襲撃することがなかったとしても、ポーランド＝リトアニア共和国が珍しくおとなしくしていたとしても、最終的な商品の価格の半分は輸送料で、四分の一は保管料だというのが一般的だった。そのため内陸で生産された穀物は、どんなに生産性の高い土地であっても、現地で消費される場合が多かった。

一八世紀後半には、独立前後のアメリカが大西洋を越えて一部の穀物を輸出することもあったが、定期的に行なわれていたわけではなかった。そもそも、六週間に及ぶ過酷な航海を経てイギリスに穀物を運んできたのに、イギリスは豊作で穀物など不要だったことを知らされたら最悪である。

つまり、いくら船の輸送効率が向上したとしても、技術と地政学との相互作用により、世界は分断されたままだった。

地政学的に見れば、どの帝国も、ほかの帝国から食料を購入することはなかった。たとえ安定的に海上輸送ができたとしても、輸入元の帝国の機嫌や需要が常に変わらないとは限らないからだ。つまり地政学的に見れば、食料の輸送には、コストをかける価値もなければ、リスクをおかす価値もなかった。だが、翡翠《ひすい》や胡椒、シナモン、陶器、絹、タバコはどうだろう？　もってこいじゃないか！　これらのぜいたく品は、傷んだり腐ったりしないからだ。茶は大衆的な商品だったが、確実に商売になった。*

当時のぜいたく品の「交易」が「グローバル」と言えるのは、距離という点においてだけだ。実際には、帝国間の交易など、ほとんどなかった。より正確に言えば、不安定な接点をごくわずかに持つ閉鎖的なシステムがいくつかあるだけであり、その間で輸送される荷物は、究極的にはなくても生きていける貴重品に限られていた。そのため、海洋を渡る貨物船が見つかると、かなりの割合で襲撃を受け、貴重品を奪われた。そのような襲撃者を、スペイン人は「イング

---

* それさえ、ヨーロッパ人が物好きだったからにほかならない。

ランド人」と呼び、イングランド人は「フランス人」と呼んだ。現代では「海賊」と呼ばれている。*

　このように各帝国は分断されていて、隣国は交易の相手というよりはむしろ、砲弾を撃ち込む相手でしかなかった。「文明化」された世界†は、ほぼ永続的な競争状態にあった。そんな混《こん》沌《とん》状態に秩序をもたらすのは、まったく不可能だった。海軍力に優れた当時の強国（一七世紀から一八世紀前半にかけてのスペイン、一八世紀後半から一九世紀にかけてのイングランド）は力を誇示し、世界中を支配下に置こうとした。だが当時は、レーダーもなければ、巡航ミサイルもなかった。海洋は、パトロールするにはあまりに広すぎる。またライバル国には、事態を混乱させようとする切実な戦略的・経済的理由があった。したがって、軍艦から見える範囲内でのみ、秩序が保たれるだけだった。

　工業化初期の時代に生まれた新たな技術（繊維産業が発展したあと、鉄鋼業が発展する前の船）により、さほど費用をかけずに輸送できる物資の幅が多少広がると、新たなタイプの国が交易に参加する余地が生まれた。敵対する国と国の間で、物資を仲介する国である。だが、これは危険を伴うビジネスだった。商売相手となる帝国が、月曜日にはその取引を「仲介」だと見なしていたのに、木曜日には「二重取引」と見なすようになる場合が往々にしてあったからだ。実際、ヨーロッパ諸国が仲介国として好んで利用していたオランダは、ヨーロッパの交易を支えていたころには大規模な成功を収めたが、イギリスやフランスやドイツがオランダを介した敵対国との交易に嫌気が差すようになったとたん、大規模な破綻に陥ったことで知られている。

独立して間もないアメリカも、この教訓を繰り返し学ぶことになった。当時のアメリカが経験した地政学的悪夢の多くは、きわめてオランダ的な交易に関係している。

・アメリカが初めて大規模な戦略的対立を経験した擬似戦争（一七九八～一八〇〇年）は、フランスと対立していたイギリスに物資を輸送しようとした「中立国」アメリカの船が、フランスに拿捕《だほ》される事態が相次いだことに端を発する。イギリスは、来るべき戦いで漁夫の利を得ようと、独立したばかりのアメリカにフランスの悪口を吹き込んだが、最終的にはフランス・アメリカ両国が戦いをやめ、イギリスの目論見《もくろみ》は外れた。

・そのわずか一二年後、アメリカはまたしてもフランス・イギリス間の戦争に巻き込まれた（アメリカ独立戦争を含めれば、これで三度目である）[‡]。このときフランス軍を率いていたのがナポレオンである。その際、イギリスはヨーロッパ大陸の封鎖を行なっており、それを破って貿易をしようとするアメリカ船の航行を積極的に妨害し、アメリカ船の乗組員をイギリス海軍に強制徴集した[§]。それから何やかやといろいろなことが起き、さまざまなことが言われ、米英戦争の引き金が引かれ、戦火が上がった。そして最終的には、アメリカの

＊　くわばらくわばら。
†　その当時のヨーロッパの表現を使えば。
‡　含めるべきである。

ホワイトハウスがイギリス軍に破壊される事態に至った（イギリス軍はその残骸でマシュマロをあぶっていたという）。この戦争は、アメリカに対するカナダ人の信用にも永続的な悪影響を及ぼすことになった「アメリカはこの米英戦争により、あわよくばイギリスからカナダを奪おうとしていた」。

いずれにせよ、それでもなお、事態が驚異的かつ衝撃的なほど変わることはなかった。産業革命の始まる前夜には、大半の国はまだ自給自足していたか、何らかの形で他国に従属しており、航行可能な河川や安全な海岸を有する都市が、主な支配権を握っていた。なぜなら、海上輸送の経済性や技術は、この数世紀の間に著しく向上したが、陸上輸送に関しては散発的な発展しか見られなかったからだ。

発展がまったくなかったわけではない。馬の繁殖法、栄養豊かな餌の供給、馬具などは着実に進歩していた。走行距離が延びるたびに、産業の動力となる資源を入手できる機会も、新たな町へ出かけて外部世界と交易できる機会も増えた。だが、その数千倍も発展していた水上輸送と比べると、一八二〇年当時の陸上輸送は、意外なほど古代ローマ時代と変わっていなかった。しかもたいていは、以前より道路が悪化していた。オレゴン街道［一九世紀アメリカの西部開拓時代に利用された主要道］が利用されていた時代でさえ、牛車が一日に二四㎞も進んでくれれば御の字だった。蹄鉄《ていてつ》や鋼鉄製の車軸などの技術的進歩により、来るべき時代に欠かせない土台はできていたが、これらの技術が、人間や物資の移動に根本的な変化をもたらすことはなかったのだ。
そんな技術では、根本的な変化は起こせなかった。とうてい無理だった。まったく新たな技術の数々が生まれ、すべてを変えてしまうまでは。

§　当時のイギリス軍は完全に考え方がおかしく、アメリカ人としての市民権を認めなかった。そのため「植民地」で生まれた誰もが、強制徴集の格好の餌食になった（一七七五年に生まれた？　フィラデルフィアで？　だったらまだイギリスの臣民だ！　わが軍に入れ！）。

第二章　制約からの解放——輸送を工業化する

産業革命初期のロンドンは、ほとんどの主要工業都市と同様に、木炭用の木材の不足に悩まされるほどの成長を遂げていた。森林伐採が進んで、木材の価格が高騰すると、それに代わる別の燃料の経済的な価値が増していった。その燃料とは、すなわち石炭である。石炭の需要が高まるにつれて、炭鉱の坑道は、ますます地中深くへと延びていった。

炭鉱は深く掘り進むと、地下水層に行き着くため、どうしても水を排出するポンプが必要になる。いまいましい地下水を排出しようにも、人力ではまるで歯が立たない。そこで、この問題を解決するために蒸気機関が考案された。これは多少の効果をもたらしたが、この新たな蒸気機関には、動力が必要だった。その動力とは石炭であり、石炭をさらに多く入手するためには、さらに深く坑道を掘らなければならないが、掘れば掘るほど水が出てくる。炭鉱労働者たちは、この問題をきちんと解決することなく突き進んだ。

しかし、坑道が深くなればなるほど、蒸気機関のコストがどんどん上がっていくという悪循環の問題に悩まされた結果、ベンチャー気質のある一部の石炭供給業者は、ロンドンに隣接している鉱脈から離れ、遠くの鉱脈から石炭を採掘することにした。この方針転換には、それなりの設備が必要となった。活気あふれるロンドンへ石炭を輸送する、運河と船である。間もなく、イギリスの民間船の半数が石炭輸送に利用されるようになり、船賃の高騰を引き起こした。ほかの選択肢を考案せざるを得なくなると、進取の気性に富んだ石炭供給業者が、強力な新式の蒸気機関と、炭鉱内で荷車輸送に使われていたレールと、石炭でしか製錬できない鉄鋼とを組み合わせた。そう、鉄道の誕生だ！

鉄道はいわば、生命を与えられたエネルギーだった。人類を月に連れていく技術もクールだが、人類がこれまでに成し遂げた最大の業績は何かと言えば、八〇km以上も内陸から水辺へと穀物を運べる機械をつくりあげたことだ。しかも、それだけの距離を運びながら、利益もあげられる！　水上輸送のほうがまだ安価ではあるが、鉄道の線路は平坦な場所であれば、どこにでも敷設できるうえに、鉄道輸送のコストは、船舶輸送のわずか二倍ですむ。鉄道が登場する以前の陸上輸送が、水上輸送の二〇倍以上のコストがかかっていたことを考えれば、たかだか二倍のコストですむというのは、革命以外の何ものでもない。

こうして世界中の豊かな農地（近代社会を機能させるだけでなく、文字どおりあらゆる人々の日々の糧《かて》を支えてくれている農地）が、ビジネスへと開放された。ヨーロッパでは、馬車から鉄道へ転換したことにより、国内輸送のコストが八分の一に減少した。その結果、食料や石炭、鉄鉱石、兵士など、あらゆる種類のモノを、経済的に維持可能な価格で、迅速かつ大量に集め

ロシアの穀物輸出量および鉄道総延長距離

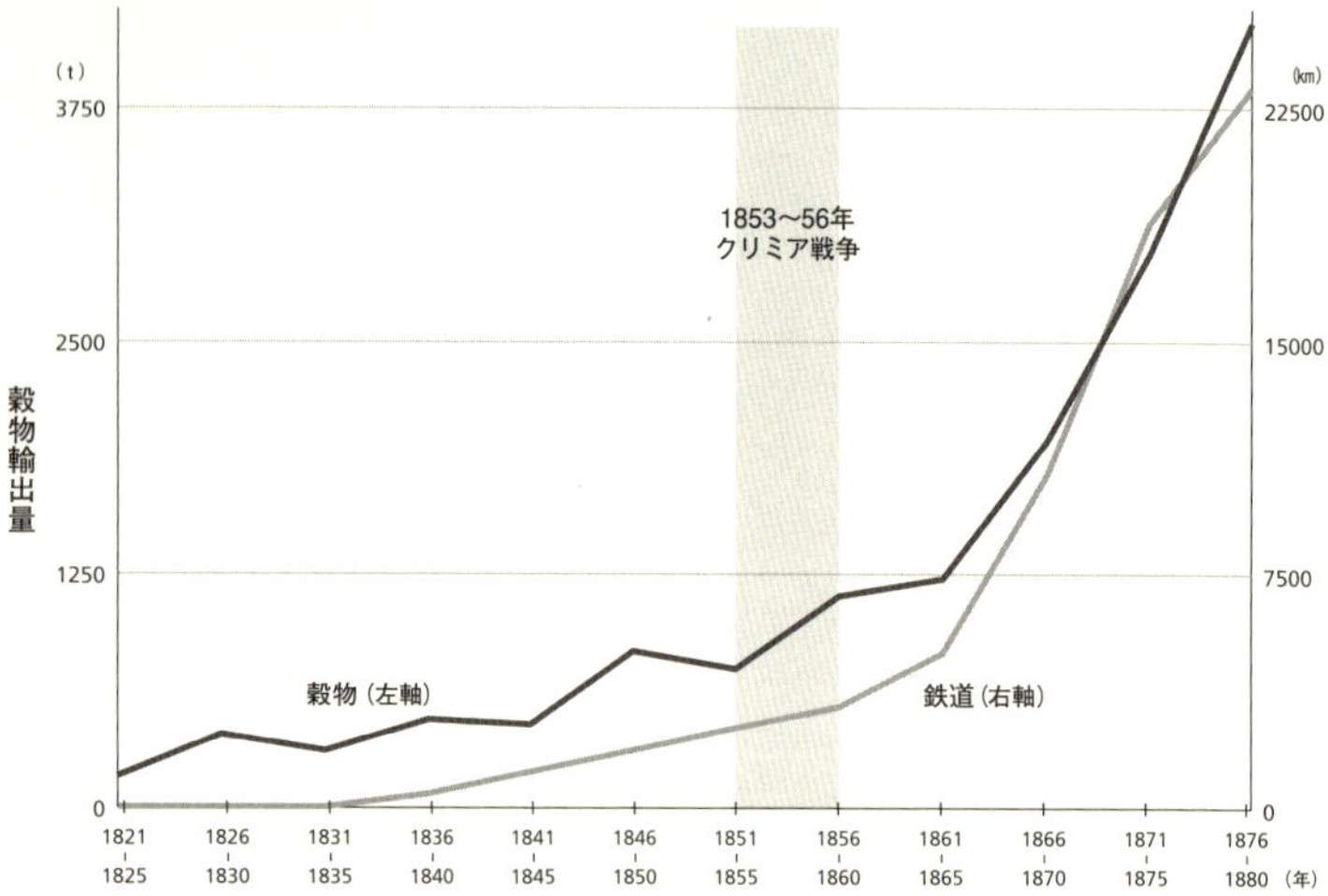

ることが可能になった。

この革命は、いかに大きな変化をもたらしたのか？　それを示す好例がロシアである。

ロシアの領土の南部は、大半がステップと呼ばれる気候帯に属している。夏は暑く、冬は寒く、見わたすかぎり平坦な土地が延々と続く。降水量は安定しないものの、雨の多い年には爆発的な農業生産が見込める。問題は、そこで生産された穀物をどう運び出すかだ。ロシアでは、航行可能な河川が利便性の高い土地を流れてはおらず、大半が北極圏に注ぎこんでいる。

馬車に何千tもの穀物を積んで、ロシアの大平原を横断するのは、あまりに苦労が多すぎて、時代を問わず利益にならない。わずかながら交易が行なわれていたのは、高価な織物や貴金属など、重さの割に高い価値があるという、例の条件に合うものだけだった。ステップ地帯は開けた土地で、降水量に応じて経済の好不況の波が来る。それを考えれば、馬に乗ったモンゴル民族が、難なくこの全域を征服し、三世紀にわたって支配を維持できたことは驚くにはあたらない。この民族は、シルクロードの北路の一帯に課税して、裕福な生活を送っていた。

いずれにせよ、国内輸送にはコストがかかる。そのため、モンゴル民族のあとにこのあたりを支配したロシア帝国は、輸出する産品を港の近くで調達する以外に選択肢がなかった。一八世紀当時、ロシアの穀物輸出のおよそ七〇%は、帝国領内の肥沃な土地ではなく、エストニアやリボニア*など、リガの港に近いバルト海沿岸地域で生産されたものだった。内陸の農地は、いかに生産性が高かろうと、世界の市場どころか、ロシアの市場からも実質的に切り離されていた。

この状況を打開するためには、二つの変化が必要だった。

第一に、一八世紀末、皇帝エカチェリーナ二世がロシアの領土を黒海まで拡大し、ロシアは史上初めて不凍港を利用できるようになった。また、このあたりの土地（現在のウクライナ）は肥沃であるばかりか、コーカサス山脈の北側に広がる黒土地帯（これまで活用できなかったステップ地帯）にも近い。

第二に、クリミア戦争（一八五三〜五六年）で、まだほとんど工業化されていなかったロシ

＊　現在のラトビアである。

ア軍は、すでに工業化されていたヨーロッパ諸国に敗北し、徹底的な屈辱を味わった。このような経験を繰り返さないために、皇帝アレクサンドル二世の時代に、初めて本格的な工業化への取り組みが始まった。ロシアは領土が広大であり、人口が比較的多い地域のなかでさえ、物資の輸送が困難だったので、鉄道網の建設がToDoリストの最優先課題となった。

すると間もなく、突如としてロシアの穀物が国際市場に届けられるようになった。さまざまな努力が実を結んだのだ！　ロシアの鉄道計画は、一八六六年から本格的に始動した。それからわずか一五年の間にロシアの鉄道網はおよそ四倍に延び、その総延長はおよそ二万四〇〇〇kmにまで及んだ。この時期に追加された線路の総延長は、それまでの半世紀の間にヨーロッパ全域で敷設された線路の総延長よりも多い。また同じ一五年の間に、ロシアの穀物輸出もほぼ同じ割合で増え、その総重量はおよそ三八〇〇tに達した。この鉄道網の拡大と穀物輸出の増加との相関関係は、因果関係でもある。

産業革命は、水上輸送にも起きた。ただし、こちらは多少時間がかかった。それには、ややわかりにくい技術的な理由が二つある。

第一に、蒸気機関が発明されたのは、鉄鋼が大量に入手できるようになるずっと前のことだった。そのため初期の蒸気船は、木材でつくられていた。蒸気機関は石炭で動き、石炭が燃えると一六〇〇度以上になる。ここに厄介な問題があることは、化学の博士号を持っていなくてもわかるだろう。

第二に、風はいくらでも利用できるが（きちんとした航行計画があればの話である）、石炭は燃えればなくなってしまう。つまり、故国から遠く離れた場所では、蒸気船は高価ないかだと化してしまう。実際、産業革命の初期に大英帝国が物流を維持するうえで、遠方の給炭地の確保・保護は欠かせない条件だった。バブ・エル・マンデブ海峡〔アラビア半島の南端とアフリカ北東部の半島の間の海峡〕のアデンやペリム島、東南アジアの香港やシンガポール、太平洋中央部のファニング島やフィジー、太平洋南西部のオーストラリアやニュージーランド、インド洋のディエゴ・ガルシア島、カナダのハリファックス、大西洋中央部のバミューダ諸島、地中海のジブラルタルやマルタなどの給炭地である。イギリス人は如才なく波間を駆け巡っていたが、帝国を築きあげるには、それだけの時間と労力が必要だった。帝国が技術的要件を形づくると同時に、技術的要件が帝国を形づくっていったのだ。

それでも「必要は発明の母」ということわざは、ここにもあてはまる。女性の先祖ばかりか、誰もがさらなるスピードの必要性を感じていた。

初期の蒸気船は、およそ一〇〇〇tの積荷を時速八～一三㎞で運んでいた。自転車でのんびりと走る程度の速さである。* だが、一八四〇年代になると、スクリュー型モーター（船の外輪ではなくプロペラを使う）が開発され、速度が増した。さらに、一八六〇年代には鋼鉄製の船体がデビューし、火災の問題が全面的に解決されるとともに、船体の付着物など、速度を遅らせる無数の問題がほぼ解消された。一八九〇年代になると、さらなる技術改良によって数世代

＊　遅く感じるかもしれないが、これでも工業化以前の帆船の平均速度より五倍も速い。

に及んで続いていた欠陥や不備が克服され、船舶の巨大化・高速化がいっそう進んだ。その結果、一九一四年までには、時速一九〜二四㎞もの速度を安定して出せる、総鋼鉄製の商船が登場した。また、一八六九年にはスエズ運河が、一九一四年にはパナマ運河がそれぞれ開通し、大陸を迂回《うかい》しなくても物資を多くの場所へ届けられるようになった。つまり、より多くを、より少ない費用で。

それだけではない。一九四〇年までには、石炭を燃料とする蒸気機関に代わって、石油を燃料とする内燃機関が主流になり始めた。石油を使う内燃機関が登場すると、航続距離が延び、燃料と積荷の比率が改善され、帝国が管理する給炭地と商船とのつながりが切れた。石炭を燃料とする蒸気機関は鉄道から海上交通路へと伝播していったが、石油を燃料とする内燃機関は、海運から陸運へと反対の道をたどったのだ。技術改良がなされるたびに、海上輸送も内陸輸送も定期的で確実なものになっていった。コストが下がり、積載量が増え、信頼性が向上し、以前には想像もできなかった規模で物資を輸送できるようになった。

こうして史上初めて、バルク貨物［粉粒体や液体の貨物］の真の意味での国際交易が可能になった。一八二五年から一九一〇年までの間に、インフレ調整後の綿や小麦の輸送価格は、九四％も低下した。アメリカからヨーロッパに輸出される小麦の価格に占める輸送料の割合は、一八八〇年から一九一〇年までの間に、一八％から八％に減少した。輸送が、交易を制約する要因から交易を促進する要因に変わると、食事の中身を選択できるほど裕福なイギリス人はもはや、地元の食材を食べ続けようとはしなくなった。一八五〇年から一八八〇年までの間に、標準的なイギリス人の食事に占めるイギリス産の穀物の割合は、五分の三から五分の一にまで低下した。

こうした変化は、モノだけでなく人間にも起きた。産業革命以前の遠洋航海技術が多くの労働者に新たな機会を提供したように、鉄道や蒸気船は、標準的な生活を送っている人に新たな生活という夢を与えた。移動がより簡単に、より速く、より安く、何よりも安全になった結果、世界が開放された。少なくとも、ヨーロッパの白人が快適だと感じる、世界の温帯地域が開放された。こうして三〇〇〇万人に及ぶヨーロッパ人（特にイギリス人とアイルランド人）が、入植者国家に移住した。

旧世界に留まった人々にも大きな変化が訪れ、都市は一変した。それまで必要不可欠だった地元産の食料や森林は不要になり、それに生活を制約されることがなくなった。農民*でさえ、ほかの地域から食料を輸入したほうが楽だと思うようになった。食料供給が容易になると、鉄鋼生産量の増加も相まって、都市は外へ拡大するだけでなく上へも拡大し、建物は高層化していった。都市の拡大、都市計画の推進、衛生関連の新たな技術の発展とともに、人口密度は上昇し、人口の増加も加速した。工業化以前の都市は、飢えや病気で死ぬ人々を、絶えず流入してくる人々で補っていたが、工業化された都市は死をも遅らせた。その結果、人口は維持されるどころか、さらに急ペースで増加していった。

＊　特にイギリスの農民。

一九二〇年代になると、水上輸送、次いで鉄道輸送に革命をもたらした内燃機関が小型化され、輸送にさらなる変革を引き起こした。トラックの普及である。水上輸送には港が不可欠であり、鉄道輸送には傾斜が一％未満の土地が必要になるが、トラックは道さえあれば、どこにでも進んでいける。その結果、エネルギー生産に対する需要が、これまでにない新たな時代に入った。八〇〇km以上の距離の移動となると、それでも鉄道が優勢だったが、短い距離の移動はトラックの独擅場《どくせんじょう》となった。きわめて重要とされる配送の最後数kmは、特にそうだ。それを受けて、道路建設の主要な材料も、土やレンガからコンクリートやアスファルトに変わった。古代ローマ帝国の崩壊から一五世紀が過ぎてようやく、人類はあの時代よりも質のいい道路を手に入れた。ありがたいことに、馬糞もついに都市の道路から姿を消した。まるで奇跡のように、あっという間に。

こうして一九四五年になるころには、鉄道や荷船、トラックいずれもが、かつてないほど楽に生産・産出できるようになった工業製品や農産物、石炭や小麦などのばら荷を満載して輸送を担っていた。人類が木から降りてアフリカのサバンナに姿を見せて以来、発展の妨げになってきた輸送や物流の問題がついに、過去のおぼろげな記憶と化したのだ。

こうして歴史は、スピードアップではなく前進を果たした。初めて蒸気機関が登場した時代、赤痢が死因になった時代、テレビドラマ『ドクタークイン　大西部の女医物語』の舞台となった時代［一九世紀後半のコロラドが舞台］から、先を争って自家用車で休暇に出かける時代へと、私たちは一人の人間の一生ほどの間に移行したことになる。

荷物を背負ってどこまでも歩いていく時代が終わった。

第三章　アメリカナイズされた交易

近代以前の世界交易は細々としたものであり、二一世紀初頭の基準からすると、誤差にもならない程度の規模でしかなかった。東インド会社の紅茶の交易量は、一九世紀の初めには年間四五t、同世紀の終わりには年間一万三五〇〇tだったが、現在ではその同じ一万三五〇〇tが、およそ四五秒ごとに世界のどこかで積み下ろしされている。だが、この規模の小ささにだまされてはいけない。植民地化、列強同士の戦争、産業革命、奴隷貿易はいずれも、その誤差程度の小規模な交易がもたらした結果なのである。しかしながら、最近の数十年で、私たちの生活がかつての状態からとんでもなくかけ離れたところまで進んでしまったのも事実である。帝国主義が頂点に達した一九一九年でさえ、帝国内の交易と各国間の交易の合計は、GDPのわずか一〇％に過ぎなかった。「秩序」が終わろうとしている現在、その数字は三倍に増えている。帝国が姿を消したにもかかわらず。

その理由は、アメリカにある。

アメリカは第二次世界大戦後、経済的な強国として台頭するとともに、実質的な海軍を維持している唯一の国となった。一方、西欧諸国の人々は戦争で衰弱し、動揺していた。世界大恐慌で資本主義に失望し、二度の世界大戦で指導者たちに絶望していた。そこでアメリカは、条件をつけてヨーロッパ諸国の再建に同意した。その条件とは、もはや交易を自国の植民地圏内に限定しないこと、逆に言えば、ライバル国の船の航行を絶対に妨害してはならないこと、そして、もはや帝国をつくらないことである。

それと引き換えに与えられたものは、真に世界を一変させるものだった。アメリカは、あらゆる大陸のあらゆる国が、世界の海洋を全面的に利用できるよう保証した。かつてはきわめて紛争の多い戦略的環境だった海洋が、ディーゼルエンジンの巨大鋼船があふれんばかりに浮かぶ、機能的には国内と変わらない、安全な、単一の国際的水路となった。過去数世紀にわたり発展してきた技術がようやく、戦争の不安なく機能できるようになった（より正確に言えば、アメリカがその不安を解消した）。私掠《しりやく》や海賊行為もなければ、帝国主義的な押収や徴発もない。「グローバル」な輸送はこうして、帝国が大切に守ってきた特権から、グローバル経済の自由な循環システムへと移行した。

産業革命により、製品をA地点からB地点に輸送するコストは大幅に減少し、アメリカが提供するグローバルな「秩序」により、その輸送の安全性が大幅に向上した。こうして技術的基盤が変わり、地政学的環境が変わると、「成功をもたらす地理」は……ほぼ全世界に広がった。それにより私たち人間は、いくつかの点で予想外の方向へ向かうことになった。

▼影響①　船舶——より大きく、より良く……より遅く

グローバル化の時代になると、誰もが世界各地にアクセスして、製造や大量消費に参加できるようになった。付加価値の高い仕事は、もはや帝国の「中心」の専売特許ではない。だが、ほかの場所で製造するには、燃料や原材料が必要になる。ほかの場所で工業基盤やインフラを拡大するときも、同じである。ほかの場所で中流階級が増えれば、さらに多くの燃料や原材料が必要になる。

より多くの商品を輸送するには、より多くの船が必要だが、もはや帝国の「中心」同士の競争がこの世界の決定的特徴ではなくなった環境では、安全保障が最重要課題になることは、もはやない。競争は、武器や海上水路の支配権をめぐるものではなく、コストをめぐるものになったのだ。こうして企業の主たる関心事が安全から効率へ移行すると、船の増加だけでなく、船の改造も必要になった。

輸送におけるスケール・メリットは、四つの要因から生まれる。サイズ、人員、燃料、梱包《こんぽう》である。最初の三つについては、きわめて理解しやすい。

船を建造するための資本コストは、サイズが大きくなればなるほど増えるが、直線的に増えるわけではない。船のサイズを二倍にしても、建造コストはおよそ八〇%増えるだけだ。*船のサイズをコンテナ七五個分から一五〇個分、三〇〇個分、六〇〇個分、一二〇〇個分、二五〇〇個分、五〇〇〇個分、一万個分、さらには現代の上限である二万個分まで倍増していくと、

コンテナ一個当たりの節約額は八〇％以上になる。同様に、一万個のコンテナや五〇〇〇ｔの鉱石を輸送するのに必要な人員数は、一〇〇〇個のコンテナや五〇〇ｔの鉱石を輸送するのに必要な人員数と比べても、さほど多くはならない。また燃料の利用率も、船のサイズと同じような傾向に従い、船のサイズを二倍にすれば、およそ二五％減少する。

次に速度について考えてみよう。燃料費は、航行コストの六〇％を占める。高速で航行すれば、低速で航行するよりもはるかに多くの燃料を消費する。この問題を解決するには、どうすればいいのか？　安全性が確保されているのであれば、低速で航行すればいい。実際、現代の大型船が時速二八km以上出すことはめったにない。[†]バルク貨物を運ぶばら積みの貨物船になると、大半が時速二二km程度だ。

そしてもちろん、あらゆる船がよりゆっくり航行するようになれば、海洋に浮かぶ積荷の量がさらに増えることになる。この問題を解決するには、船を増やすか、船を大型化するかではなく、船を増やすとともに、船を大型化する必要があった。

結果的に現代の貨物船は、単に大型化するどころか超巨大化した。現在アメリカのメキシコ湾岸地域から中国に大豆を輸送している船は、第二次世界大戦時に国策で建造されたリバティ級やビクトリー級の貨物船のおよそ八倍の規模を誇る。だがこの数字も、現代の基準で言えば

＊　この数値は、船舶の型や輸送する積荷に応じて大きく変動するが、大雑把に言えば八〇％増ぐらいになる。

†　船好きの人には一五ノットと言ったほうがいいかもしれない。

危険度の高い環境における船舶戦争保険の費用見積額

船舶の型	最大積載量（各単位ごと）	百万米ドル 概算中古価格 *	代表的な積荷の価格 **	2.5% の普通船舶保険の年間費用	5% の船舶戦争保険の7日間費用	0.375% の追加積荷保険の戦争終結までの費用（80% 保証）	危険度の高い地域における1単位ごと、7日間ごとの追加保険費用（米ドル）	船のおよそのサイズ 長さ×幅×深さ（m）
マースク・トリプルE	18,000TEU	$180	$630	$4.50	$9.00	$1.89	$605 / コンテナ	400×59×15
パナマックス・コンテナ船（拡張後）	12,500TEU	$130	$438	$3.25	$6.50	$1.31	$625 / コンテナ	366×49×15
パナマックス・コンテナ船（拡張前）	5,000TEU	$7.0	$175	$0.18	$0.35	$0.53	$175 / コンテナ	290×32×13
巨大タンカー	2,000,000バレル	$62	$200	$1.55	$3.10	$0.60	$1.85 / バレル	330×58×31
アフラマックス・タンカー	800,000バレル	$18	$80	$0.45	$0.90	$0.24	$1.43 / バレル	245×34×20
ケープサイズ・バルカー	196,000t	$33	$16	$0.83	$1.65	$0.05	$8.66 / t	280×45×24
パナマックス・バルカー（拡張前）	83,000t	$20	$7	$0.50	$1.00	$0.02	$12.29 / t	225×32×14
ハンディマックス・バルカー（フィーダー船）	59,000t	$12	$5	$0.30	$0.60	$0.01	$10.41 / t	190×32×11

*建造5年後の船の価格。ただし、ハンディマックスとアフラマックスは建造10年後のデータしかなかった。トリプルEは新規建造船の価格。金額は2017年3月の報告に基づく概算である。
**石油は$100/バレル、石炭は$80/t、衣類は$35,000/TEUとして計算。

出典　アセニアン、クラークソン、マースク、ZoGリサーチさほど驚くべきものではない。一九四五年の標準的な船と比較すると、現代のコンテナ船は一六倍、現代のタンカーは四〇倍以上の規模に達している。この数字は、船や積荷の種類によって大きく変わるが、全体的に見れば、人員、燃料、サイズなどすべてを含めた現代の貨物船のコストは、第二次世界大戦時代の船に比べ、積荷一単位当たりおよそ四分の一でしかない。*

だが私はまだ、スケール・メリットを生み出す要因のうち、最初の三つ（サイズ、人員、燃料）しか論じていない。第四の要因（梱包）は、これらとはまったく方向性が異なる。

▼影響② コンテナ化――より良い箱をつくる

冷戦を背景にしたブレトンウッズ体制により、自由貿易や新次元のグローバル化に必要な条件が整えられたが、現場の実情は、現在知られているようなものではなかった。輸送コストは劇的に減少したかもしれないが、重大な問題がシステム全体に手つかずのまま残っていた。

それまでは、商品を輸送するためには、その商品をトラックに積んで倉庫まで運び、そこでトラックから下ろして倉庫に入れ、また倉庫から出して埠頭《ふとう》に持っていき、埠頭で労働者の手を借りて梱包し、パレットに載せ、また別の労働者の手を借りて滑車でパレットを持ち上げ、

＊　今日の大型貨物船はあまりに巨大であり（世界最大とされる台湾企業エバーグリーンのA級コンテナ船は、現代の世界最大の建物より大きい）、もはや船のサイズは上限に達しているのかもしれない。結局これらの巨大船も港に入れなければならないが、巨大化すれば、どの港も対応できないほどの喫水深が必要になる。

船倉に入れ、さらに別の労働者の手を借りてパレットを固定しなければならなかった。こうして船は、ようやく海原へと出航するが、目的の港に着いたら、検査のために、また別の労働者の手を借りて先ほどのパレットを下ろし、さらに別の労働者の手を借りてパレットをトラックに載せ、鉄道駅構内まで運び、またしても別の労働者の手を借りてそれを鉄道車両に載せ、荷下ろしする施設まで輸送し、そこでパレットを下ろして別のトラックに積まなければならない。そこでようやく、実際にその商品を買う人がいる場所へ商品が届けられた。

これを毎回毎回、一商品ごとに行なうのである。

物流の面でもコストの面でも、いちばんの問題は、港そのものにある。数千種類もある商品からそれぞれの商品を選り分け、それを埠頭に下ろし、物理的な検査を行ない、たいていはそれをまた船に積み戻し（邪魔になるため）、またそれを下ろして、現地の倉庫に運び込んでようやく、顧客に送り届ける準備ができたことになる。船が増えるとともに大型化すると、それだけ倉庫を増やすとともに大型化していかなければならず、倉庫は港からどんどん離れていく。すると積荷を入れ替える工程がますます増え、ますます混乱をきわめ、ぐずぐずと時間がかかるようになり、渋滞が船そのものにまで及ぶことになる。一般的に、海上輸送の出発点と終点に位置する港ではそれぞれ、これらの作業に五日の時日と無数の港湾労働者が必要であった（それに加え、船の側にも日焼けした大勢の甲板員がいる）。これらすべてが、さまざまな窃盗や不正の機会を無数に生み出す頭痛の種にもなっていた。そう考えると、二〇世紀初頭には港湾作業が輸送コスト全体の半分を占めていたのも不思議ではない。

だがそれも、ある方法を見つけるまでのことだった。つまり……モノを箱に入れるという方法である。

一九六〇年代になると、貿易量がますます増え、この梱包・再梱包にまつわる問題を解決せざるを得なくなった。その解決策として登場したのが、いくつかの規格の輸送ボックス、つまり「コンテナ」である（主流となったのは、二〇フィートコンテナ〔容積約三三㎥〕と四〇フィートコンテナ〔容積約六五㎥〕である）。列車やトラック、セミトレーラーで大量のコンテナが運ばれていくのを誰もが一度は見たことがあるに違いない（コンテナ船の積載能力を示す単位であるTEUは「二〇フィートコンテナ換算単位」、FEUは「四〇フィートコンテナ換算単位」を意味する）。

このコンテナ化によって、輸送は一変した。とりわけ変化したのが、船舶や港湾での作業である。

いまでは商品は、規格化されたコンテナに製造工場で詰め込まれ、密封される。そのコンテナはトラックに連結されて港まで運ばれ、港でトラックから外され、同種類のほかのコンテナと一緒に積み上げられる。船の準備が整ったら、コンテナはクレーンを使ってそのまま（重量バランスを考えて適切な順序で）船に積み込まれ、力仕事よりもキーボード操作に熟達した少数の船員によって海を渡り、目的の港にあるコンテナターミナルに下ろされる。このように、港で梱包を解く作業や再梱包を行なう作業がまったくなくなったため、港にはもう、設備や作業人員のためのスペースを除き、倉庫をつくる必要がなくなった。いまや必要なのは、コンテナの山をいくらでも置ける平坦な土地だけだ。時間になれば、コンテナは（場合によっては鉄道で少し運ばれたのちに）クレーンでそのままトラックに積まれ、そのなかの商品が利用される最終目的地へと運ばれていく。そこで、商品の梱包が解かれることになる。

原則として（たいていは実際の現場でも）、この間にコンテナが開かれることは一度もない。

これを、もっと身近な例を挙げてわかりやすく説明してみよう。引っ越しを経験したことがある人なら、たいていの家庭の家財道具一式は一八輪トラックの箱型の荷台に収まることを知っている。この一八輪トラックには、四〇フィートコンテナ（つまり一FEU）を載せられるものもある。いまここで、家財道具を数日間どこかに保管しておかなければならないような引っ越しについて考えてみよう。そのときあなたは、元の家で梱包してきた荷物を解いて保管施設に家財道具一式を詰め込み、引っ越しの準備が整ったら、またそれを梱包してトラックに積み込む選択をするだろうか？　それとも、新たな家の鍵が手に入るまで、四〇フィートコンテナに家財道具一式を入れ、それをどこかの駐車場に置いておく選択をするだろうか？

これにさらに海洋横断を加え、この一連の作業を年間二億回繰り返すことを想像してみよう。グローバル経済がコンテナによっていかに変化したかが理解できるだろう。コンテナの中身は何でもかまわない。起亜《キア》自動車の車でも金柑《きんかん》でもいい。ボーキサイトでもバーで使う道具でもいい。コンテナの総重量が上限を超えないかぎり、どのコンテナも同じように扱える。

この規格化を実現するには、何が必要だったのか？　「秩序」である。つまり、グローバルな安全、グローバルな商取引、グローバルな資本、グローバルな尺度が必要だったのであり、サイズ・重量・形状・錠の統一規格で全世界を構築し、どのコンテナもサプライチェーンを通じて滞ることなく移動できるような信頼性を提供しようという、圧倒的な意欲が必要だったのだ。一九六六年には、早くもその効果が明らかになっている。海上輸送の出発点と終点における港湾作業の総所要時間が、かつての三〜五週間から二四時間未満に減少した。輸送コスト全体に占める港湾作業コストの割合も、半分から五分の一未満に低下した。こうして、一九六〇年代初頭には事実上ゼロだったコンテナ船による輸送が、二〇一九年には世界の貿易額全体のおよそ五〇%を占めるに至った。

再設計されたのは、船や船荷の輸送方法だけではない。港も変化した。

▼影響③　港——より大きく、より少なく……どこにでも

港は、原材料を集荷するためであれ、生産品を配送するためであれ、常に内陸と容易にアクセスできる必要があった。産業革命以前の時代には、その必要を満たしていたのは主に河川だった。その好例がハンブルク、ニューオーリンズ、上海である。あるいは少なくとも、港には海洋に隣接する広大な平地が必要だった。これに相当するのが、サンクトペテルブルク、ロサンゼルス、バンコクである。だが、コンテナを利用できる現代では、港に必要なのは道路アクセスだけだ（鉄道にもアクセスできれば、それに越したことはない）。かつては希少な（それゆえに獲得が難しい）地理的配置が求められたが、いまでは土地コストや労働コスト、電気コストが許すかぎり、都市部以外にも港を配置できる。その典型例が天津、サバンナ（アメリカ）、セントジョン（カナダ）である。

だが、コストの低下とコンテナの利便性とによって、港の設置場所について悩む必要がなくなる一方で、港の運営そのものは難しくなった。あらゆる商品の輸送がコンテナ化されたいま、港は莫大な量の商品の通過点としての役割を果たす必要に迫られたが、船の規模が増すにつれ、対応できなくなる港も現れ始めた。

まず姿を消したのは、大洋を横断してやって来る新型の巨大船に対処できない、中規模以下の地方港だった。積荷は、新たな巨大メガコンテナ港に向かうか、地域の流通を管理するごく小規模な港に向かうかのどちらかだが、メガコンテナ港がますます多くの積荷を引き寄せ、ますます巨大化するにつれ、小規模な流通拠点は消えていった。結局のところ、大規模な港に鉄道を接続すれば、これまで小規模な港が担っていた流通網へも積荷を輸送できる。こうして河川を遡上《そじょう》した先にある港、特に遠洋航行船に対応できない小規模な港は不必要になっていった。

この種の経済的な再編は世界中で見られ、地域的な拠点を目指す競争が一斉に勃発した。単一の都市圏の需要のみを満たしていた港（パリ、ロンドン、ブルックリン、セントルイス、シカゴ）は、ほぼ消滅した。それに代わり、大規模なコンテナ流通を促進する形態へと転身できた港（ロッテルダム、フィーリックストウ［イギリス］、ニュージャージー、ヒューストン、タコマ）が、爆発的に発展した。

つまり、船の規模が大きくなるにつれて港の数は減り、それとともに、残った港の規模は徐々に巨大化していった。

やがて、これまでに挙げた三つの影響（船舶、コンテナ化、港）すべてが重なり、海運業は王者となった。

二〇〇〇年から二〇二〇年までの間に、大西洋または太平洋を横断してコンテナを輸送するコストは、一個当たりおよそ七〇〇ドルになった。別の言い方をすれば、靴一足当たり一セントである。その結果、従来のチョークポイント〔安全保障上、重要とされる海上水路〕でさえ、コスト的にはさほど問題ではなくなった。世界最大級とされるマースク・トリプルE級コンテナ船は、スエズ運河を通行する際におよそ一〇〇万ドルの通行料を支払っているが、この船は一万八〇〇〇個余りのコンテナを積載している。コンテナ一個当たりの通行料は、およそ五五ドルでしかない。靴一足当たり一セント未満である。こうした輸送が一般的になった結果、二〇一九年には中国のリサイクル産業が、低品質のリサイクルごみの輸入に制限を設けざるを得なくなった。

船の巨大化や低速化とともに積荷がコンテナ化され、商品のコスト全体に占める輸送コストの割合は一％未満にまで減少した。工業化以前の時代には、この数字が概して四分の三を超えていた。遠洋航海の時代以前には、九九％以上を占めることもざらにあった。

ロンドンと東京、上海とシドニー、ニューヨークとリオデジャネイロの間をトラックや列車で荷物を運ぶことはできない、というごくささいな問題はさておき、車や列車による輸送と船による輸送とでは、比較するのがばかばかしいほどコストに差がある（たとえ道路や線路が整備されていたとしてもである）。最近拡張されたパナマ運河をぎりぎり通行できるよう設計された巨大な船と同じ量の貨物を鉄道で運ぼうとすれば、六四km以上の長さの列車が必要になる。トラックであれば六五〇〇台分である。

輸送コストが限りなくゼロに近くなったいま、それに合わせて、ほかのあらゆるものの規模も変化した。

▼影響④　都市――爆発的な規模の拡大

産業革命以前は、都市に必要なものを集める動力源は風力、水力と筋力しかなかった。そのため、都市の規模は著しく制限されていた。

その後、工業化の時代になると、その技術により都市の範囲が桁違いに広がるとともに、かつてない方法で資源を集積することが可能になった。だが、この拡大により、都市はますます貪欲になった。都市が規模を増すとともに経済活動も増し、その活動に欠かせない物資がさらに必要になった。かつては、都市の木炭需要を満たすためには、都市面積の一〇〇倍の土地が必要だと言われていたが、そのころになると、食料となる小麦、鉄鋼をつくるための鉄鉱石、燃料となる石油、コンクリートをつくるための石灰岩、電線をつくるための銅などが求められるようになった。

都市は必要に迫られて、より広い地域へとその範囲を広げ、領土を拡大して帝国と化した。アメリカは西部を征服して、西部の豊富な農産物や天然資源を東海岸の諸都市に注ぎ込んだ。日本は満州で同じことをした。ヨーロッパ諸国は植民地から物資を獲得した。新たな技術の性質そのものが、帝国の膨張と利用権にまつわる紛争を生み出し、それが競争や相互憎悪の一因となり、結果的に二度の世界大戦を引き起こした。

さらに、第二次世界大戦後にアメリカがもたらした「秩序」により、都市の拡大を抑える理論的制約も取り除かれた。いまでは石炭や食料どころか人間さえも、ほかの国から運んでくることができる。文字どおり、世界中のどこからでもだ。都市はもはや、何らかの物資を獲得するために、どこかの場所を支配する必要はない。世界全体から物資を獲得できるため、どんな都市でも規模を拡大できるようになったのだ。

▼影響⑤　サプライチェーン——ローカルに生産し、グローバルに販売する

工業化以前の世界の拠点となったのは、帝国の中心地だった。帝国の中心地はいずれも、温暖な気候、平坦な土地、海洋（あるいは河川）へのアクセスがみごとに融合した環境にあり、地域的な競争において優位に立つだけでなく、周囲の土地を征服して版図を広げる力や安定性も十分にあった。やがて工業化時代が幕を開けると、これらの中心地は、数世紀にわたって蓄積していた富や知識を利用して、大量生産に乗り出した。

だが、どの中心地も共通の制約に直面した。生産プロセスのあらゆる段階で、同じ投入物が同じだけ必要とされるわけではない。鉄が必要な段階もあれば、労働力が必要な段階、石炭が必要な段階、博士号を持つ人材が必要な段階もある。それでも、ほかの帝国を信頼する帝国などどこにもなかったため、それぞれの帝国の中心地で、なんとか、やりくりするほかなかった。

他国から切り離されたシステムのなかで、用心深く生産プロセスのあらゆる段階に対処しようとしたのだ。

ところが、アメリカ主導の「秩序」が始まると、すべてが一変した。アメリカは、同盟国間の紛争を禁止するとともに、国内の通商と同じようにグローバルな輸送を全面的に保護した。こうして輸送は、ほとんどコストのかからない不可侵な聖域と化した。

どの国にとっても「安全」な世界では、「成功をもたらす地理」に恵まれた国々が、ほかの国を支配したり、搾取したりすることはできなくなった。すると、やや予想外の事態が起きた。これまで一国の盛衰を決める重大な役割を担ってきた地理が、単なる背景の雑音に過ぎなくなったのだ。これまで取り残されてきた地域も、いまや安全に発展できる。

かつての帝国の中心地が、この事態を過度に不安視することもなかった。中心地が得意でない作業（アルミ合金から送電線をつくる、靴を修繕するなどの比較的付加価値の低い作業）を、効率よく優位にその作業を行なえる国（このグローバル化されたシステムのなかで新たに台頭してきた国）にアウトソーシングすればいいからだ。アメリカにより輸送が聖域化され、輸送コストがますます低下したおかげで、かつては一つの都市のなかですべて行なってきた作業を、全世界の無数の地域に分散させることが可能になったのである。

それまでは、原材料および最終生産物「だけ」が輸送されていたが、あらゆる段階の中間生産物が無数に輸送されるようになった。こうして、現代の多段階生産サプライチェーンシステムが誕生した。一九六〇年代には、こうしたサプライチェーンが一般的になり、とりわけ自動車産業や電子機器産業で発展した。

このようなシステムのなかに飛び込んで発展を果たした国は、韓国、ブラジル、インド、中国を筆頭に、数十カ国に及ぶ。一方、ブレトンウッズ以前の数十年あるいは数百年の間に発展を経験していた「中核」地域の多く（アメリカの鉄鋼業地帯やイギリスの運河地域が思い浮かぶ）は、これまで無視されてきた新興の競争相手の猛攻にさらされ、忘れ去られていった。

冷戦期および冷戦後の時代にはグローバルな安定が維持されていたため、このシステムに参加する国が次第に増えていった。ただし、これらの新たな国々は、参加した時代が違うだけでなく、発展のペースもそれぞれ違った。その結果、世界中に技術レベルが大きく異なる国が次々に現れた。

現在、西欧や日本、英米には、先進的な技術主義経済があり、北東アジアや中欧には先進的な工業経済がある。また、ヨーロッパ東南部やラテンアメリカ、アナトリア半島、東南アジアには急速に工業化しつつある経済があり、中国や南アジア、ラテンアメリカ、旧ソ連構成国には混合経済がある。そして、複雑化するサプライチェーンが、それらの国をつないでいる。それはすべて、輸送規模の拡大と輸送コストの低下により可能になった。その二つの要因が、経済の大規模な発展や統合を生み出し、さらなる輸送規模の拡大と輸送コストの低下を促した。

船の規模の拡大、コンテナ化、港の進化により、隣国との交易を阻害してきた数々の摩擦が解消されただけではない。海洋を越えた、真にグローバルな多段階交易が可能になると同時に、それがごく日常的なもの、標準的なものにまでなった。現在、全世界の貿易量のおよそ八〇％、全世界の貿易額のおよそ七〇%を、遠洋航路船が担っている。

▼切り離される

技術が成熟し、輸送システムが発展・多様化するにつれ、対照的な二つの事実が相重なって現代のシステムを特徴づけるようになった。

第一に、工業技術が大幅に利用しやすくなった。鉄鋼を鍛造《たんぞう》するのは、鉄鋼を線路に加工するより難しい。鉄鋼を線路に加工するのは、線路を敷設するより難しい。線路を敷設するのは、列車を運転するより難しい。列車を運転するのは、鉄道車両に荷物を積み込むより難しい。帝国主義が終焉しても、オランダや日本などの国は、植民地に設置した鉄道を本国に持ち帰ることができなかった。そのためかつて植民地だった国は、その資産を回収して容易に活用することができた。工業化以前の技術は職人技を必要としたが、工業化時代（とりわけデジタル時代）の技術の大半は、電源を入れれば誰でも利用できる。

第二に、工業技術を維持するのが、大幅に難しくなった。輸送の距離を気にせずにサプライチェーンを多様化できるのであれば、生産を何十あるいは何千もの工程に分割したほうが、経済的に有利になる。だがそうすると、機器のある一部をつくる労働者は、その作業に習熟する一方で、ほかの工程については何もわからない。二酸化ケイ素を精製する労働者は、シリコンウエハーをつくることも、マザーボードを組み立てることも、プログラミングを行なうこともできない。

この技術の拡散と専門化が重なると、きわめて明確な（かつ不吉な）結論にたどり着く。ある場所である人々が消費する商品は、その場所でそこの人々が生産している商品とは関係がない。つまり、消費と生産の場が切り離されている。私たちが安全かつ大規模な輸送を必要としているのは、もはや生産と消費をつなぐためだけではない。生産と消費そのものを支えるためでもある。

もちろん、これはすばらしいことだ。工業化とグローバル化が重なり、史上最速の経済成長が実現され、世界中の何十億もの人々の生活水準が劇的に向上した。工業化以前の世界は衝撃的なほど不平等だったが、工業化とグローバル化の合わせ技により、非熟練労働者の生活を向上させることができただけでなく、かつてないほど多くの人間の知識や教育水準を、かつてないほど速く、かつてないほどのレベルに高めるという、一見不可能に見える課題さえ成し遂げた。

だが、それよりもはるかに多くの意味で、これはひどいことなのだ。

第四章　大いなる揺り戻し

まずは、このカンニング用の箇条書きリストを注意深く読んで、頭のなかを整理してみてほしい。

・現代の船は、肥え太った野獣だ。コンテナ船は全速力で走っても、時速四七㎞が限度だ。ばら積み船はその半分の速度である。現在、民間が利用できる最速の船はクルーズ客船だが、その理由は主に、中身がほとんど空っぽだからだ。クルーズ客船を改修してトウモロコシを輸送すれば、速度は遅くなる。
・現代の遠洋航行コンテナ船は、数千ものコンテナを積んでいるが、その半分以上は、さまざまな工業製品の製造に欠かせない中間生産物で占められている。
・これらの中間生産物をつくる労働者は、各製品の特定部分を製造する方法しか知らない。しかもそれは、さほど質を問われない部分である場合が多い。

・有能な国は、能力を必要としない仕事もできる。たとえば、サーバー・ファーム用のチップを製造する半導体工場は、自動車やおもちゃ用のチップを製造することもできる。しかし、その逆は成り立たない。
・現代の港は数が少なく、互いに離れており、巨大であっても需要のある場所の近くに配置されていない場合が多い。
・現代の都市はあまりに巨大化し、その経済はあまりに専門化しているため、広大な地域どころか、全世界に常にアクセスしていなければならない。

これらの点で中心的な役割を担っているのが、安全で安価な輸送である。その輸送が妨げられれば……残りのすべてのものも瓦解する。

工業技術は導入しやすいため容易に拡散していったが、これは諸刃の剣でもある。どことでもつながる現代の輸送ルートが、何らかの理由で分断されれば、現代世界の工業レベルを維持できるほどの能力を持つ人材はほとんどいない。労働者は、過度に専門化されているか、何の技能も有していないかのどちらか、あるいはその両方でしかない。このことは、この世界が一般的に思われているよりも異様なことを物語っている。さらに悪いことに、現代の都市生活を支えるには、世界中に散らばる多くの人々や地域に絶えずアクセスしなければならないが、都市はその人々や地域に対して何の影響力も持っていない。要するにどの地域も、工業化したときよりもはるかに速いペースで、脱工業化するおそれがある。今後、輸送がどうなるかによって、それが決まるのだ。

脱工業化は、一般に思われているよりも、はるかに速く進むかもしれない。肥え太って素速く動けない、あの巨大船について考えてみよう。

たとえば、一九八〇年代に起きたイラン・イラク戦争である。一九八三年、この紛争が膠《こう》着《ちゃく》状態に陥ると、どちらも敵国を経済的に追い詰めようと、相手国の商船にミサイルを浴びせた。これにより、総計およそ三〇〇隻の船が攻撃され、そのうちおよそ五〇隻が使用不能になり、一二隻が沈没した。これは、当時の世界中の海運の規模に比べれば、ごくささいな出来事でしかない。

ところが、このわずかばかりの出来事によって崩壊しかけたのが……世界中の保険産業だった。

当時、アメリカによる海運の安全保障は鉄壁だと思われていた。実際、世界的に見ても、数十年間にわたり衝突はほとんどなかった。一九五〇年ごろから一九七五年にかけての時期には、船舶への攻撃はゼロである。そのため、海上保険会社の保険金支払いは、あってもごくわずかなものだった。多額の現金を用意してそのような事態に備えるのは、イリノイ州での地震による保険金請求に備えて何十億ドルもとっておくようなものだったのだ［イリノイ州で記録された最大の地震は一九六八年のマグニチュード五・四］。

そんな状態のなか、イラン・イラク戦争による保険金請求が相次ぐと、保険会社はたちまち運転資金不足に陥った。そこで保険会社は、再保険会社に保険金を請求したが、再保険会社もたちまち資金不足に陥った。すると間もなく、保険産業全体が危機に陥っているということにあらゆる保険会社が気づいた。火災保険会社も、自動車保険会社も、住宅ローン保険会社も、医療保険会社もである。ほとんどの保険会社は、大手金融機関を通じて債券市場とつながっているからだ。破局が迫っていた。

この大規模かつ世界的な金融崩壊を阻止できるのは、アメリカ政府だけだった。レーガン政権は、①ペルシャ湾を航行する、イラン以外の船舶を物理的に護衛する、②護衛する船舶すべてをアメリカ船籍に変更する、③その船舶すべてに全面的な政府保障を提供する、という三つの決定を下した。貿易大国でもなく、大した金融産業さえ持たない二国の局地的な軍事衝突が、瞬く間に重大事となり、世界的な金融崩壊を防ぐために、軍事力、資金力、法的権限を備えた唯一の超大国が対処せざるを得ない事態となったのだ。

同じような出来事が、いま起きたらどうなるかを想像してみてほしい。アメリカは一九七〇年から二〇〇八年までほぼずっと、ペルシャ湾に航空母艦の一船団を派遣していた（一九九一年の砂漠の嵐作戦以降は通常、二船団となった）。そのため、一九八三年に商船を護衛する決定を下した際には、監視パターンをわずかに変更するだけでよかった。ところが、二〇一五年以降になると、アメリカがこの地域に何カ月も大規模な船団をまったく派遣しない状態が普通になった。二〇二一年末には、この地域全体から陸軍の駐屯部隊すべてを撤収させている。アメリカを除けば、軍事・防衛アセットをペルシャ湾に持ち込めるほどの強国は、フランス、イギリス、日本、中国しかない。しかし、そのなかでも、実際に武力行使できるほどの技術力を備えているのは日本だけであり、実効性のある船団を組めるほどの艦船を有している国は一つもない。

攻撃を受ける船が、ばら積み船ではなく、コンテナ船だったとしたらどうだろう？　一隻のコンテナ船は、何万（何十万？）もの製品を収容したコンテナを何千と積んでいる。一九八〇年代には、沈没した船でさえのちに回収され、使用され続けたが、現代のコンテナ化された貨物では、そんなことはありえない（それに、マザーボードの部品が数日間ペルシャ湾の底に沈んでいたパソコンなど誰が買うだろう？）。

また、そんな出来事が、ほかの場所で起きたらどうだろう？　一九八〇年代のイランとイラクの経済は付加価値経済からはまったくかけ離れたもので、消費は地産地消に限られており、製造業の供給システムにも組み込まれていなかった。だが、バルト海や東シナ海、つまりヨーロッパやアジアの製造業の要となる場所で商船が攻撃されたら、どうなるだろう？　現代のコンテナ船は、単一の製品をある港から別の港へと運ぶのではなく、あちこちの港を巡航している。複数の港を訪れ、行く先々で、多種多様な製品を詰め込んだコンテナを積んだり下ろしたりしている。そのなかのいずれかの船が、輸送できなくなったり、積荷を引き渡せなくなったりすれば、複数の産業、複数の地域の何百、何千ものサプライチェーンへと、その影響は雪崩《なだれ》のように広がっていく。ごく一部の港でわずかな遅れがあっただけで、産業全体を調整しなければならなくなるかもしれない。実際に船ごと失うとなれば、なおさらである。一台の自動車をつくるには、三万個の部品が必要だとよく言われるが、部品が二万九九九九個しか集まらなければ、巨大サイズの文鎮にしかならない。

さらに、そんな出来事が一度ではなかったとしたらどうだろう？　一九八三年と二〇二二年とでは、海上輸送の規模がまったく異なる。サプライチェーンの細分化、富の増加、参加国の増加により、現代の全世界の海運貨物の総額は、六倍になっている。過去二五〇年間のデータを使って大雑把に計算すると、輸送コストが一％減少するごとに、貿易額がおよそ五％増加している。それを逆算する暇もないうちに、貿易で強化された現代世界は、麗しき思い出と化すことだろう。

結論。私たちの知っているこの世界は、著しく脆弱だ。しかもこの世界はいま、再設計にとりかかろうとしている。現代の経済的展望は、アメリカの戦略的・戦術的監視に依存しているどころか、それなしには考えられない状況にあるが、アメリカが手を引けば、長距離の海上輸送は、当たり前のものから例外的なものになる。人口の崩壊により大量消費の時代が終われば、大規模な統合を支えていた経済的論拠もすべて崩れる。いずれにせよ、これまでの「普通」は終わりに向かっており、間もなく終わることになる。

▼来るべき世界——危険を招き寄せる国、危険を回避する国

アメリカ主導による「秩序」がもたらした、きわめて奇跡的だが、ある意味予想外な結果とは、大規模な多国間貿易システムにこれまで参加できなかった地域を大きく変えた点にある。大半の地域は、経済活動を自然に促進するような地理的特徴を備えていない。西欧や北米に見

られる温暖な気候や密な河川ネットワークである。

だが「秩序」は、こうした地理の重要性を低下させた。自国の国境も自国の対外貿易も、いまやアメリカが守ってくれる。その結果、これまで発展できなかった地域や、あちこちの帝国に踏みにじられてきた地域も、独立国として発展できるようになった。つまり、一九四五年以降の時代に経験した人類史上最大の経済成長は、最近まで軽視されていた地域や最近まで経済的に不要とされていた地域のベース効果によるものだった。だが、アメリカが「これはうちの農地ではない」という考え方をするようになれば、それらの地域で、混乱に陥る傾向が高まると同時に、その混乱による影響が強まる。それどころか、ほかの地域でも同じことが起こるだろう。

間もなく不安定化するであろう地域の筆頭候補は、アジアの第一列島線とその沿岸部の領域だ。つまり、日本、中国、韓国、台湾、および、これらの国々ほどの混乱はないものの、フィリピン、ベトナム、インドネシア、マレーシア、タイ、シンガポールを含む地域である。この地域では、南から北へ向かうにつれて、あらゆる天然資源が徐々に減っていき、反対に北から南へ向かうにつれて、製造業の生産額や生産量が減っていく傾向にある。極端に多い資源の需要、世界一長い供給ライン、大幅な輸出依存を特徴としており、以前から競争が激しい地域でもある。その結果は？　どこもかしこも中間生産物だらけで、そのすべてが海上輸送されている。

このように、脆弱でありながら統合されたシステムは、外的な力がルールに従った行動を強要する安全保障環境下でのみ成立しうる。だが東アジア諸国は、アメリカの監視があったなかでさえ、地域的な協力システムを構築できず、軍事衝突を回避する外交的な調整弁を設けることもできなかった。中国は日本を憎悪しており、日本は（いまでも無意識のうちに）朝鮮半島や中国大陸を植民地扱いすることを望んでいるようにも見え、台湾は核抑止力を求めており、韓国はどの国も信用していない。

さらに悪いことに、日本という顕著な例外を除き、これらの地域大国には、自国の供給ラインや貿易ルートを守る能力がない。そのなかで、最悪の立場にいるのがどの国なのかを指摘するのは難しい。韓国と台湾は、アメリカ海軍の戦略的監視にほぼ全面的に依存しており、中国は、重要な市場や資源にアクセスする際に、敵意を抱く複数の国（第一列島線のあらゆる国が中国に敵意を抱いている）の水域や、六カ所以上に及ぶチョークポイントを通過しなければならないが、それを護衛すべき海軍には、ほぼ沿岸作戦を遂行する能力しかない。*

中国のファシズムは、これまでのところうまく機能してきた。だが、人口の高齢化による国内消費の壊滅的な縮小、脱グローバル化による輸出市場の喪失、必要不可欠なエネルギーや原材料の輸入ルートを保護する能力の欠如が重なれば、その自己陶酔的な国家主義に対して社会の不満が高まり、それが中国共産党を崩壊させるきっかけになるかもしれない。中国の歴史をふり返れば、政府が市民に物資を提供できなくなった際に、そのような事態が何度も起きてい

＊　いや、それは気にしなくていい。取り消そう。全体的に見れば、中国はもっと悪い状況にある。

る。

となると、日本がこの地域を引き継ぐように見えるかもしれないが、未来はそれほどうまくはいかない。確かに、日本の海上防衛力は優れており、中国を数週間抑えつけることも、海上衝突のタイミングや場所を選ぶこともできる。だが中国には、さまざまな弱みがあるとはいえ、沿岸から数百km以内の標的を攻撃できる能力がある。その範囲には、日本列島の一部だけでなく、韓国の大半や台湾全域も含まれる。中国の統治体制が完全に崩壊しないかぎり（そのような事態が、中国史上何度も起きていることは認めざるを得ない）、この地域一帯はあらゆる海上輸送にとって危険地帯となるだろう。

これほど「秩序」の恩恵を受けてきた地域はほかになく、これほど「秩序」の終焉により苦しむ地域もほかにない。そして、どこかの国がどこかの商船に発砲した瞬間、現代の製造業に関するあらゆる常識が崩れ去る。

懸念される第二の地域は、ペルシャ湾沿岸である。その理由はさほど難しいものではない。この地域の気候は乾燥しており、砂漠化しているところもある。通常そのような気候では、人口が低く抑えられるどころか、ごくわずかとなるが、この地域には石油があり、それが状況を一変させた。

グローバル化のもとでは、アメリカが武力でペルシャ湾を監視するとともに、この地域の政治の詳細に至るまで関与せざるを得なかった。石油はグローバルな貿易の原動力となり、グローバルな貿易はアメリカの同盟関係の原動力となり、アメリカの同盟関係はアメリカの安全保障の原動力となった。ペルシャ湾が比較的平穏な状況でなければ（歴史的な基準で見れば、一九五〇年以降のペルシャ湾は比較的平穏だった）、アメリカのグローバル戦略は、何の成果もあげられなかったことだろう。

その石油が、アメリカの軍事的な存在感と相まって、この地域の可能性を一変させた。遊牧するベドウィンや真珠を採取する海岸沿いの村、数千年に及ぶ灌漑により古くから塩害に悩まされていた土地。それらは過去のものとなり、この地域はいまや、未来的な都市、混雑する巨大複合施設、戦争で荒廃した都市や地方、奴隷寸前の底辺層が暮らす多くの地域が、不規則に入り混じった場所となった。

この地域は、石油や天然ガスを輸出しているだけで、ほかには何もつくっていない。食料、技術、電子機器、白物家電、衣類、携帯電話、コンピューター、機械類、飛行機、自動車、建築資材など、ほとんどのものを輸入している。さらには、労働者（熟練・未熟練を問わず）も、ラクダもである。しかも、炭化水素系の輸出物［石油や天然ガス］のほとんどが船で輸送され、輸入品もほとんどが船で輸送される。国際的な海運ネットワークが崩壊すれば、ホルムズ海峡を回避するルートにも、ほとんど価値はなくなる。かつてそのようなルートが設定されたこともあったが、それはイランの脅威を回避するためであって、「秩序」の崩壊を回避するためではない。

だからといって、この地域が人類の関心の対象から外れるわけではない。ペルシャ湾沿岸には石油があり、南アジアや東アジア、ヨーロッパのいずれもが、その石油を渇望している。しかし、この地域の大国はどこも、自国の海岸線を効果的に監視できる海軍を備えていない。そんな海軍には、地域の交通を護衛することも、ホルムズ海峡を出入りする船の安全を見守ることも、最終消費国へ向かうタンカーや遠方の供給国からやって来るばら積み船やコンテナ船を保護することもできない。

また、この地域全体にアメリカ流の安全保障を展開できるような外国勢力は一つもない。アメリカ軍は、自身が持つ過剰な殺傷力が過小評価されていると認識しており、それが異論のない事実であることを証明するかのように、軍事力を増強してきた。その結果、アメリカの海軍は、そのほかの全世界の海軍を合わせたよりも一〇倍以上優れた戦力展開能力を有するに至っている。

それほどの海軍力を誇るアメリカが去り、この地域にルールを強要することができなくなれば、数十年に及ぶ世界的な不況が確実になるとともに、日本、イギリス、フランス、インド、トルコ、中国の六大国が、流血の混乱のなかから資源を回収しようと、無為な努力を重ねることになるだろう。つまりはめちゃくちゃになるということだ。

警戒すべき第三の地域は、ヨーロッパである。現代のヨーロッパは、文化、民主主義、平和の地域だと考えられている。歴史から解放された地域というイメージである。だが、歴史から解放されたのは、アメリカがあらゆるヨーロッパ的なものを再編成したからにほかならない。このうわべだけの平穏の裏側には、世界史上最も戦争に苦しめられた、戦略的に不安定な土地が眠っている。現代のヨーロッパは、ブレトンウッズの全面的な成功を最も純粋に体現していると言える。

今後のヨーロッパはさまざまな問題を抱えることになるが、そのなかでも突出しているのが以下の四つの問題である。

・第一の問題は、エネルギーである。ヨーロッパ諸国は、アジア諸国以上にエネルギーを輸入に頼っており、この問題を解決する方法について大国相互の意見が一致していない。ドイツは、ロシアと取引しなければ戦争になると思っている。ポーランドは、ロシア以外の国との取引を望んでいる。スペインは、解決策は西半球にしかないことに気づいている。イタリアは、リビアを支配する必要があるのではないかと危惧している。フランスは、アルジェリアに取引を強要しようとしている。イギリスは、西アフリカに目を向けている。どの国も正しく、どの国も間違っている。

・第二の問題は、人口構成である。ヨーロッパ諸国では高齢化が進んでおり、理論的に言って人口を増加させられるレベルをずいぶん前に通り過ぎている。つまり機能的に見れば、EUはいまや輸出国連合である。アメリカ主導の「秩序」がなくなれば、ヨーロッパ諸国は商品を輸出できる見込みがなくなり、現在のような形でヨーロッパ社会を維持できる見込みもなくなる。

・第三の問題は、経済的傾向である。最近はあまり意識していないかもしれないが、ヨーロッパ諸国は自分たちの血まみれの歴史を忘れてはいない。各国の指導者は、国民が自国の共同システムに帰属できるように、無数の意識的な決定を通じて、社会主義的な方向へ自国を再編してきた。その努力はみごとに功を奏した。だがそれは、アメリカが防衛コストの大半を負担して、ヨーロッパ諸国が自力では成し遂げられなかった成長を可能にした「秩序」があったからにほかならない。今後、脱グローバル化が進み、人口が高齢化し、世界各地の市場にアクセスできなくなれば、地政学的に見て、永続的な不況などといった甘いものではすまされない事態が予想される。私見では、ヨーロッパの社会民主主義モデルの中核的要素が生き残れるとは思えない。

・第四の、そして最後問題は、ヨーロッパ諸国が互いに平等ではないということだ。イギリスのようにいまだ影響力の強い大国もあれば、ギリシャのように身動きが取れなくなっている国もある。フランスのように変化の影響を受けにくい国もあれば、ラトビアのように脆弱な国もある。安全な国、豊かな国、過去に戦力を展開してきた国もあれば、弱い国、貧しい国、ドアマットのように歴史的に粗暴な扱いを受けてきた国もある。そのような状況のなかで最悪だと思われるのが、最大の経済大国であるドイツが、あらゆる面で中心的存在とならざるを得なくなる一方で、単独でも行動できる能力が最も高い二大国（フランスとイギリス）が安全策を採用し、ほかのヨーロッパ諸国から距離を置いている点だ。フランスが自国の影響力を利用して、ヨーロッパに恩恵を与えることなど、ほぼ期待できない。イギリスも二〇二〇年にEUから正式に離脱しており、イギリスから支援を受けられる見込みはまずない。

残念ながら歴史を見るかぎり、今後の道筋はきわめてはっきりしている。長距離海上輸送の確実性が失われ、これまでヨーロッパにとって最大の市場だったアメリカが、わが道を行くようになれば、ヨーロッパ諸国はいま手にしているサプライチェーンや市場を守ることを最優先するようになる。ヨーロッパはいま、「秩序」の時代における最も保護主義的な経済圏になろうとしているが、それは何の助けにもならない。

最終的には、さまざまな大国が経済的・文化的・（場合によっては）軍事的な網をより広い地域に張りめぐらせようとするなかで、いくつものミニ・ヨーロッパが生まれることになるだろう。イギリス、フランス、ドイツ、スウェーデン、トルコは、いずれも独自の道を進み、厳選した隣国に、とりあえず一緒に行動するよう誘いをかけたり強要したりするに違いない。統合は、それに応じて行なわれる。だがそれも、ペルシャ、ギリシャ、ローマ、ビザンチン、オスマントルコ、ドイツ、イギリス、フランスの歴史、あるいは中世や工業化初期の歴史を知る者たちから見れば、きわめてありふれたものでしかない。結局のところ、歴史に終わりはないのだ。

そうなるとヨーロッパ諸国は、地中海にとりわけ関心を向けるようになるだろう。「秩序」のもとでは、ヨーロッパ大陸に内在する美しい水路に過ぎなかったが、将来的には、世界一競争の激しい水路という、かつての状態に戻る可能性がきわめて高い。地中海はスエズ運河を通じて、ヨーロッパとペルシャ湾沿岸の石油、ヨーロッパと東アジアの工業とをつないでいる。

エジプトはスエズ運河地帯を防御できないだろうが、ヨーロッパのどの国も一国だけではエジプトを支配できない。地中海はまたトルコ海峡を通じて、ヨーロッパと旧ソ連構成国のエネルギーや余剰農産物とをつないでいる。トルコは間違いなく、この海峡を支配しようとするだろうが、トルコの前庭にあたるこの海峡で、トルコに対抗できる国はない。

こうした競争のなかに、歴史を学ぶ者にとって目新しいものは一つもない。むしろ、アメリカが競争を抑え込んでいたのが、歴史的に見て異例なのだ。アメリカはこれらの競争すべてを防いできた。数十年にもわたって。

世界全体に目を光らせる用心棒や仲裁者なしに、グローバル化を継続していくには、以下の三つの条件がそろわなければならない。

第一に、ある地域の大国すべてが、その地域の最強の大国の要求に従うことに同意しなければならない。たとえば、日本や台湾は、東アジアの構造的、経済的、政治的、軍事的配置を再編しようとする中国の取り組みに従う。フランスやポーランド、デンマーク、オランダ、ハンガリーなどは、ますます人口が高齢化していくドイツに富や支配権を自発的に委ねる。サウジアラビアやイラク、クウェート、カタール、バーレーン、アラブ首長国連邦は、イランによる地域管理や石油政策に従う。ウクライナやエストニア、ラトビア、リトアニア、スウェーデン、フィンランド、ポーランド、モルドバ、ルーマニア、ウズベキスタンは、それらすべての国の支配権を再び要求するロシアへの抵抗をあきらめる。パキスタンは、大国となって主導権を握るインドに従う。イランやイラク、シリア、ロシア、ドイツは、大きな影響力を持つほど自国を強化したトルコの要求に応じる。アフリカ諸国は、再開された植民地化の波をおとなしく受け入れる。

アメリカは一九四五年以降、こうした目論見をすべて中止させた。だがもはや、アメリカの安全保障環境は失われようとしている。どんな地図でもいいから、曇りのない目でその地図をよく見てほしい。

第二に、特定の国家運営手段、特に軍事的手段が選択肢から確実に排除されたままでなければならない。たとえば、ドイツやロシア、イラン、中国は、軍事力を行使して自国の意思を隣国に押しつけるようなことはしない。フランスやイギリス、トルコ、日本など、軍事力を展開できる範囲が広い国も、その展開力を利用して、機動力が劣る競合国の行動を妨害するようなことはしない。歴史を見ると、これらとは反対の事例が散在しているどころか、反対の事例だらけだ。ただし言うまでもなく、一九四五年から現在までは例外である。

第三に、地域の大国同士が衝突してはならない。ロシアとドイツ、中国とインド、ロシアと中国、トルコとロシア、トルコとイランは、常に仲よくやっていかなければならない。私がざっと思い浮かべただけでも、一九四五年までのわずか一世紀の間に、この条件が満たされなかった事例が一〇件はある。この世界には不満が無尽蔵にある。過去七五年間は、その不満が悪影響を及ぼすことは、ほぼなかった。だがそれは、アメリカがゲームのルールを変えたからにほかならない。

どんな問題が起ころうと、それにより長距離輸送は即座に被害を受ける。なぜなら、長距離輸送には一部の地域の完全な平和だけでなく、あらゆる地域の完全な平和が必要だからだ。長距離輸送が混乱すれば、エネルギーや工業製品、農産物の輸送の四分の三が影響を受けることになる。

第五章　嵐のなかの波止場

以上は確かに厄介な事態だが、すべての国が対立し合うような世界にはならないだろう。商業輸送の「安全地帯」が生まれるはずだ。それは大きく分けて、以下の二つのいずれかになると思われる。

第一に、ある地域の超大国が、その地域の平和を確立し、自国にとって都合のよいように安全保障を定義し、それを望みの地域に押しつける。日本は中国を衰弱させる意図をさほど隠すこともなく、北東アジアでこれを実行する。フランスは、イギリスやドイツから大いに非難されながらも、ヨーロッパ大陸の西端全域を支配する。トルコはおそらくイスラエルと組んで、地中海東部を制圧する。アメリカはモンロー主義［一八二三年にモンロー大統領が提示した、アメリカ大陸とヨーロッパ大陸との相互不干渉を旨とする外交理念］を再び採用し、西半球を、招待国だけが参加できるアメリカの遊技場に変えてしまう。それらの支配地域が非公式なものになるか決定的なものになるか、域内貿易を促進するか妨害するか、善意に満ちたものになるか否かは、文化的規範や経済的需要、戦略的判断、地域的なニーズや機会の組み合わせにより決まる。すべての地域にあてはまる基準など存在しない。

第二に、一部の国々が互いに手を組み、協同して地域をパトロールする。イギリスは、北欧諸国と連携して地域秩序を生み出す可能性がある。ドイツは、中欧諸国と手を組むことになるだろう。東南アジア諸国は、オーストラリアやニュージーランドと経済力や軍事力を提供し合うことになるかもしれない。

そこで当然予想されるのは、地域の超大国間あるいは地域ブロック圏間の対立である。ただし、そのような対立が慢性化して絶えず争い合うというわけではないかもしれない。たとえば、フランスとトルコは、ほぼ確実に地中海の両端でにらみ合うことになるだろうが、フランスとドイツは、ベルギーを越えて協力できる話題を見つけようとするに違いない。オランダとデンマークは、イギリスのブロック圏とドイツのブロック圏のいずれにも属する道を模索するだろうが、この二つのブロック圏自体がロシアに対抗して協力する可能性もある。オーストラリアはどの国からも好かれるだろうが、アメリカに雇われた監視人の役割を喜んで演じることになるかもしれない。

つまり、すべての国が味方というわけではなくなる。それが、新たな時代を決定づける特徴である。いまもそうだと、もっともな主張をする人がいるかもしれないが、これまでは「秩序」が機能していた。どの国も、国家間の競争に制約を設けることに同意していた。経済的な競合国に軍事力を行使する国は一つもなく、それどころか、商船を襲撃したり乗っ取ったりする国さえ一つもなかった。
しかしそのような規範がなくなれば、私たちは無数の暗い道をたどることになる。長距離輸送の時代は、終わろうとしている。日本とアメリカという顕著な例外を除けば、大陸から離れた海域に海軍や海上自衛隊を展開できる国はない。世界最大の海軍力を誇るこの二国でさえ、護衛なしの貨物船が安全に航行できるよう広大な海洋を十分に監視することなどできない。これまで「秩序」が機能していたのは、世界規模の海軍を備えていたのがアメリカだけであり、あらゆる国が船舶を標的にしないことに同意していたからだ。だがもはや、そんな世界は過去のものとなった。

長距離輸送は、関わる国を問わず、供給の多い地域から需要の多い地域へあらゆるものを運ぶ。どんな商品であれ、供給もしくは需要がある場所に集中すれば、その商品の市場は崩壊する。供給が特定の地域にきわめて集中している商品には、石油、大豆、リチウム、中・低価格帯のマイクロプロセッサーなどがある。需要がきわめて集中している商品には、液化天然ガス、ボーキサイト、高速列車の車両、イカなどがある。供給と需要のどちらも集中している商品には、鉄鉱石、ヘリウム、カカオ豆、プリンターのトナーなどがある。

相互に結びついた世界により実現されていた「規模の経済」や供給ラインが崩壊すれば、どの国も影響を受けるが、その影響は国によって異なる。西半球は、食料やエネルギーの面では問題ないが、ノートパソコンや靴など、多種多様な製品の製造能力を増強する必要がある。ドイツのブロック圏の製造能力はほぼ内製化されているが、それを機能させるための原材料はま

東半球の輸送リスク

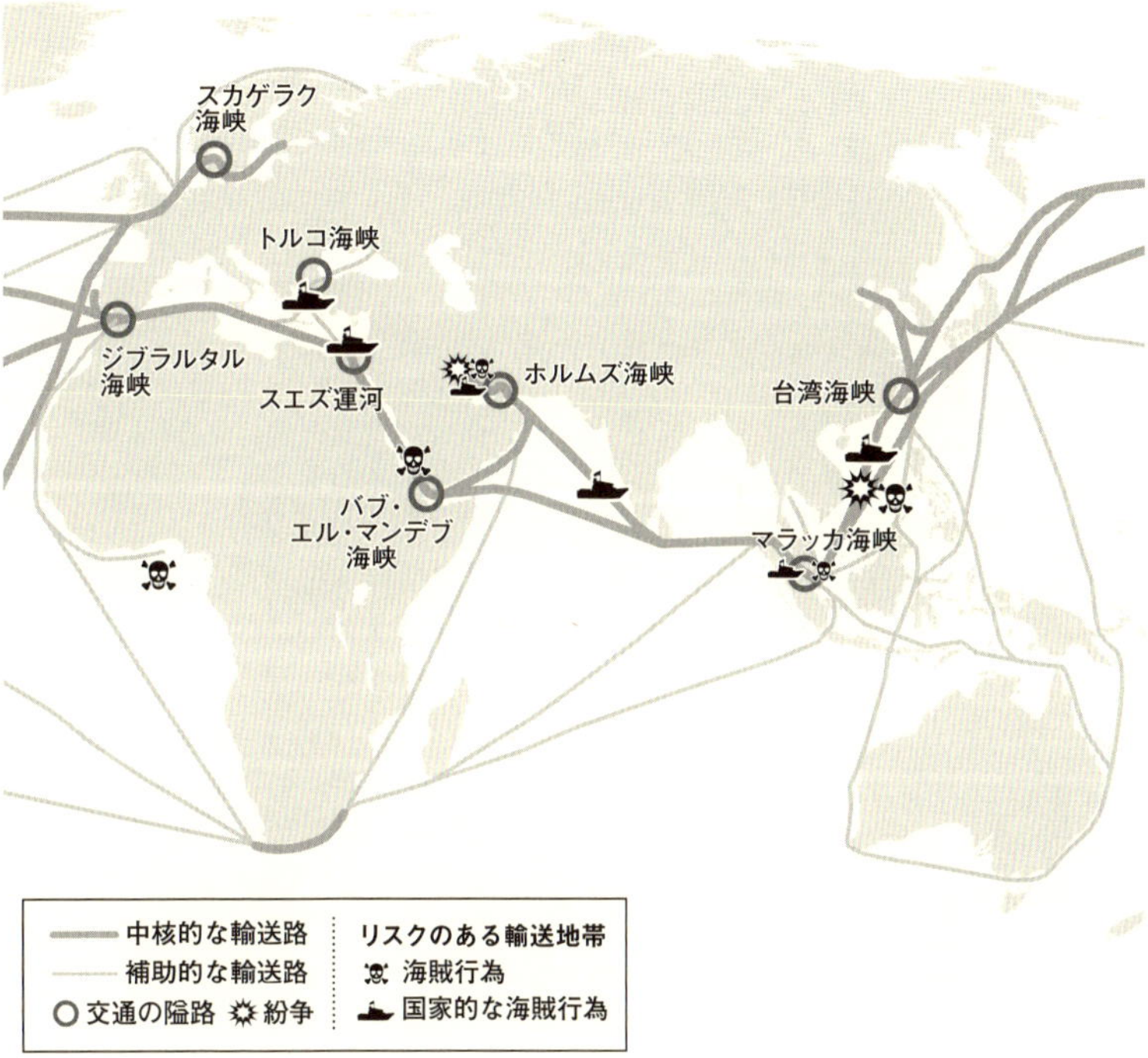

スカゲラク
海峡
トルコ海峡
ジブラルタル
海峡
スエズ運河
ホルムズ海峡
台湾海峡
バブ・
エル・マンデブ
海峡
マラッカ海峡
中核的な輸送路
補助的な輸送路
交通の隘路
紛争
リスクのある輸送地帯
海賊行為
国家的な海賊行為

ったくない。日本と中国は、食料やエネルギーや原材料、さらには市場を確保するために、海外へ向かわざるを得なくなるだろう。ただし日本には、製品を販売しているその場所で製造しているという点や、遠方まで展開できる強力な海上防衛力を備えているという点に強みがある。一方、中国海軍の大半は平時でさえ、ベトナムを越えた先まで展開できない。

どの地域ブロック圏であれ、日ごとに何を優先的に輸送するか、何を優先的に保護すべきかを決めることが重要になる。複雑な生産システムは、参加者が多いほうが効率がいい。つまり、大規模な消費者集団と、多様な（効率のいい）サプライチェーンがあったほうがいい。そのためブロック圏が広いほど、地域の製造業を持続的に発展させていける可能性も高くなる。ロシアはおそらく、分断された世界を利用して、自国の石油や天然ガスの顧客にとって不利な条件を持ちかけるに違いない。そのためドイツやトルコ、イギリス、日本、中国がほかの国からエネルギーを調達しようとして、至るところで競争が勃発・激化することになるだろう。また少々皮肉なことに、分断された世界では、航行速度のいちばん遅い船（あのつまらないばら積み船）が最も重視されることになる可能性が高い。結局のところ、コンテナ輸送が行き詰まっても、大半の国は製造業の崩壊により経済が大幅に縮小するだけだが、食料や燃料を輸送するばら積み輸送が行き詰まれば、世界の多くの人々が、孤独に飢えることになるからだ。暗闇のなかで。

こうして、輸送をめぐるブロック圏同士の対立や衝突が、新たな常態となるだろう。だが、大半の国が遠方まで展開できる海軍を備えていない。そのため、輸送に関する実際の騒乱は、どのブロック圏も安定的な支配権を確立していない場所、どの船も支援を要請できない場所で起こることになるだろう。

そのような環境で、船荷主は安全保障上の三重苦に直面する。

誰にでもわかる第一の問題は、海賊である。[*] ある程度力のある海軍がいない地域はどこも、ほぼ間違いなくソマリア流の海賊行為の温床となる。第二の問題は、あまり聞いたことがないかもしれないが、私掠である。これは、競合国を苦しめるために、国家が許可した海賊行為を意味する。そのため私掠者には、同盟国の港で援助・燃料・人員を要請する（および略奪品を売る）権限が付与されている。私掠のスポンサーになるだけなら、うわべだけでも政府の関与を否定でき、全面的な戦争を回避できるため、ほとんどの国がこのゲームに参加することになるだろう。

安全保障上の第三の問題は、支配的勢力のいない土地に限定されないおそれがある。それは、国家的な海賊行為である。これまでは鉄鉱石やディーゼル燃料、肥料、電線、消音機など何でも輸入できたが、これからはその輸入が厳しく制限されることになる。そうなると、コロンブスが遠洋航海に乗り出したのが比較的最近に思えるほど、古くから存在するあの解決策が、再び採用されるに違いない。海軍を送り出して、自国に必要なものを他国から奪うのである。

---

* くわばらくわばら。

・トルコのブロック圏では、海賊行為が再開される可能性が高い。スエズ運河や地中海東部を経由して原油を輸送しようとする船が多いからだ。
・注意すべきもう一つの大国が、インドである。インド海軍はさほど脅威ではないかもしれないが、この地域にはインドに匹敵する国がなく、インド洋で他国の海軍に直面することはない。またインド亜大陸は、ペルシャ湾からやって来た船すべての最初の寄港地でもある。そのため船荷主は、インド政府が求める「通行」料を支払わざるを得なくなる。だが船荷主にとっては幸運なことに、この支払いに関して、インドがきわめて柔軟な姿勢を示す可能性もある。たとえば、原油をインドに直接輸送すれば、それが通行料代わりになるかもしれない。またインドでは、大規模かつ高度な精製作業が可能なため、そこで船荷をすべて吸い上げ、そこから精製された燃料を送り出すことになるかもしれない。
・輸送が制限された世界では、現代的な生産システムを維持するのに欠かせない原材料（高品質のシリコン、コバルト、ニッケル、レアアース、ボーキサイトなど無数にある）が、第一級の標的になる。採鉱量の多い国を支配するよりは、低速で移動するばら積み船を取り押さえるほうがはるかに簡単だ。アフリカや東南アジアの沿岸は、とりわけそのような行為の温床になりやすい。必要不可欠な原材料の多くが、これらの地域で調達されるか、そこを通過するうえに、いずれの地域にも、海賊行為を取り締まるほどの海軍力を備えた大国が存在しないからだ（国家的な海賊行為であればなおさらだ）。
・東半球には、全体的に食料の純輸入国が多く、とりわけアジアの東端や西南端では輸入が輸出を大きく上まわっている。日本では、西半球からアジアへの食料輸送の「調整」が、一大ビジネスになるとともに、戦略的に重要な要素となるだろう。

・アメリカの存在を忘れてはいけない。脱「秩序」後のアメリカの外交政策は一貫性のないものになるだろうが、アメリカが世界への関心を失ったからといって、世界的な影響力まで放棄するわけではない。アメリカは海軍や海兵隊に、許認可や処罰の積極的な執行など、副次的な任務を割り当てるようになるだろう。あらゆる国や企業が対処すべき最も厄介な問題は、アメリカが世界的な秩序の保証人としての役割を放棄することではなく、無秩序な行為の積極的な代理人と化すことにあるのかもしれない。

一九四六年以来確立されてきた輸送に関するあらゆる前提が、この世界から失われる。どんな私掠行為や（国家がらみかどうかを問わず）海賊行為が行なわれるにせよ、特定の商品を運ぶ大型の低速船はもはや、海に浮かぶおいしそうなビュッフェでしかない。大型船は、ほとんど脅威のない統合された世界では最大の効率を発揮できたが、脅威が無数にある分断された世界ではリスクの塊に過ぎなくなる。

その結果、次世代の船は、現在よりはるかに小型だった一九四五年以前の船にきわめて似通ったものになるだろう。そのような船は必然的に、航行距離が短くなり、貨物積載量も少なくなる。それは、船舶が小型化するからだけでなく、なるべく高速で航行するには、一貨物単位当たりの燃料がそれだけ多く必要になるからでもある。また、貨物を甲板上に保管しなくてよい船の形状に設計し直す必要もある。遠くから船のタイプを見分けることができれば、海賊船や私掠船がターゲットを絞りやすくなるからだ。そうしたことだけで、コンテナ船の貨物積載量は三分の二も減少する。こうして海上輸送に依存した製造業の統合的なサプライチェーンの時代は終わる。

この変化は、安全保障環境の変化とは関係なく、いま終わりつつある時代の経済的常識を突き崩す。

現代の港（特に現代の巨大港）は、巨大船の輸送・流通拠点としての機能しか果たせないが、その巨大船は間もなく姿を消す。そうなれば、コンテナ化の流れは止まり、これまでより消費地点の近くに、規模の小さな港を数多く配置する構造に戻すことが必要になる。確かに、そのほうが安全で確実だ。だが、コストがかかる。船も港も変われば、輸送の費用は少なくともこれまでの四倍になる。しかもそれは、安全が多少なりとも保証されている、未来のブロック圏の内側だけでの話だ。そんな世界での最大の勝者は？　それは、航行可能な水路が豊富な地理に恵まれていたうえに、脅威からある程度離れた場所にあったがために、一斉に工業化時代に突入できた国々、つまり（有利な順に）アメリカ、イギリス、日本、フランス、トルコ、アルゼンチンである。

さらに悪いことに、輸送コストが上がるにつれ、エネルギーや食料以外の利幅の少ない商品は、輸送される機会が減る。すると、いまだ残っていた経済的つながりがさらに弱まるうえに、輸送されるものが石油や食料品など、価値あるものばかりになる。その結果、「船に積まれているものには、奪う価値がある」というあの古き悪しき時代へと逆戻りしていく。そんな世界での最大の敗者は？　それは、きわめて無防備な輸送ルートの先にあり、自国の商船を護衛できる海軍力のない国々、つまり（不利な順に）韓国、ポーランド、中国、ドイツ、台湾、イラン、イラクである。

船の荷主がおだやかな安全保障環境を当てにすることができず、それでも船荷を目的地まで届けようとする場合、合理的に考えて、船を武装して自衛させる以外に方法はない。一七世紀や一八世紀にはそのような考え方が普通であり、危険なエピソードが山ほどあった。それでも当時は、船に搭載できる最高の武器がマスケット銃や大砲しかなかった。現代ではミサイルがあり、ドローンがある。ドローンからミサイルを発射することもできる。武装した商船隊の時代に逆戻りする日もそう遠くはないだろう。軍事輸出に制限を設けていない国の存在に不安を抱いている人が大勢いるわけではない。韓国やイスラエル、フランスが、インドやサウジアラビア、エジプトの運航するばら積み船に搭載可能な、素人でも使いこなせる対艦兵器を売り込み始めたら、どうなるか想像してみてほしい。

現代の製造業（特に現代のハイテク製造業）は、数えきれないほどの中間生産物を各地に自由に移動させられる世界でのみ機能できる。破局的な混乱に陥らないですむのは、製造業の供給の場と需要の場とを両方備えているブロック圏だけだ。たとえば、ドイツの製造業はきわめて大きな問題を抱えることになる。ドイツに対する供給国の多くは地平線の彼方にあり、顧客国のおよそ半分はヨーロッパにさえないからだ。

アジアの製造業は、それ以上に大きな問題に苦しむことになる。中間生産物をすべて海上輸送に頼っており（ドイツはサプライチェーンの提携国間の中間生産物輸送を鉄道でも行なえる）、原材料の調達先や末端市場のほとんどが、数千kmもの航海が必要な場所にある。とりわけ中国は、生産システム内で使用される高付加価値部品のほとんどを、別の大陸にある国や、歴史的・地政学的な怨恨《えんこん》を抱えた国に頼っている。輸送コストが急激に上がれば、製造業の供給システムのなかでも、安価な輸送などに頼っていた利幅の少ないこれらの部品は、最大の混乱に直面することになるだろう。

未来の安全保障環境はまったく流動的であり、それに頼ることはできない。多段階サプライチェーンを支える産業プラントは、「多段階」という言葉からもわかるように、複数の場所に存在し、建設には数年を要する。また、中間生産物であれ最終財であれ、需要の中身に少しでも変更があれば、設備を一新したり、調整したり、新たなシステムをつくりあげたりするのに、だいたい一年はかかる。新型コロナウイルスが流行した際に、それを身をもって学んだはずだ。船が襲撃されるたび、船が進路を変更するたびに、そのサプライチェーンの一部が乱れ、同じだけの年月にわたる調整を余儀なくされる。そのような環境下では、安全保障や消費が安定していない地域に多段階サプライチェーンを構築してもあまり意味はない。それらのサプライチェーンを狭い地域内に集中させ、特定の国々の内部に収める必要がある。さもないと、いつまでたってもサプライチェーンがつながらず、最終生産物を生み出すことができない。

現代の都市（特に現代の東アジアの巨大都市）は、とりわけ混乱を来すだろう。これらの都市が存在できるのは、「秩序」のおかげで、工業システムの原材料を調達しやすくなったうえに、輸出品を末端市場に届けやすくなったからにほかならない。このグローバルなシステムがなくなり、グローバルな輸送がなくなれば、それぞれの都市が食料やエネルギーや原材料を自前で準備しなくてはならなくなる。

だが端的に言って、それは不可能だ。都市住民の雇用・食料・エネルギーを維持できる見込みがあるのは、十分な勢力範囲を持つ地域圏の都市だけだ。その結果、大半の都市の住民は同じ道をたどることになる。住民が田舎へ戻らざるを得なくなるにつれ、都市は大々的に脱工業化されるとともに、都市人口は大幅に減少する。都市の集積規模が大きければ大きいほど、壊滅的な破綻のリスクは高くなる。少なくとも世界の人口の半分は、この数十年間の都市化とは反対の道をたどることになる。

こうしてこの第二部の最後の疑問にたどり着く。都市が現代的な機能を維持するために必要な土地をこれからも利用できる地域とは、いったいどこなのか?

概して南北アメリカ大陸は大丈夫だろう。まず地理的に有利だ。南北アメリカ大陸には、そこで消費される以上の食料やエネルギーがある。これで手堅いスタートが切れる。

また経済的にも有利だ。西半球(および世界)で最も人口が安定している新興国メキシコと、西半球(および世界)で最も人口が安定している先進国であり、世界最大の経済規模を誇るアメリカは、すでに緊密に統合されている。この二国は、現代世界では類例のない形で相互に支え合っている。

さらに地政学的にも有利だ。アメリカには、東半球の計略が西半球に浸潤していくのを防ぐ意思もあれば能力もある。アメリカはどの点から見ても、グローバルな規模の大きな「秩序」を放棄しつつあるようだが、西半球の小さな秩序については、これからも支えていくに違いない。

だが率直に言えば、アメリカがそこまでする必要さえないのかもしれない。アメリカは、安定した対外貿易に支えられたグローバルな経済国ではなく、安定した国内商業活動に支えられた大陸経済国である。海上輸送に頼っているのは、アメリカの国際取引の半分、国内取引の三％未満でしかない（両方合わせてもＧＤＰの一〇％程度を占めるだけだ）。メキシコやカナダとの取引の大半は、鉄道やトラック、パイプラインを通じて行なわれる。つまりアメリカは、食料供給やエネルギー供給、国内のサプライチェーンや外国に依存したサプライチェーンの大半を、国際的な海運に頼っていない。

アメリカで唯一海外貿易が活発な港、カリフォルニア州のロサンゼルス／ロングビーチ港でさえ、ほかとは違う。アジアやヨーロッパの港はいわば積み替えセンターだが、ロサンゼルス／ロングビーチ港は目的港である。つまり、無数の中間生産物を扱う拠点ではなく、ほかの地域で組み立てられた完成品の最終的な目的地であり、そこで完成品をトラックや鉄道に積み、アメリカの各地へ配送する。確かにこの港も、供給が滞ればその影響を受けるに違いないが、ユーラシア大陸各国で一般的に見られるような、システムが壊滅するほどの影響ではない。

都市が生き残るための物資を調達できる可能性が二番目に高い地域は、オーストラリア大陸およびニュージーランドの島々である。西半球同様、太平洋南西部にあるこの二国も、そこで消費されるよりはるかに多くの資源や食料を産出・生産している。また、メキシコとアメリカとが相互に強化し合う関係を結んでいるように、今後オーストラリアとニュージーランドも、東南アジア諸国と同様の関係を構築することになるだろう。

東南アジアの国々は、超技術主義的なシンガポールから、ほとんど工業化されていないミャンマーまで、富のレベルも技術的な洗練度も千差万別だ。しかしこれは、どの視点から見ても有利な特質であり、欠点ではない。そのおかげで、地域内で多段階生産システムを構築することが可能になり、地域外の国に過剰に頼る必要がなくなるからだ。また、この地域圏内にはまずまずの食料・エネルギー供給があり、オーストラリアやニュージーランドの手を借りて需給のバランスをとれば、この地域もかろうじて生き残れるはずだ。

確かにこの東南アジア地域圏には、①主導権を握る大国が存在しない、②さまざまな利益に目配りできるだけの軍事力がない、という問題がある。しかし、だからと言って悲惨な結果になるとは限らず、実際にそうなる可能性は低い。アメリカにも日本にも、東南アジア諸国（およびオーストラリアやニュージーランド）との経済的・戦略的連携を求める理由があるからだ。ただし、この三者の関係をまとめるには、日本とアメリカの見解を大まかに一致させておく必要がある。両者の間に深刻な対立があると、日付変更線の西側の国はいずれも壊滅的な影響を受けることになる。

それ以外の地域は、瞬く間に危機的な事態になる。

ロシアは各国が必要とする物資を大量に保有しており、同国政府は以前からこの資源を利用して、顧客国から地政学的譲歩を引き出してきた。しかし、ロシアの経済戦略は破綻していると言っていい。冷戦以前の時代には、顧客国を隷属させようとするロシアと、ロシアを徹底的に侵略しようとする顧客国との間で、この戦略が煮えきらない結果を招いていた。一方、冷戦時代や冷戦以後の時代には、グローバルな貿易が容易になり、ほかの供給国との競争が避けられなくなった結果、この戦略は意味を失った。現在のロシアは、理論上は東アジアとヨーロッパとをつないで大量の物資を輸送できるシベリア横断鉄道が、アメリカの海上支配を断つ絶好の手段になると期待している。

だが、それは現実的ではない。実際、二〇一九年にシベリア横断鉄道が輸送した積荷の総量は、あの巨大コンテナ船一隻が輸送した積荷の総量より少ない。私としては以前から、これまでに失敗を重ねてきたあの一九世紀の戦略を二一世紀になっても採用しているロシアの混乱ぶりを、笑わずにはいられない。ロシアの戦略はいずれ功を奏するどころか、以前の歴史を繰り返すだけだろう（多少の相違はあるかもしれないが）。

中東はエネルギー源には事欠かないが、食料需要の三分の二以上を輸入に頼っている。グローバルな商品貿易に穴が開けば、迅速かつ大規模な人口調整が起きる。その後、フランスとトルコが自国のニーズや野望を満たすために、この地域の富を奪いにやって来る。そこに日本が一枚かんでくる可能性もある。これら三国が、かつてのアメリカのようにこの地域を利用することになるだろう。

サハラ以南アフリカはいまだに、世界の貿易における最後のフロンティアであり、さまざまな点で中東と同じ問題を抱えている。部分的に工業化されてはいるが（食料生産の拡大など）、世界各国の持続的な関与がなければ、その発展レベルを維持できない。また、西半球の豊かさと似ている部分もある。たとえば、工業化がさほど進んでいないおかげで、工業用の原材料が使いきれないほど存在している。それが諸外国を惹きつけるに違いない。

結果的にアフリカは新たな争奪戦の舞台となるだろうが、一九世紀のようにはならない。サハラ以南アフリカは、ヨーロッパのようには工業化されていないが、まったく工業化されていないわけではない。もはやヨーロッパ諸国は、帝国主義時代のような技術力の差を利用できない。その当時は、武器においても兵員数においても、ヨーロッパ諸国が圧倒的に優位な立場にあったが、いまのアフリカ諸国には、抵抗を示す意思もあれば、能力もある。帝国主義的な方法による征服や占領は通用しない。そのため、ヨーロッパ諸国（主にフランスとイギリス）が必要な原材料を入手したいのなら、むしろ地元当局と手を組むことが必要になる。諸外国がこれまでの優位にしがみつくのをやめ、いかに早くこの結論に到達することができるかによって、今後数十年のアフリカの歴史の特徴や構造が決まることになる。

この新たな無秩序の時代に最大の敗者となるのは、中国だろう。

現代の中国は、その産業構造から食料調達、所得の流れに至るまですべてを、アメリカ主導の「秩序」に依存している。アメリカが手を引けば、エネルギー源へのアクセス、製品の販売による収入、その製造に必要な原材料を輸入する能力、食料を輸入もしくは生産する能力を失う。その結果間違いなく、神話的としか言いようのない規模の脱工業化や脱都市化に直面する。そしてほぼ確実に政治的混乱に至り、脱文明化さえ起こるかもしれない。すでに崩壊しつつある人口を背景に、それが起こるのである。

中国が懸念すべき問題点はシンプルだ。中国は完全に崩壊するのか？　それとも一部だけがかろうじて生き残り、海外の列強から、サハラ以南アフリカ諸国と同じように扱われることになるのか？　後者が正しければ、上海など少数の沿海都市が、列強と協力することになるだろう。北京に比べ、中国の南沿岸部の都市には、食事などささいなものも含め、外国と相互交流してきた豊かな歴史がある。

▼ここで深呼吸を

輸送は、世界を一つにまとめる結合組織のようなものだ。これまで述べてきたのは、その輸送に関係する物語のほんの始まりに過ぎない。たとえば、現代の船はどんな型であれ、ディーゼル燃料を必要とするが、ディーゼル燃料には石油が必要であり、世界に石油を供給するには安定した「秩序」が必要である。脱「秩序」後の世界でも、それまでと同じように確実に、それまでと同じ規模の石油輸送ができるだろうか？　石油やディーゼル燃料の供給が不足すれば、輸送にどんな影響が生じるだろうか？　この問題はまさに、自分で自分の尾を飲み込むヘビも同然だ。そのうえ、読者を驚かせる、地雷に満ちた分野がさらに五つもあり、このあとの五つのセクションでそれを取り上げていく。

だから、ここで少し休憩してほしい。うたた寝したり、一杯飲んだりしてもいい。覚悟ができたら、グローバルな相互接続性に関する問題の残り半分に進もう。金融の問題である。

第三部
金融

第一章　通貨——道なき道を行く

冷戦が終わってから、この原稿を執筆している現在までの間に、世界中のあらゆる国が金融危機や市場の暴落を複数回経験している。これを深刻な構造上の問題に起因するものだと考えるのなら、それは正しい。今のシステムは持続不可能だと考えるのなら、それも正しい。中国がなぜこれほど速く発展できたのかわからないというのも、やはりそのとおりである。ただし、ドルの崩壊を心配しているのであれば……それは少々視野が狭すぎる。

ともあれ、こうした切実な疑問が次々わいてくること自体が、現代の金融が抱える問題の深刻さを物語っている。

こうした疑問に対する既存の答えは、満足できるものではない。私たちはその場その場の状況に合わせて、金融の仕組みをつくってきたという感じがしないだろうか？　そう、その感覚を信じてみよう。まさにそのとおりなのだ。金融のルールが劇的に変わったのは、アメリカ主導の「秩序」が始まったときではなく、その後の数年間である。近いうちにそのルールがまた、かつて経験したことのないものに変わるだろう。

その説明をするためには、少しばかり歴史を遡ることが必要になる。

また「始まり」から始めよう。

▼お金に至る長い道のり

アメリカのドル紙幣やイギリスのポンド紙幣、あるいは古代エジプトの金貨などが存在するようになるよりはるか前には、実質的な交換手段となるものは何も存在しなかった。取引をするときには、自分が余分に持っているものを取引相手が欲しがっている（あるいはその逆）という、さほど見込みのない希望にすがるほかなかった。また、たとえ双方の要望が一致したとしても、価値の問題がつきまとった。分厚いスギの板にはどれぐらいの価値があるのか。自分が持ってきたものの価値は、銅鉱石ひとかご分なのか、ふたかご分なのか。今年も去年と同じ価値なのか。パピルス一巻きで取引相手の気を引けるのか。このように、物々交換の「市場」は一定しない。自分が取引場所にやって来て品物を提示するまで、何をどれだけ手に入れられるかはわからなかった。

古代世界の民族が、それぞれ孤立していたことを考えれば、交換の問題はそれだけにとどまらない。

エジプトの砂漠は、古代世界では最高の自然の障壁だった。エジプトの主な交易相手はナイル川の上流にあるスーダン（別名ヌビア）だったが、人口が多いエジプトより南の流域は、呪わしいことに急流が多く（航行できない）、峡谷もあった（川をさかのぼれない）。そのため商人は、果てしなく続く砂漠を横断するほかなかった。しかも、ラクダが家畜化される前の時代である。このような地理的環境のおかげで、エジプトが攻め込まれることはなかったが、エジプトから外へ交易に出かけることもあまりなかった。

初期のインダス文明については、エジプト文明ほど詳しいことはわかっていない。しかもわかっているのは、心地よい内容ではない。最も有力の説によると、地震もしくは洪水（あるいはその両方）によって、ある時点でインダス川の流路が数十㎞南東にずれ、氾濫原《はんらんげん》に築かれた強力な独立都市国家が突如として川から引き離された。そこへさらに、結核の蔓延が拍車をかけたという。初期インダス文明がどのようにして滅んだにせよ、この文明は、この地域の暗闇を照らす光だった。西側には、現在のパキスタンからイランに広がるバルチスタン地方に、サハラ砂漠よりも乾燥した砂漠があった。半ば隣接するガンジス川流域やヒンドゥークシュ山脈のふもとは、まだ狩猟採取経済から脱《ぬ》け出していなかった。インダス川流域はナイル川流域ほど孤立していなかったかもしれないが、当時はそうは思えなかったに違いない。

その結果、メソポタミアの住民が、その中間の土地を支配した。

ナイル川流域やインダス川流域とは違い、メソポタミアには交易が必要だった。というのも、そこには食料しかなかったからだ。木材、花崗岩《かこう》、金属はすべて輸入するしかなかった。幸運にもメソポタミアは、世界最初の三大文明の二つに挟まれていただけでなく、その姉妹文明を形成する地域に囲まれていた。アナトリア（現在のトルコ）、ザグロス山脈（現在のイラン）、レパント地方（現在のイスラエル、レバノン、シリア、ヨルダン）、ペルシャ湾沿岸である。メソポタミアは、それらすべての中心にある。しかも、インダス文明の都市*のように広範な都市インフラの建設に関心を抱くこともなければ、エジプト文明†のように虚栄心の塊のような無数の記念物の造営に関心を抱くこともなかった。そのため、交易に利用できる大麦の増産に専念できた。

大麦？　そう、大麦は二〇〇〇年以上もの間、通貨代わりに使用されていた。なぜ？　その答えは簡単だ。当時は何につけても、場所が重要だったからである。

これら世界最初の三大文明はいずれも、初期灌漑システムとして洪水を利用していた。毎年春になると氾濫する川の水を畑に引き込み、あらゆる土地を冠水させていた。ところが、この三大文明は、すべて低地かつ低緯度の砂漠を流れる川の流域にあったため、山岳地帯から流れ来る水のなかにわずかに含まれる塩分が、蒸発効果により濃縮されて土壌にたまり、年々土壌中の塩分濃度を高めていった。だが大麦は、ほかの作物よりもこの塩分に強い‡。その結果、三大文明全域で大麦が一般的な作物になったのだ。

こうして価値の基盤はできたが、問題は輸送である。大麦一クォート［約一・一L］には、

* 紀元前二〇〇〇年に大衆向けの屋内水道設備があった！

† あのピラミッド群を見よ！

‡ 大麦があればビールもできる。

およそ一ポンド［約四五三・六g］の重さがある。そのかさと重さが、利便性を損なう原因となった。数tもの大麦を運んで砂漠を横断しなければならない場合には、なおさらだ。交易を何よりも必要としているメソポタミアの住民には、この難題を解決する必要があった。

その解決策として紀元前二〇〇〇年ごろに生まれたのが、シェケル銀貨だった。一〇〇分の一シェケル銀貨三枚で、大麦一クォートと交換することができた。一シェケルは、銀一一gに相当する。やがてこのシェケルが、現代の金銭と同じ意味を持つようになった。一シェケルが、一カ月分の労働の代金になった。二〇シェケルが、奴隷一人を購入する代金になった。紀元前一七〇〇年ごろにはハンムラビ王の厚意により、誰かに傷害を負わされた場合に「目には目を」ではなく、シェケルでの賠償を求めることも可能になった。じゃーん、金融の誕生だ！

こうして誰もが認める共通の交換手段ができると、労働の専門化が飛躍的に進んだ。農民にとって、農業以外の仕事につくリスクが格段に減ったからだ。ほかの仕事から得た収入も、既定のレートで大麦に交換できる。シェケルがあれば、食料が手に入る。

シェケル銀貨というこの飛躍的進歩はきわめて便利だったため、周辺各地に広まった。人間の人生一〇〇回分にも相当する、遠い過去の正確なデータを入手するのは難しいが、こうしてメソポタミア文明が、文字どおりの意味でも比喩的な意味でも中心的存在になると、エジプト文明やインダス文明の人々まで、まれに地域間交易が行なわれる際には、メソポタミアのシェケルを交換単位として採用するようになった。

だが、しばらくすると事態が行き詰まった。通貨だけではない。文明もである。

世界最初の三大文明の起源は、紀元前三〇〇〇年代か二〇〇〇〇年代にまで遡るが、人類の物語の始まりはそれだけではない。三大文明に隣接する土地に暮らす民族は、文明的な交易の方法を習得すると、三大文明を模倣した独自の姉妹文明を築きあげた。メソポタミア文明は、ペルシャ人やヒッタイト人に刺激を与えた。エジプト文明の拡大は、ヌビアやフェニキアの台頭を促した。インダス文明は、アーリア人によるさまざまな分派を生み出した。* ただ、これらの姉妹文明が生き残れなかったのは、その元になった文明を守るのに重大な役割を果たした砂漠がなく、侵略者がそこへ到達できたからだ。またこれらの新参文明では、灌漑よりも降雨に頼っていたため、凶作のときもあった。凶作になれば、全住民が餓死することにもなりかねない。そこまでいかなくても、多くの住民が死んだり土地を離れたりすれば、文明的な進歩が破綻する。

とりわけ紀元前一六〇〇年ごろから紀元前八〇〇年ごろにかけての時期は、文明が混乱した時代だった。これらの姉妹文明が勃興しては崩壊し、勃興しては崩壊しただけでなく、ときにはある地域の姉妹文明すべてが、まとめて崩壊することもあった。実際に中国では、そんな壮大とも言える崩壊が何度かあった。メソポタミア文明やインダス文明は、この時期に周辺の地域で起きた大規模な文明崩壊の道連れとなり、インダス文明に至っては、その後復興を果たす

* その可能性が高い。紀元前一三〇〇年ごろに起きたインダス文明の崩壊があまりに突然かつ全面的だったため、進行中の破局を記録した解読可能な文書が一切残っていない。

ことはできなかった。あれほどの栄華を誇ったエジプトでさえ、この時期には少々ぐらついた。考古学者はこの時代を、「青銅器時代後期の崩壊」と呼ぶ。キリスト教やユダヤ教、イスラム教では、エジプト脱出（出エジプト）の時代として記憶されている。

だが、紀元前七世紀ごろに三つの変化があった。文明と金融に関する変化である。

第一に、文明が崩壊する際には、インダス文明の場合のように、一部の住民は生き残り、あらゆる人間、生産物、思想が地上から完全に姿を消すことはまずない。一部の住民は生き残り、生き残った人々は各地へ離散し、離散した人々が交ざり合って新たなコミュニティを形成する。交ざり合うのは、人々だけではない。思想や生産物や技術も交ざり合う。すると、文化のばらつきを解消する交換手段が必要になる。通貨である。

第二に、この崩壊後の合流の当然の結果として、さまざまな離散者のスキルが交ざり合って技術が発展するとともに、これまでの文化が壊滅するなかで、他者ともう一度つながりたいという欲求が生まれた。技術のさらなる進歩、生産物のさらなる多様化、やや外向的な心的傾向が重なった結果、生活が安定し、人口が増え、勢力が高まっただけではない。それは、青銅器時代から鉄器時代への移行をも促した。技術の進歩が加速すると、新たな農業用具や農業技術が無数に生まれた。その成果の頂点とも言えるのが、あの重要な水車を生み出した古代ギリシャの勃興である。それでも人間の文明の前途には、無数の障害や困難があった。古代ローマ帝国の崩壊、中世の暗黒時代、あるいは腰を激しく振る煽情《せんじょう》的なダンス、二〇二〇年アメリカの大統領候補討論会などに見られるような惨事やつまずきもあった。それでも、文明崩壊後のこの交ざり合いにより技術分野が大いに発展した結果、人類が大規模な崩壊に直面することは二度となくなった。文明が崩壊する危険性がなくなれば、大麦による支払いではなく、硬貨による支払いにも、積極的に応じられるようになる。

第三に、安定性と経済的活力が徐々に高まっていくにつれ、貿易商は、交易を望んでいる都市や国が、いつ戻ってきてもそこにあると確信できるようになった。こうして史上初めて、大麦を利用するよりも通貨を制定したほうがいい地政学的な理由が生まれた。

こうした変化の結果、人類は一斉に複数の場所（中国、インド、地中海東部）で、金属製の硬貨を交換手段とする貨幣制度を生み出した。その後のことは、周知のとおりである。それによって、商品の過不足があった際に、どうなるかわからない行き当たりばったりの物々交換に頼る必要はなくなった。貨幣制度のおかげで、交易の一方の側が持つ価値が常にはっきりしているからだ。気まぐれな天候や季節、文化、過不足はもはや、経済活動を阻害する障害ではなく、それを促進する燃料となった。

▼信用の構築

だが歴史を見るかぎり、人間がさまざまな通貨を信用するようになるまでには、かなりの時

＊ 現代でもこの傾向ははっきりと見られる。一九九〇年代および二〇〇〇年代におけるアメリカの爆発的な技術発展は、ソ連崩壊後の人材の流入がなければ、これほど大規模なものにはならなかったに違いない。

間がかかった。一般的に通貨は、特定の政府が支配する特定の地域内でのみ価値がある。よその地域の硬貨など、低品質の文鎮にしかならない。

この問題を回避する方法は二つある。第一の方法としては、誰もが欲しがるもので硬貨をつくればいい。金、銀、琥珀金《こはくきん》、銅ならまず間違いはないが、ある文化圏で価値があると見なされているものなら何でもいい。過去に通貨として利用されたものには、大麦、鉄片、カカオ豆、*イルカの歯、ジャガイモを潰す道具、チューリップの球根、パルメザンチーズなどがある。ちなみに私のいちばんのお気に入りは、ビーバーの生皮である。†

しかし、これらを利用する制度には、ささいとは言えない欠点がある。貧しい人なら、数年の労働を通じて銀貨を数枚手に入れるだけかもしれないが、裕福な人は、文字どおり何tもの貨幣を保有することになる。一〇〇kg以上の銀を運ぶのは、とても現実的ではないうえに、強盗の格好の標的にもなりかねない。‡

そこで第二の方法が生まれた。公に流通している通貨を、価値あるものと交換できるようにしておけばいい。ここでも当然、価値の高い金属が選ばれることになる。ただし、硬貨そのものに価値を持たせるのではなく、その金属を政府の金庫室に保管しておくのである。七世紀になると、四川盆地周辺（現代中国の成都市や重慶市のあたり）の裕福な商人たちが、このような制度を始めた。銀と交換可能な、約束手形のようなものを発行したのである。

これはいわば、いかさまである。これのどこに問題があるか、わかるだろうか？　政府がこの制度を利用するには、政府が実際に価値ある金属をどこかに蓄えており、要求があれば通貨をそれに交換できることを、民衆に納得させなければならない。

この制度を不適切、かつ無分別、かつ下手に運用して金融破綻を引き起こした国は、星の数ほどある。この制度の運用に失敗した政府によく見られるのが、資産価値を上まわる財政支出をしてしまうケースである。つまり、通貨の価値を保証できるだけの資産もないのに、さらに通貨を発行してしまう。経済の専門用語では、これを「通貨の信用低下」という。これは、しばらくは機能する。やがて民衆が、政府の言葉を信用しなくなるまでは。

政府の金庫室に十分な金（あるいはパルメザンチーズ）がないという噂《うわさ》が広まれば、民衆はもはや、公定通貨による支払いを受け入れようとはしなくなる。あるいは、くず同然の通貨を提示されてもサービスの提供を拒否するようになる。通貨は結局のところ、信用がなければ機能しないのだ。ロシア人が以前から、自国のルーブルを売ってドイツのマルクやイギリスのポンド、アメリカのドルを購入していた理由の一端は、そのような信用欠如にある。ルーブルより信用できる通貨を戸棚にしまっておくのだ。

いったん信用が損なわれると、民衆がその通貨を手放すため、通貨の流通量が急増する。そして、流通過剰に陥って通貨の価値が下落する。そうなると、権力者でさえ信用を失いかねな

＊　むしゃむしゃむしゃ。
†　カナダで利用された。
‡　ビーバーの生皮にしても、三〇〇枚も運んでいたらばかだと思われる。

い。ケベック政府が、トランプで兵士の給与を支払ったのは有名な話である。[*]戦時中の日本は、金属不足のため少額貨幣まで紙で発行した。[†]

すると民衆は、代わりになるものへと移行していく。より信頼できるとされる物理的資産や他国の通貨である。必要に迫られて、さまざまな制約のある物々交換に戻さざるを得なくなることもある。ここまで来ると、政府や社会の崩壊はそう遠くはなく、指導者たちは歴史の灰だまりへと突き進むことになる。

だが、大半の人々が気づいていないことがある。それは、劣悪な経済運営をすれば通貨崩壊に至るのは当然だが、良好な経済運営をしていてもそうなることだ。

この制度が成功し、通貨の活用により経済が安定すると、経済の専門化や成長が促進される。経済の専門化や成長で拡大した経済活動を円滑に進めるには、潤滑材としてさらに大量の通貨が必要になる。だが通貨を増やすには、その価値を保証する資産の保有量を増やさなければならない。

この「資産」の量を増やすというのは、口で言うほど簡単ではない。

古代ローマ帝国が、その好例である。

この帝国は、それまでの人類が経験したことがないほど安定した政治体制を誇っていた。その安定のおかげで、帝国内において開発や技術改良、交易が盛んに行なわれた。だがそのためには、より多くの通貨が必要であり、その価値を保証する貴金属がより多く必要になった。その必要を満たすため、容易に手の届く領土、富を生み出せる領土を越えて、はるか遠く離れた土地へと版図を拡大せざるを得なくなった。ひとえに鉱山を確保するためである。

なかにはイベリア半島のように、鉱山が比較的すぐ近くにあり、容易に平定・統合できた場所もあった。だが、アナトリア南部のトロス山脈のように、はるか遠くの場所で、断固として抵抗する勢力と数世紀にわたり戦い続けなければならない場所もあった。それだけではない。サハラ砂漠南縁の草原地帯（現在のマリ）は、金の産出地（かつて「黄金海岸」として有名だった現代のガーナやナイジェリア）へとアクセスできる交易拠点だった。ローマ人がわざわざサハラ砂漠を横断してそこを支配したのは、日焼けをしたかったからではない。帝国内の財政の安定を維持するために、そうせざるを得なかったからだ。だが、こうして版図をどんどん広げていった結果、しまいには自国の領土を防衛しきれなくなった。金を手に入れられる場所へとそれ以上前進できなくなると、帝国経済は行き詰まり、それが短期的には政治的な安定性を、長期的には軍事力を損なうことになった。

こうした「前進」は、軍団がよその地域を攻撃することによって起きるとは限らない。官僚が経済を痛めつける場合もある。つまり、ほかの国の資源を奪うのではなく、自国の産業の隣接する分野で利用されている資源を食い尽くすのである。中国の唐王朝は、この垂直的な収奪の道を選んだ。銀の調達量を増やすために、帝国の版図を広げるのではなく、通貨の価値を

＊　ケベックは戦争に負けた。
†　日本も戦争に負けた。

「保証」する金属の幅を広げ、そこに銅を加えたのである。これにより唐は、金融制度を安定させることには成功したが、帝国全域で金属不足となり、ほかのあらゆる制度を弱体化させることになった。

このように、いわば勝利しようとして敗北するというのが、表面的には成功しているように見える、人類史上すべての通貨体制がたどる最終的な運命だった。みごとな成功を収めた大国も含めて。

というより、みごとな成功を収めた大国は、特にそうなると言ったほうがいい。

▼基軸通貨——大国の命運

近代の世界が始まった場所と年をお探しなら、それはボリビア高原に創設されたペルー副王領で、一五四五年に始まったと言えるかもしれない。当時、そのあたりでスペインの征服者たちの下請け仕事をしていた、ディエゴ・フアルパという先住民がいた。フアルパはある日、強烈な突風に文字どおり吹き飛ばされたが、落ちた地面が運よく少々軟らかかった。そこでそのあたりの土を払ってみると、きらめく銀砂が現れた。それから一年もたたないうちに、その地はポトシ銀山へと姿を変えた。過去六〇〇〇年の間に発見されたなかで、単一のものとしては最大の銀鉱床である。

これに関する物語を余すところなく伝えるために、まずは汚点の話から始めよう。

銀はたいてい鉛とともに産出され、その分離作業には人体に有害な影響が伴う。一六～一七世紀には精錬に水銀を使用していたため、それも人体に悪影響を及ぼした。さらに、当時の採鉱作業は、労働安全衛生局に承認されたようなものではない。額に縛りつけたろうそくの灯りだけを頼りに、一〇〇kg近い鉱石を背負い、数十mものはしごを伝って、地下深くからはい上がってこなければならなかった。

そんな仕事をするために、スペインから移住してくる者などいないため、定期的に先住民が労働に狩り出された。当時のスペインの法律では、その先住民が生き抜こうが死んでしまおうが、キリスト教の洗礼を施しさえすれば問題はなかった。こんな最悪の話に加え、さらなる汚点がもう一つある。ポトシは海抜四〇〇〇mという高地にあった。工業化以前の時代に、ユタ州パークシティの二倍の標高があり、その半分の降水量しかない土地で作物を育てるのは困難をきわめた。そのため、ほかの過酷な条件を生き延びたとしても、飢える可能性がかなりあった。

スペイン帝国は、統計を記録するのが得意ではなかったようだが、最も妥当とされる推測によれば、ポトシ銀山での採鉱作業に従事させられて死亡した人間の数は、四〇〇万人から一二〇〇万人に上るという（ちなみに、一六〇〇年のスペイン本国の全人口は八二〇万人に過ぎない）。だが、スペイン人がそれを気にすることはなかった。当時はスペインが、世界の覇者だったからだ。そのスペインが、真にグローバルなシステムを最初に築きあげるためには、二つの条件を満たす必要があった。第一に、複数の大陸にまたがって展開できる単一の経済的・軍事的構造。第二に、グローバル通貨を支える十分な量の貴金属である。ポトシ銀山は、第一の条件を満たすための資金を提供し、第二の条件を満たす原材料を提供した。同銀山が一六世紀から一七世紀にかけての数十年間に産出した銀の量は、それ以外の世界全体の産出量より多い。

その結果、間もなくスペインは、イベリア半島内およびその周辺での経済取引を活性化しただけでなく、世界中をも席巻した。すると、同盟国や提携国、中立国ばかりかライバル国までもが、唯一の交換手段として、「ピース・オブ・エイト」と呼ばれるスペイン銀貨を使用するようになった。当時いちばんのライバル国だったポルトガル帝国も、帝国内の通商でスペイン銀貨を使用せざるを得なくなったほどである。* イギリスが台頭し、スペインの黄金時代にかげりがみえてきた時代でさえ、スペイン銀貨は数を減らすことなく、広範囲に流通しており、そのうえ信頼できる純度を保っていたため、イギリス領アメリカではイギリス・ポンドよりも多く利用されていた。イギリス領アメリカとカリブ海、アフリカをつないでラム酒と砂糖と奴隷の交易を行なう三角貿易でも、とりわけスペイン銀貨が人気だった。

だが、万物は時間とともに移ろいゆく。

貴金属に保証された通貨を持つほかの国から見れば、スペイン銀貨が絶えず氾濫している状態は事実上、経済戦争を仕掛けられているようなものだった。スペインから戦略的に問題視されていた国から見れば、この状態は、経済戦争どころか、実際の戦争を仕掛けられているも同然だった。どっちにしろひどい。それに、スペインが南米から産出される銀を使って、資源や物資や労働力を買い集めていけば、その行き着く先は目に見えている。悪性インフレである。当時のそれがスペインだけでなく、スペインに物資を供給しているあらゆる領土でも起きた。当時のスペイン帝国が世界中に広がっていたことを考えれば、ほぼ全世界である。それでもスペインは、ポトシ銀山を抱えていたおかげで、なんとか切り抜けることができたが、ほかの地域はそういうわけにはいかなかった。

二世紀にわたる膨張と戦争とインフレののち、スペインのきわめて独創的な戦略的・経済的失策に加え、侵略癖の強いナポレオンがもたらした混乱が重なり、スペイン帝国全体が衰退すると、その繁栄に支えられていたスペイン通貨も価値を失った。さらに、一八二〇年代前半にペルーとボリビアが独立を果たし、ポトシ銀山を利用できなくなると、それがスペイン帝国にとって無慈悲かつ冷酷なとどめの一撃となった。

それでも、グローバルな交易の可能性が、魔法の瓶から解き放たれた以上、ボリビアの独立といった程度のささいな出来事では、その魔人を魔法の瓶に閉じこめることはできなくなった。スペインが凋落するにつれて、台頭してきたのがイギリスである。当初イギリスの通貨「ポンド」は、文字どおり銀の重さ（重量単位のポンド）を意味していた。だがイギリスの領土には、ポトシ銀山に相当するものがなかった。いくらスペインのガレオン船を襲撃してみたところで、かなりの貨幣供給量を保証できるほど、銀を手に入れることはできない。

するとと、誰あろう、かのアイザック・ニュートン卿が王立造幣局の長官を務めていた三〇年の間に、この問題に対処する方法を発見した。ニュートンは、大英帝国の版図全体を利用して

＊　もちろん非公式にである。

金を獲得する、一世紀以上に及ぶ取り組みを始動させた。現在のオーストラリア、カナダ、南アフリカ、アフリカの黄金海岸などの領土から金を調達して、スペイン銀貨に対抗する通貨を非公式に生み出そうとしたのだ。こうして一九世紀半ばには、金で保証されたポンドが誕生した。

一九世紀後半になると、制海権を握ったイギリスが、しばしば他国の貿易の足かせになった。やがて中欧でドイツが台頭し、インフレが拡大して戦略的に破綻する地域や期間が頻発するようになると、ヨーロッパ諸国は（ヨーロッパ大陸内の通貨ではなく）比較的安定しているイギリスのポンドを求めるようになった。これが、ドイツが戦争を始める理由の一端となった。だが結局は、それが功を奏することはなかった。第一次世界大戦が三年目に入るころには、ヨーロッパ大陸の国々はいずれも、戦費を捻出するために通貨の質を下げざるを得なくなり、通貨の暴落と悪性インフレを引き起こした。そのため、ヨーロッパの唯一望ましい通貨として、ポンドを事実上採用する流れを加速させただけとなった。

だが、それも長くは続かなかった。第一次世界大戦後の混乱と経済危機のなかでは、大英帝国でさえ、ヨーロッパ諸国が必要とする通貨を支えられるほどの力はなかった。イギリスの前に世界帝国を築いた古代ローマやスペインの場合と同じように、ポンドの需要の高まりが、通貨ベースのインフレを引き起こした。それに加え、戦争による経済の全体的な混乱や、およそ五〇〇年に及ぶ植民地主義・帝国主義的経済体制の解体や、世界的な関税戦争もあった。世界大恐慌が過剰なほど大規模化したのは、それらが重なったからなのかもしれない。

こうして、アメリカの時代がやって来る。アメリカは一九〇〇年にはすでに、大英帝国に代わる世界最大の経済国と化していた。そのうえ、第一次世界大戦には三年目に入るまで参戦しなかったため、通貨の質を下げるほど追い詰められることもなく、ヨーロッパ諸国に対して債権国としての役割を果たすことができた。イギリスのポンドは、フランスのフランやドイツのマルク、ロシアのルーブルほど切り下げられてはいなかったが、片やアメリカのドルはまったくの無傷だった。*

さらにアメリカは、第二次世界大戦の際にも、金《きん》で支払われさえすれば、同盟国が必要とする物資（石油や燃料、鉄鋼や銑、小麦や小麦粉など）を積極的に提供した。その結果、戦争が終わるころには、アメリカの経済規模が大幅に拡大する一方で、ヨーロッパ諸国の経済規模は大幅に縮小した。また、アメリカのドルが、西半球全域で唯一の合理的な交換手段となった。それだけではない。アメリカは、東半球のどこであろうと長期的な通貨競争力を生み出すもとになりえた貴金属を、ヨーロッパ全域から吸い上げてしまった。これは、想像以上に真実を突いた表現なのかもしれない。結局のところ、貴金属により保証されたヨーロッパの通貨は、有史時代が始まる前からずっと地球の全域で貴金属を奪い取ってきた、あらゆる時代のあらゆる人類文明の到達点を示しているからだ。

その貴金属が戦後には、フォートノックスにある連邦金塊貯蔵庫のなかに収まった。

＊　それに、アメリカのドルはまだ新しかった。アメリカは一九一四年になるまで、連邦準備制度を確立してもいなければ、現在「ドル」として知られている通貨を正式に導入してもいなかった。

ヨーロッパ大陸を襲った苦難とイギリス・ポンドの供給不足を受け、ヨーロッパのほとんどの国は、貴金属に固定された通貨制度を放棄し、ほかならぬ米ドルによって自国の通貨を保証する制度へと移行した（米ドルは、ほんの数年前までヨーロッパにあった金により保証されていた）。

▼成功から失敗へ

一九四五年八月の第二週についに銃声がやむと、過去五世紀にわたる主要国すべてが、壊滅するか、貧窮するか、弱体化するか、世界から孤立するか、それらの問題が重複した状態に苦しんでいた。超国家的（さらに言えばグローバル）な通貨を保証するのに必要な貴金属を保有していたのは、アメリカだけだった。また、その通貨を広く遠くまで普及できる軍事力を備えていたのも、アメリカだけだった。理論的な見地だけから見ても、グローバルな交換手段の候補になれるのは、米ドル以外になかった。それは、ブレトンウッズ協定に明文化する必要もないほど明白なことだった。*

金により保証されたドルが全世界的な規模で広まるのは確実だった。だが、金により保証されたドルが失敗する運命にあるのも、また確実だった。

「秩序」が始まると、これまでの歴史を通じて絶えず反目し合ってきた国々が、和平を実践するだけでなく、味方同士になることを余儀なくされた。かつては遠く離れた帝国の君主を支えるために利用されてきた地域経済が、突如として地域的な発展や拡大に基づいて再出発できるようになった。また、文字どおりあらゆる国の、あらゆる人々が、あらゆるものを交易できるようになった。すると国の数が増え、急速な再建、急速な成長、急速な近代化、急速な工業化、急速な都市化が進み、交易が拡大した。戦争中、インフラを標的とした空襲に何年も苦しんできたドイツや日本などの国も、再び何でも建造できるようになった。とても巧みに、しかも短期間のうちに。

これらすべてには、お金が必要だった。求められていたのは、いつでも他国通貨と交換可能な、信用の置けるハード・カレンシーである。しかし、そんな通貨は一つしかなかった。

急速に成長するシステムを円滑に動かすためには、膨大な量のドルがなければならない。中間生産物の交易が国内から多国間に移行すれば、なおさらその必要性は増す。アメリカは、拡大するグローバル経済のニーズに応えるため、自国の貨幣供給量を拡大した。だが、貨幣供給量を拡大し続けるということは、そのドルの裏づけとして、より多くの金《きん》が必要となることを意味する。

ところが、金の量は増えなかった。というより増やせなかった。歴史全体を通じて人類が産出した金は、わずか一七万tほどだと考えられる。これまでに採掘されたあらゆる金をアメリカ政府が手にしていたとしても、それにより「保証」できるのは、全世界に供給されたドルの

＊　イギリスはきわめて甘い考えを抱いていた。アメリカは寛大な融資条件で無尽蔵に金を貸与してくれるだろうから、ポンドは再び世界を支配できるに違いない、と。だがアメリカは、イギリスがブレトンウッズ会議の座席割り当てを担当するのを鷹揚《おうよう》に認めただけだった。しかも、その任務を実際に担当したのはボーイスカウトだった。

なかの二一〇〇億ドル分でしかない。[*] それなのに、一九五〇年から一九七一年にかけて、世界の貿易額は、この数字の五倍に拡大していた。それどころか、そもそもアメリカのGDPが、すでにその貿易額を超えていた。さらに、「秩序」がもたらした平和と経済成長により、全世界の人口も二五億人から三八億人に増大した。これは、米ドルによる交易の需要が今後さらに増えることを意味していた。[†] たとえ完璧な政治が行なわれたとしても、金本位制は失敗する運命にあった。

アメリカは、困惑しながらも二つの問題を痛感していた。資産により保証された通貨は、急速な成長とは相容れないという古くからの問題と、資産により保証された通貨は、世界的な平和（アメリカの反ソ同盟を維持するための平和）とは相容れないという新たな問題である。

アメリカはいわば、自分の描いたマスタープランの人質になっていた。戦後の政策は、まったくもって完璧なものではなかったのだ。

当初のブレトンウッズ協定には、新たな通貨体制への信頼を保証するために設けられた条項があった。締約国はいつでも、いかなる量であれ、ドルを金に交換できるという条項である。一九六〇年代を通じて、フランスは、ああだこうだしつこく言いながら、この条項をどんどん実行に移していった。通常であれば、こうして金の需要が増せば、金の価格は上がる。だが金の価格は、何よりも重要な信用を守るため、一トロイオンス［およそ三一g］当たり三五ドルと条約により固定されていた。金の適正価格を決める「通常」ルートが閉ざされれば、起こりうる結果は、ドルの需要の増加しかない。その結果は？　交換手段である米ドルが不足する事態となった。このままでは、「秩序」がもたらしたあらゆる経済的成果が無に帰してしまうおそれがある。フランス（およびその他各国）は、この体制全体が崩壊すると確信し、その後に備えて金をかき集めた。

世界規模の経済不況に陥れば、アメリカは、核武装したソ連と単独で対峙《たいじ》しなければならない。そんな可能性に直面したアメリカに、できることは一つしかなかった。一九七〇年代初めにニクソン政権は一連の改革を通じて、金への兌換《だかん》を打ち切り、米ドルを自由変動相場制へと移行させた。

その結果、主要国のなかで初めて、金庫室に資産を保有しているふりさえしない、驚くべき政府が登場した。ドルを保証する唯一の「資産」は、アメリカ政府の「十分な信頼と信用」だけとなった。対立候補をことごとく共産主義者呼ばわりして「策略家ディック」とあだ名されたニクソンは、「私を信用してほしい」と訴えた。一九七一年以降、グローバル化に支えられたアメリカの同盟戦略は、文字どおり、その「信用」という言葉に基づくものとなった。

私たちはこうして、この先がどうなるかわからないまま、不換紙幣という道なき道を、手に手を取って陽気に歩んでいくことになった。

＊　一九五〇年の相場による。

†　この見積もりは、どちらかと言えばかなり控えめなものだ。アメリカは戦争を利用して金準備高を史上最大規模にまで増やしたが、人類が産出した金のおよそ九〇％は、博物館の展示品や結婚指輪などに利用されてしまっている。

第二章　資本を使って冒険する

一九七一年以前の時代の金融に特徴的な原則が一つあったとすれば、それは「貨幣はいつも不足している」というものだ。通貨の価値は何らかの資産と直接結びついており、通貨の量は当該国の力と主権の及ぶ範囲によって決まっていた。この二つの特徴が、通貨を発行する政府にも、通貨を利用する人々や企業（およびほかの政府）にも、はなはだしい制約をもたらしていた。

ところが、新しい奇妙な世界では、「貨幣は限られた量しか存在しない」というあの重要な原則が雲散霧消してしまった。貨幣の量は有限だから綿密に管理する必要があるという時代が終わり、利用可能な資本の量にもはや実質的な上限はなくなった。貨幣量の上限は、純粋に政治的な問題と化したのだ。

アメリカにとっては、その「上限」の意味はきわめて明快だった。つまり、グローバル化した貿易システム全体を支えるのに十分な通貨が供給されるまで、貨幣供給量を拡大し続けてもかまわない、ということだ。ところが、米ドルを自国通貨の後ろ盾として利用しているほかの国では、「上限」の意味が異なり、それぞれの政府が必要とするものが何であれ、それを手に入れるまで、どこまでも貨幣供給を拡大し続けていい、という意味になった。この大きな相違によって、資産が通貨を担保していた世界では存在しえなかった手段や選択肢が考案された。これらの手段や選択肢が結果的に、不換紙幣の時代には存在する可能性がまったくなかった統治システムを生み出した。

▼利益を度外視したマネー――アジアの金融モデル

すべては日本から始まった。

二度の世界大戦よりはるか昔、アメリカのペリー提督が日本に開国を迫るよりもはるか以前から、日本には負債に関する独特の考え方があった。日本では、資本は経済的なニーズに応えるために存在するのではなく、政治的なニーズに応えるために存在する。その目的のためなら、負債が許容されるどころか、奨励までされていた。ただし、君主にとって不都合でなければの話である。天皇や将軍の目標達成に支障が出るほど負債が蔓延すると、「徳政」という負債免除令が出され、負債が帳消しになった。このような事例は、八世紀にまで遡る。干ばつ？　徳政だ！　洪水？　徳政だ！　飢饉？　徳政だ！　政府の財政が赤字？　一割の手数料のみで徳政だ！

したがって、借金が頻繁に行なわれる傾向があった。借金がすでに蔓延しているような時代なら、なおさらだ。全体的な財政状態が悪くなればなるほど、天皇や将軍が姿を現し、みごとな笏《しゃく》を振りながら、あれこれの階級の負債を無効にすると宣言する可能性が高まるからだ。そのため金融業者は、店の経営や自身の体を守るために途方もない努力を強いられた。たとえば、借り手が徳政に頼ることのないように、貸付証書に徳政に関する特約を付記していた。また、徳政が宣言されると、暴徒が金融業者の家に押し寄せ、徳政に関する特約が履行されるのを防ごうと、彼らを叩き殺して貸付証書を焼き払うことがよくあったため、屋敷には壁や塀を巡らせておかなければならなかった。おもしろい時代である。

いずれにせよ、ここで重要なのは、経済は政治と常に結びつけられてきたが、そのなかでも日本は、金融を国家のツールにするトレンドの仕掛け人だったということだ。日本では、いったん封印が解かれると、どんなプロジェクトであれ、政府があきれるほど大量の現金を注ぎ込むことがごく当たり前に行なわれる。ほとんどの場合、その「現金」は、融資という形をとる。なぜなら、もうおわかりのように、そうすれば政府が造作なく負債を帳消しにし、財政をゼロから始めるのに都合がいいからだ。この徳政では、常に誰かが貧乏くじを引くことになるが、第二次世界大戦以前の日本が荒れていた時代には、中央政府に敵対している一部の派閥が、その役目を担わされることが多かった。まあ、それはどうでもいい。

第二次世界大戦が終わると、またしても負債が帳消しにされた。ただしこれは、天皇の勅令というよりもむしろ、何もかもが壊滅的な状態にあったからだ。敵国は日本を完膚《かんぷ》なきまでに破壊し、徹底的な屈辱を与えた。そんな状況のなかでは、みんなで文化的な足並みをそろえて進んでいくことが何よりも重要だったのだ。誰も置き去りにしないように。

日本はその解決策として、負債に関する日本独特の考え方を、大規模な復興努力にも適用し、あらゆる開発プロジェクトに巨額の資本を注ぎ込んだ。だがその際には、物理的なインフラや工業プラントを修復・拡張するよりも、市場シェアや処理能力を拡大して、大量雇用を達成することに重点を置いた。利益をあげたり、モノを生産したりするよりも、戦時中の指導者に裏切られたと感じている国民の忠誠心や幸福を獲得するほうが重要だったのだ。そんな忠誠心の高い幸福な国民は、都合のいいことにモノづくりが得意だった。

欧米流の経済学的視点からすれば、そのような判断は「資本配分が悪い」と言われるかもしれない。負債が完済される見込みが、ほとんどないからだ。だが、そういう問題ではなかった。日本の金融モデルは、経済的な安定を実現することではなく、政治的な安定を確保することを目的としていた。

そのような目的に焦点を絞れば、代償が伴う。目標が市場シェアや雇用である場合、コスト管理や収益性が、知らず知らずのうちにおろそかになっていく。収益性を気にしない負債駆動型のシステムでは、不足があれば、さらなる負債で埋め合わせることになる。スタッフを雇い、原材料を購入するためにも借金。新たな製品を開発するためにも借金。その製品を新たな顧客に販売するためにも借金。その顧客の購入を支援するためにも借金。

さらには、借金を借り換えるためにも借金。

日本だけではない。第二次世界大戦後には、日本の先例に従う一団が現れた。韓国、台湾、シンガポール、香港は、終戦までの数年間（あるいは数十年間）にわたって、日本の植民地・保護領として日本文化の多大な影響を受けてきた（あるいはそれに苦しめられてきた）。その刷り込みは、金融は経済に関係するだけでなく政治や国家目標にも関係している、という日本的な考え方にまで及んでいた。

この四つの経済圏は、この考え方を採用すると、欧米（および日本）の資金を大量に注ぎ込んで、開発・工業化・都市化のプロセス全体を飛躍的に加速させた。一九五〇年代から六〇年代にかけて、諸外国から大量の融資を受け、自国のあらゆるシステムの徹底的な再編にその資金を利用したのだ。その結果、台湾、シンガポール、香港は、ドイツが一世紀以上かけて成し遂げた工業化を、わずか三〇年足らずで成し遂げた（ドイツのモノづくりやシステムの再編が特別遅かったというわけではない）。韓国に至っては、二〇年もかかっていない。

やがて一九七一年を迎えた。すると突然、外国の（金《きん》により保証された）資本の必要性が低下した。利益で負債の返済ができないのなら、貿易黒字で支払いをすればいい。貿易黒字で支払いができないのなら、さらに融資を受ければいい。融資が受けられないのなら、政府が常に貨幣供給量を拡大すればいい（貨幣供給量を拡大すれば、アジア諸国の通貨の価値も下がるが、通貨安により輸出品の競争力が高まり、貿易黒字が増える）。

アジア諸国は戦後最初の波に乗り、農業から繊維工業や重工業に移行した。さらに一九七一年以後に起きた波に乗り、重工業から、かつてないほど先進的な製造業へと移行した。白物家電、玩具《がんぐ》、自動車、電子機器、コンピューター、携帯電話など、ありとあらゆる製品の製造である。資本主導型の成長に資本主導型の成長が重なり、その結果、これら四つの経済圏はわずか二世代の間に、世界的な主要都市と肩を並べる現代的な工業国へと姿を変えた。かつては世界的に見ても発展の遅れた貧しい地域だったことを考えれば、こうしてまとめて大変身を遂げられたのは、歴史上まれに見る経済的サクセスストーリーだと言っていい。

その成功を支えた要素は、三つある。

第一に、アメリカが絶えず自国の産業の一部をアジア諸国にアウトソーシングしていた。それが、アジア諸国の負債駆動型モデルをみごとに支えるとともに、アジア諸国の製品に対するアメリカ（のちには全世界）の貪欲な需要に、確実に応えさせる役割を果たした。

第二に、そうした海外の需要が堅調かつ安定していたため、アジア諸国は輸出で十分な利益をあげられるようになり、四つの経済圏すべてが負債からほぼ脱け出すことができた。

第三に、不換紙幣の導入にどこよりも積極的だったアジア諸国は、アメリカやヨーロッパ諸国が少々物怖じするほどのレベルまで、金融の可能性の限界を押し広げようとした。数字にこだわらなかったばかりか、法的・文化的障壁を利用して、自国の金融産業に外国が干渉するのを積極的に阻止した。たとえば、アジアのコングロマリット（複合企業体）のほとんどは、その企業構造のなかに銀行を組み込み、そのコングロマリットに投資させた。この成長・利益・支配力の組み合わせにより、アジア諸国はときどき半ば計画的に債務危機を引き起こし、政治システムや経済システムを危険にさらすことなく、最悪の事態を起こしかねない金融不均衡を解消していた。

やがてこのモデルは、ほかのアジア諸国にも広がったが、その結果はまちまちだった。シンガポールは、世界的な金融の中心地へと進化を遂げ、欧米の基準に（ほぼ）従い、欧米人が納得できるプロジェクトには欧米の資本を振り当てる一方で、東南アジア全域で展開されていた少々疑わしいプロジェクトにはアジアの資本をばらまいた。マレーシアやタイは、アジアの金融戦略を採用して、半導体産業や電子機器産業への移行を成功させ、（こちらはあまり成功しなかったが）自動車産業にも挑戦した。インドネシアは、ある意味ではお金が自由に手に入ることのモデルに内在するチャンス、つまり汚職に目をつけた。これら四カ国（および韓国、日本、台湾）の劣悪な資本配分の多くは、一九九七～九八年のアジア金融危機で清算を迫られた際に明るみに出た。

アジアの金融モデルの最大の信奉者となったのは、言うまでもなく中国である。中国はこのモデルをまったく新しい方法で採用したというよりも、ほとんどの基準において、常軌を逸するレベルにまでこのモデルを推し進めた。

常軌を逸することになった理由は、まず国家サイズである。中国は一九八〇年に発展への道をたどり始めたが、そのときすでに一〇億人もの人口がいた。これは、ほかの東アジア諸国（日本からインドネシアまで）の総人口をも上まわる。

タイミングもあった。中国がグローバルな「秩序」に参加したのは、ニクソン大統領が訪中し、毛沢東主席が死去したのちの一九七〇年代後半に、広範な経済改革に着手してからだ。つまり、中国がビジネスに本腰を入れる覚悟を決めたころには、金本位制が廃止されてすでに一〇年近くがたっていた。そのため現代の中国は、不換紙幣が簡単に手に入る時代しか知らない。要するに、克服すべき過去のよき慣習がなかった。

中国政府が目標にしていた、国民の一体化も理由の一つである。韓国やマレーシア、インドネシアは、一部の地域に人口の半分が集中している（韓国はソウル首都圏、マレーシアはマレー半島中部の西海岸、インドネシアはジャワ島）。日本は、工業化以前は世界一民族の単一性が高い国だった。シンガポールは都市である。つまり、これらのアジア諸国は初めから、国民がほぼ一体化された状態にあった。

だが中国は違った。中国の国民は、ばらばらだ。

居住者がまったくいない地域やわずかしかいない地域を除いても、中国には三九〇万㎢以上の面積がある。これは、ほぼ西欧全域の面積に相当する。ある程度の居住者がいるこの三九〇万㎢の土地は、砂漠に近いところ、ツンドラに近いところ、熱帯に近いところなど、さまざまな気候帯にまたがっている。* そのため、華北平原のようなごく「地味」な地域でさえ、地球上のどの地域よりも多くの戦争や民族弾圧が繰り広げられる舞台となった。それに対して、中国中央部の揚子江流域は、世界史上指折りの洗練された経済圏の一つに数えられてきた。一方、起伏の多い中国南部は、アジアのなかで最も貧しく技術的に遅れたところから、香港のハイパー・テクノクラシーに至るまで、さまざまな特徴を兼ね備えている。

＊　居住者がまったくいない地域は、完全な砂漠、完全なツンドラ、完全な熱帯である。

どの国も政治的な統一を重視する。それを達成するために国内の敵対勢力と戦ってきた。中国の場合、国内統一への取り組みは、世界的に見ても残忍をきわめた。四〇〇〇年にわたる歴史の間に、そのための紛争が幾十となくあった。つい最近のことだが、毛沢東が主導する文化大革命という大規模な騒乱とその影響で、四〇〇〇万人が死亡したという説もある。これまでのあらゆる戦争で死亡したアメリカ人の総数の二五倍である。中国の歴史のなかでは政治的な暴力・抑圧・プロパガンダが繰り返されてきたが、そのような思想は、どこからともなく生み出されてきたわけではなく、悪夢のような内戦を避けるために欠かせないものと見なされている。では、それをどのように実現するのか？

お金を使うのである！

中国政府はありとあらゆるものに資本を投下する。インフラの整備。工場プラントの拡大。輸送システム。教育システム。健康管理システム。そのほか国民に仕事を提供するあらゆるものに。そのなかに「賢明な資本配分」と呼べるものなど、ほとんどない。その目的は、効率や収益性を向上させることにあるのではなく、数千年にわたり統一を妨げてきた地域的・地理的・気候的・人口的・民族的・歴史的障壁を乗り超えるという唯一の政治目標を達成することにある。そのためには、いくらお金をかけてもいい。

そして実際に、そのための資金が投じられた。

たとえば、二〇二〇年度の新規貸付は、およそ三四兆九〇〇〇億元（約五兆四〇〇〇億ドル）に及んだ。これは、中国政府の経済学者でさえ過大だと主張している中国当局の経済統計をもとに計算すると、GDPの四〇％弱に相当する。また、きわめて妥当な推計によれば、二〇二二年の時点で、中国における未払いの企業債務の総額は、GDPの三五〇％、およそ三八五兆元（約五八兆ドル）に達している。

中国は、アジアの金融モデルを熱心に受け入れたように、不換紙幣の時代にも積極的に順応した。いまでは、アメリカの二倍以上、ときには五倍ものペースで、定期的に通貨を発行している。しかも、米ドルがあらゆる意味で価値を保持しており、グローバルな交換手段となっているのに対して、中国の人民元は二〇一〇年代になるまで香港でさえ使われていなかった。*

中国の金融モデルの要は、天井が存在しないということだ。さまざまな問題に無限に資金を投じるため、システム自体が資金に飢えている。発展を妨げるものは、いかなるものであれ許されない。金額は問題視されない。貸付高が問題視されないからだ。それによる多くの影響の一つが、限られた量しか存在しない商品をめぐる、常軌を逸した購入争いである。セメントや銅、石油への需要が高まって価格が上昇すれば、それらを確保できるように、さらなる資本がばらまかれる。

* 私が中国のシステムを信頼できない理由の一端は、中国人自身がそれを信頼していない点にある。中国政府は数年前、人民元を世界的な準備通貨にするための取り組みの一環として、資金の海外送金の規制を緩和した。だがそれは、思わぬ結果を招いた。それから六カ月の間に、中国市民が一兆ドル以上の資産を、中国政府の手の届かないところへ移し替えたのだ。これを受けて、政府はすぐにこの計画を破棄し、送金システムを閉鎖した。

一九八〇年代には、日本の不動産業界で、これと同じ現象が起きた。おかしなことに、ほんのつかの間のことではあるが、東京の中心街およそ一・八㎞四方が、アメリカの西海岸一帯を超える価値を有することになったのだ〔皇居の地価が、カリフォルニア州全体の地価を上まわった〕。だが、日本はすぐにそれを、事態が劇的に良い方向へ向かっている兆候ではなく、劇的に間違った方向へ向かっている兆候だと認識した。ところが中国は、いまだそのような悲観的な認識に至っていない。中国の好景気により、二〇〇三年から二〇〇七年まで世界の商品市場が圧迫された結果、二〇〇七年には石油の価格が一バレルおよそ一五〇ドルに達し、インフレ調整後の価格で史上最高値を更新した。

中国の金融モデルが引き起こしたもう一つの事態が、大規模な過剰生産である。中国は、最終的な損益よりも、人手が余ることを懸念している。そのためいまや、鉄鋼とアルミニウムとセメントの世界最大の輸出国となっている。これら三つを、旺盛な需要を持つ中国でさえ利用しきれないほど、多く生産しているからだ。中国が提唱する「一帯一路」構想が何かと話題になっており、中国以外の多くの国は、それが利益誘導と戦略的策略をあわせ持った計画なのではないかと危惧している。しかしこれは、さまざまな形で余剰生産物を処分するための手段でしかない。

中国版「アジアの金融モデル」がもたらした最大の影響は、終わりがないということなのかもしれない。ほかのアジア諸国は最終的に、「大規模な負債はいずれ大惨事を招く」という、この金融モデルの性質から逃れられないことを学んだ。たとえば日本は、一九八九年にバブルが崩壊し、負債から立ち直るまでに三〇年もかかった。その期間があまりに長かったため、いまや人口ボーナス［生産年齢人口の割合の増加により経済成長が促進されること］をまるごと失っており、有意な経済成長は二度と望めそうもない。インドネシアは、一九九八年に経済が破綻し、それに伴って政府も崩壊した。それも二度である。その結果、政治体制はいまも大混乱状態にある。韓国とタイも一九九八年に経済破綻を経験したが、それを利用して民政への移行を確固たるものにした（タイよりも、韓国のほうがその成果を持続させている）。

それなのに中国政府は、これらの可能性を何一つ考慮していない。いまや中国共産党の正当性を支えているのは経済成長だけであり、中国の経済成長は、莫大な金額の融資にのみ基づいている。実際、中国政府が貸付を控え、同国経済を健全化あるいは持続可能なものにしようとするたびに、成長が頓挫し、国民の間で大規模なデモの機運が高まり、結局は政府が貸付を完全再開するに至っている。中国共産党の考え方によれば、「借金漬け」からの脱却は、現代中国、統一中国、および中国共産党の終焉を意味する。その点では、中国共産党の見方はおそらく正しい。党の幹部連中が、米ドルで資産を保有したがっているのはそのためだ。しかも中国の国外に。

▼偉大なる混在――ユーロ・モデル

ヨーロッパ諸国は金融に関して、アジア諸国よりはるかに控えめだ。しかしそれはいわば、ジョーン・リバーズ［アメリカのコメディエンヌ・俳優］とシェール［アメリカの歌手・俳優］の整形手術の程度を比較するようなもので、根本的な違いはないと言わざるを得ない。

ヨーロッパでは、利益を重視する姿勢が健在であり、家の購入から産業の拡大まであらゆるものが、調達可能な資本による制約を受ける。しかしヨーロッパの人々は、高いレベルの公共サービスや支援、安定性の向上を政府に求めているため、大半の政府は、主に銀行を通じて金融システムをいじることで、公共サービスや支援、安定性を確保している。

では、どのようないじり方が一般的なのか？「民間」の銀行に資本を投入させ、国の資金調達を支援させるのだ。政府が承認したプロジェクトや企業への直接融資、あるいは政府予算のもととなる国債購入を通じてそうさせるのである。このように国家が部分的に金融界を掌握していると、それが些末とは言えないさまざまな影響をもたらすことも多い。そのなかでも明らかな影響と言えるのが、ヨーロッパの株式市場の規模が、アメリカよりはるかに小さい点である。その理由の一端は、前述した独特の資本創出方法のせいで、自由に利用できる民間資本があまりないことにある。また、それほど明らかではない影響もある。その影響とは、ヨーロッパ共通の通貨、つまりユーロである。

従来の（そう、非アジア的な）金融規範によれば、担保要件や融資の可否、借入コストなどの問題は、その個人や企業の履歴、既存の負債、十分な信頼性など、さまざまな要素の組み合わせに基づいて判断されていた。これは何も難しいことを言っているわけではない。融資を受けたければ、自分が過去の借金を完済していること、新たな借入に対する返済を全うできることと、その資金をばかげた計画に投じようとしているわけではないことを証明できたほうがいい。

さらに、幅広い経済の健全性に基づく判断をいくつか加え、金融全般に関する現在の政府方針に合わせて調整を行なえば、ほら、融資方針のできあがり！

そこから生まれる明らかな特徴とは、二つとして同じ経済はないということだ。国家レベルの信用も、国の規模や国民の多様性に左右される。たとえばドイツは、容易に融資を受けられる傾向がある。これは、倹約好きの国民性のおかげで借入が少なく、信用度が高いからだけではない。ドイツ経済が優秀で、高度に多様化しており、マクロ経済的に安定していて、生産性が高いうえに、ドイツの企業も政府も、倹約的なドイツ人により経営されているからでもある。一方、イタリアでは借入コストが高い。というのは、イタリアの政府や国民は何につけてものんびりとしており、負債の支払いについても、その傾向に変わりはないからだ。またギリシャ経済は、ドイツ人気質を大雑把にしか理解していない人たちによる、貧弱な観光ショーのようなものだ。このように、あらゆる国が少しずつ違う。ヨーロッパの主要三〇カ国には、それぞれ異なる三〇の融資の伝統がある。

ところが、ヨーロッパ諸国はいつの間にか、この基本的な了解事項を忘れてしまった。そして、統一通貨を採用すれば地域内の経済統合が進み、ヨーロッパを世界レベルの巨大経済圏に押し上げられるという間違った考えを生み出した。

やがて、当時（一九九〇年代から二〇〇〇年代初頭にかけての時期）だけは合理的だった理由により、以下のような考え方がヨーロッパの社会通念となった。これまできわめて几帳面《きちようめん》な人にしか認められてこなかった条件で、ヨーロッパのあらゆる人々が借入できるようにすべきであり、いかなるレベルの政府や企業のいかなるプロジェクトであろうとも、いかなる額の借入であろうとも、その融資は認められるべきだ、と。

その結果、オーストリアの銀行は、ほぼ無料で利用できる資本を手に入れ、ハンガリーの信用度の低い借り手にそれを貸しつけた。ハンガリー版サブプライムローンである。スペインの銀行は、地域の政界の実力者向けに、誰が見ても明らかな裏金ファンドを開設した。イタリアの銀行は、自国のマフィアだけでなく、バルカン半島諸国の犯罪組織にまで大規模な融資を始めた。ギリシャ政府は巨額の融資を受け、それをほとんどすべての国民にばらまいた。誰も住みたがらない町がいくつも建設され、労働者は一三カ月目と一四カ月目にボーナスを受け取った。市民は市民であるという理由だけで直接報酬を受けた。ギリシャはまた、貸付金のみでオリンピックを主催した。大規模な贈収賄があった。誰もがそれに参加することができた（実際に参加した）。

ほどなくギリシャは、その後の金融危機のイメージキャラクターと化した。二〇〇一年にユーロを導入したばかりなのに、二〇一二年には国家債務がＧＤＰの一七五％を超えた。それに加えて、民間銀行システムの破綻によってＧＤＰの二〇％もの債務が積み上がった。ギリシャだけではない。最終的には、ＥＵに加盟する九カ国が救済を求める事態となった。ユーロ圏に参加していなかったイギリスでさえ、無傷ではいられなかった。世間に後れを取ってはならないと、ユーロを借り入れて貸付を進めていたため、最終的にはイギリスの五大銀行のうち二つまでもが、無条件で破産管財人の管理下に置かれることになった。

だが、本当の意味で恐ろしいのは、ヨーロッパがユーロバブルの崩壊から立ち直れなかったことだ。二〇〇七年に世界金融危機が発生した際にアメリカは、早くもその第一週に危機緩和策を実施したが、ヨーロッパ諸国がそれと同程度の危機緩和策を銀行部門に実行させることができたのは、二〇一八年になってからだ。さらに、二〇一九年にコロナ禍が始まったせいで、ヨーロッパ全域で、GDPに占める負債の割合が二〇〇七年よりも高くなった。それまでユーロ圏の大半の国は、不況に陥ったり不況から脱け出したりを繰り返していたが、二〇二〇年から二一年にかけてのパンデミックにより、全域が同時不況に陥った。ギリシャを始め、信用破綻を経験した国々は、二〇二二年になっても破産管財人の管理下にある。

このパンデミックから立ち直るには、さらなる負債に頼るしかなかった。こうして、GDPの六・五％に及ぶ負債が追加された。* しかしながら、この負債が返済されることはないだろう。なぜなら、現在のヨーロッパ諸国は、人口構成を回復できる時点をはるか以前に通り過ぎてしまっているうえに、中核的な国のほとんどがすでに高齢化しており、二〇〇六年の経済状態に復帰するのは絶対に不可能だからだ。ヨーロッパは無数の問題を抱えている。それでも金融界が混乱に陥ることさえなければ、問題に対処できる力強いツールが多少なりともあっただろうが、いまはもうそれもない。ヨーロッパのシステムは、共通通貨がいずれ崩壊するまで、その

＊ これは平均値である。パンデミックによりヨーロッパ大陸全域で、あらゆる国が自国のために奮闘する状況が生まれた。そのためデータや結果は、国ごとに大きく異なる。

場しのぎの形だけの活動を続けることになるだろう。

だが、アジア諸国とヨーロッパ諸国を批判する前に理解しておいてほしいのだが、私たちが現在暮らしている「誰にでも現金を融通する」世界を利用しているのは、これらの国だけではない。そう、アメリカも例外ではないのだ。

▼バブルとその破裂の繰り返し——アメリカ・モデル

一九七一年以前の世界では、資本が不足していたため、エネルギー関係の大半の仕事は、リスクに対処できるように、少数の企業によってトップダウン型で管理されていた。たとえばエクソンは、海外で原油を生産し、タンカーで母国に輸送し、製油施設で原油を燃料に精製し、フランチャイズ・ネットワークを構成する小売店にその燃料を配送し、消費者に販売するまでをすべて自社で行なっていた。

ところが一九七一年以降になると、資本の原則が撤回されたわけではないにせよ、確実に緩和された。新しい資本構造はリスクを取ることを促進した。すると、油井から顧客までのサプライチェーンすべてを担うのではなく、採掘や輸送、精製など、個別の作業を担う新たな企業が現れた。これらの新企業は、大手エネルギー企業と並行して、あるいはその内部システムのなかで活動した。

やがて、エンロンが登場した。エンロンは一九八〇年代後半、アメリカのエネルギー産業全体を仲介する存在になろうと、その規模を拡大し始めた。その一環として、まずは生産者と消費者とをつなぐ天然ガスの「銀行」をつくった。一九七一年より前の世界であれば、天然ガスのような厄介な商品を消費地以外の場所に貯蔵しておくなどというのは、コスト的に見てもばかげた考えだったに違いない。* だが一九七一年以降の世界では、どんな新しいアイデアでも、資本を利用して試してみることができるようになった。天然ガスから始まったエンロンのビジネスは、やがて石油事業、電気事業、パルプ・製紙業、電気通信事業、データ通信事業へと拡大を続けていった。†

だがエンロンは、実質的に何も所有していなかった。輸送手段さえ、ほとんど所有していなかった。その代わりに、さまざまな商品の将来的な獲得と受け渡しの保証を売買することで収入を得ていた。こうした先物市場は現実にあり、即時納入が必要になる前に生産者や消費者を関連会社と結びつけることで、生産者にも消費者にも信頼性を提供する。だが、仲介者の役を演じるには、このうえなく厳正な帳簿の管理が必要になる。

エンロンは、この帳簿の管理に長けていた。だが、厳正だったか？　いや、そうでもない。事実上何も所有せず、何も動かさず、何にも価値を付加しないのであれば、帳簿のなかにあるものから収入を得るしかない。そのためエンロンは、帳簿上でモノを動かし、帳簿上で「価値

＊　天然ガスは気体なので保管が難しい。それに管理を誤れば爆発するおそれもある。
†　これらの産業がどうつながっているのかわからないという人がいるかもしれないが、そう思うのは決してあなただけではない。

を付加」しては、収益があるふりを装うようになった。それがきわめて巧妙になされていたため、多くの投資家がエンロンに将来性があると思い込み、その株式を買い込んだ。その結果エンロンは、絶頂期にはアメリカで七番目の時価総額を誇る上場企業となった。

だが、エンロンのしたことを別の言葉で言えば「詐欺」だ。

エンロンが天候先物取引を導入し、その社是を「世界一の優良企業」に変えたころから、誰にも増してこの企業を称賛していた人々でさえ、不穏なにおいをかぎ取るようになった。最初の情報漏洩《ろうえい》から五カ月もたたないうちに、高い評価を得ていたエンロンの株式はわずか数セントにまで下落し、同社は否応なしに倒産に追い込まれた。資産をほとんど所有していなかったため、債権者にはかじりつく骨さえなかったという。

もっと痛々しい例を挙げよう。

アメリカでは、二〇〇〇～〇一年のエンロン絡みの不況ののち、低インフレによる堅調な、長期にわたる経済拡大局面に入った。すると、住宅市場が急速に成長した。

アメリカン・ドリームの本質は、前の世代よりも経済的に豊かになることにある。一九五〇年代から八〇年代までの間に、アメリカの中流階級の白人は、この「アメリカン・ドリーム」を「持ち家」と結びつけるようになった。一九九〇年代から二〇〇〇年代にかけての時期になると、文化的基準の高まりや政府の奨励を通じて、こうしたアメリカン・ドリームが幅広く社会に浸透した。すると、住宅市場において銀行が重要な役割を果たすようになった。また、住宅建設会社が、あちこちに数を増やしていった。政府機関も市場に直接介入し、住宅購入にまつわる取引費用や金利負担の減免に取り組んだ。

やがて政府、金融産業、文化の全面的な支援を受け、これまでにないタイプの企業が現れた。「住宅ローン組成会社」である。これらの企業は、住宅を購入しようとしている消費者を見つけ、その購入資金として住宅ローンを提供しては、その際に生まれた抵当権を投資家に販売した。これらの投資家は、複数の抵当権を一つにまとめ、まとめたものを細かく分割して債券市場に流通させた。このアイデアの要は、抵当権は最も安全な投資商品だという点にある（消費者は、自分の家やそれに注ぎ込んだお金を失わないためなら何でもする）。こうして抵当権を債券（「不動産担保証券」）に変えることで、より多くの投資家が、より多くの資金を市場に投入できるようになると、誰にとっても資金調達コストが下がることになった。

資本が、かつてのような制限要因ではなくなった結果、与信条件は徐々に緩和されていった。住宅を購入しようとする人が、頭金として半額を支払わなければならない時代は、遠い過去となった。ローン全体の半額だった頭金が四分の一になり、四分の一が五分の一になり、五分の一が一〇分の一になり、一〇分の一が二〇分の一になり、二〇分の一がゼロになり、ゼロどころか……五％のキャッシュバックを受けられるまでになった。信用調査も次第に厳密なものではなくなり、最終的には、調査がまったく行なわれなくなった。もはや住宅ローン組成会社は、購入住宅の支払いができないことがわかりきっている顧客にまで住宅ローンを提供し、住宅のローン契約をまとめてから数日、あるいは数時間もたたないうちに、その抵当権を投資家に販売していた（このような不正融資がばれるのを怖れてのことである）。こうして不動産担保証券は瞬く間に、最も安全な投資商品から、エンロンでさえ尻込みするような商品へと劣化した。そのころになると、新規住宅購入者は、住宅ローンの一回目の支払いから支払い義務を怠るようになった。やがてすべてが破綻した。その結果起きた経済的大混乱が、二〇〇七～〇九年の金融危機である。

　影響が広範囲に及んだ例は、ほかにもある。

　二〇〇〇年代のアメリカは世界最大の石油消費・輸入国であり、世界の石油市場の浮き沈みに対して、敏感に反応していた。二〇〇四年からは石油市場価格が深刻な上昇局面に入り、四年もたたないうちに石油価格が四倍になった。このような価格の暴騰は、新たな技術革新を促進するには十分すぎる動機となり、やがて国内のエネルギー供給量を大幅に増やす結果となった。

　この新たな技術革新については、聞いたことがあるに違いない。水平掘削により、従来の掘削技術では利用不可能だった原油源を利用できるようになった。高圧水の注入により、原油根源岩に亀裂を入れ、そのなかに閉じ込められていた数兆もの原油だまりを解放し、坑井《こうせい》を通じて採取できるようになった。リサイクル技術の向上により、掘削に必要な水の量が九〇％以上削減され、水質の改善により有害物質が排除された。データ管理技術の向上により、掘削の微調整が可能になり、原油が存在する特定の地点のみを掘削できるようになった。これらの技術革新を総称して、「フラッキング革命」や「シェール革命」という。その結果アメリカは、石油と天然ガスの世界最大の産出国となった。

だが、このシェール革命には、ほとんどの人が見逃している側面がある。すなわち金融である。

新たな技術を開発する。一マイル〔約一・六㎞〕地下へ垂直に掘削する。そこから向きを変え、さらに二マイル水平に掘削する。三マイル先の岩盤に高圧水を噴射して亀裂（フラクチャー）を入れる。フラッキング作業を最適化するために、地震波の後方散乱をサーバーに解析させる。これまでにない作業をさせるためにスタッフを訓練する。これらすべての段階に、かなりの費用がかかる。さらに、これまでの石油産業でも「当然」必要とされた部分（原油の収集・輸送インフラとなるパイプや鉄道のネットワークなど）にも、間違いなく費用が必要になる。そのため二〇一二年の時点では、シェール層から一バレルの原油を産出するのに、およそ九〇ドルのコストがかかっていた。

アメリカではよく見られることだが、シェール産業のように急速に発展する産業のなかで技術革新を成し遂げるのは、ほとんどの場合、中小企業である。これらの中小企業に一つ共通点があるとすれば、それは資金不足に悩んでいるということだ。だが、石油価格が上昇していた当時のアメリカには、国内での原油生産を増やしたいという切実な戦略的・経済的ニーズがあり、不換紙幣時代の金融には無限の可能性があった。そのニーズと可能性が結びつき、資金不足の問題はあっけなく解決した。ウォール街は、ビジネスローンや直接貸付、債券、株式購入、共同掘削事業による金融機関からの直接資金注入、生産ヘッジ取引などを通じて、シェール層に資金をばらまいた。これらすべてが、この成長産業への資金注入につながった。

いまにして思えば、それらの資金投入すべてが理にかなっていたわけではない。シェール油井は、その二〇年ほどの生産寿命のうち、最初の数カ月間で貯蔵量の大半を産出してしまう傾向がある。そのため借りた資金は、すぐに返済されるか、まったく返済されないかのどちらかだ。そしてたいていは、まったく返済されない。それでもこの一〇年以上の間、非難される企業はほとんどなかった。むしろこうした中小企業は、何度も繰り返し市場に戻ってきては、さらなる掘削をするための資金を調達することができた。このように、必ずしも利益が得られるわけではないのに生産を繰り返すところは、不気味なほど中国に似ている。これほど疑わしい融資判断が繰り返されることは、一九七一年より前の世界では、まずなかったと思われる。だが、不換紙幣の世界では、それが可能だった。そのためにアメリカは、どの産油国よりも絶対的な産出量を拡大することができた。

アメリカにおけるこのような浪費が、金融や不動産、エネルギーに限られたことだとは思わないでほしい。賢明な財政を口先だけでも主張していたアメリカの大統領は、ビル・クリントンが最後だった（とても賢明だったとはいいがたい人物ではあるが）。実際、クリントン政権時には連邦政府の予算収支は均衡していた。ところが、そのあとに登場したジョージ・W・ブッシュは、第二次世界大戦以来最大の財政赤字を生み出した。その後継者であるバラク・オバマは、その赤字を二倍にした。その次の大統領であるドナルド・トランプは、さらにその赤字を二倍にした。次に続いたジョー・バイデンは、さまざまな投資計画に政治生命を懸けてきた。赤字は、さらにまた二倍にふくらむことだろう。

アメリカのエンロン事件やサブプライム危機、シェール革命に費やされた資金、連邦政府の財政赤字はもちろん、ヨーロッパの共通通貨や現代の中国という国も、不換紙幣時代のほぼ無限に近い資本がなければ、生まれなかったことだろう。

第三章　惨事は相対的なもの

不換紙幣時代の欠点について、三つほど非難しておこう。それほどささいなものではなく、歴史的に重大な意味を持つ欠点である。

第一に、不換紙幣時代の到来により、経済の規模に関係なく、世界中のどの国も、現金で問題を覆い隠すことができるようになった。その一方で、どんな時代でも各地域の命運を左右する要因となってきた「成功をもたらす地理」が力を失い、低コスト資本が際限なく供給される状況のほうが情勢を決定する力を持つようになった。確かに、不換紙幣の世界では金融バブルの崩壊がたくさんあったが、何よりも問題なのは、この無限の資本が経済の歴史を停止させ、その前進を阻んでいるということだ。不換紙幣の時代には、どんな地域の、どんな国でも成功できてしまう。資本が、次から次へとやって来るかぎりは。

第二に、どこの国も無限の資本を利用して成功してしまっている。現在、貨幣供給量を拡大していないのは、物価の安定を優先して、経済成長を意図的に控えている国だけだ。その典型が、最近になって経済的打撃を受け、復興の足がかりをつかもうとしている国々である。だが後期資本主義の時代に、そのような例外はごくまれにしかなく、全体像をつかむうえでは重要ではない。

第三に、同じペースで通貨を発行し続けている国は一つもない。

確かにアメリカも、妥当な範囲を超えて貨幣供給量を拡大してきたかもしれないが、少し視点を変えてみてほしい。

・サブプライムローンによるバブルが崩壊したとき、アメリカの住宅市場に出た物件数が史上最多を記録した（およそ三五〇万戸）。だが、それもすでに昔の話である。アメリカではいまだ人口が増加しており、国民は住宅を望んでいる。そのため、これらの住宅が座礁資産になることはなかった。実際、アメリカ史上二番目に大きな規模を誇るミレニアル世代が、二〇一〇年代から二〇年代初頭にかけて戸建て住宅に入居した。しかも老朽化、火災、取り壊しなどにより、毎年住宅ストックのおよそ一％が解体されている。その結果、二〇二一年には、住宅市場の物件数が七〇万戸を下まわり、過去最低を記録した。二〇〇〇年代の劣悪な資本配分の判断を軽視するつもりはないが、あのサブプライムローンの拡大がなければ、二〇二〇年代のアメリカの住宅不足問題は、もっとひどいものになっていたに違いない。

・同じような現象は、シェール産業でも見られる。最近では、融資条件が一気に厳しくなった。それは、銀行が賢明になったからであり、ウォール街が疑念を抱くようになったからであり、エネルギー市場の価格変動により財政的に苦しい企業が生き残れなくなったからだ。その結果、二〇二二年にはシェール層掘削事業者の数が、二〇一六年に比べ三分の二も減少した。確かにこれまでは、無数の中小企業が低金利融資を受けて、自社の体力以上の操業を続けていたかもしれない。だが、こうした中小企業の取り組みがあったからこそ、新世代の技術が生まれた。アメリカはおかげで、今後数十年にわたり苦労しないですむ。

・二〇〇七〜〇九年の金融危機の際にアメリカで行なわれた量的緩和は、金融アルマゲドンを阻止することを目的としており、間違いなく必要なものだった。その後、危機に関連した改革もあり、いまやアメリカの銀行は世界一健全な金融機関になった。それに、この貨幣供給量の拡大は、相対的に見ればそれほどの規模ではなかった。この期間に追加された貨幣供給量の総額は、およそ一兆ドル（貨幣供給量全体の一五％未満）でしかない。

これをヨーロッパと比較してほしい。ヨーロッパでは二〇〇六年以降、世界一不安定で不健全な金融産業を守るために、当然のように貨幣供給量を拡大してきた。ヨーロッパの金融危機の際には、二年足らずのうちにユーロの供給量を八〇％も増加させた。しかもそれは、危機の緩和だけが目的ではない。ヨーロッパと日本は、果たすべき政治目標があるときにはいつも、貨幣供給量を拡大している。その結果、ヨーロッパや日本以外の国の人々は、自国の通貨で資産を保有したり取引したりしなくなっている。ヨーロッパや日本の貨幣供給量が、アメリカの

世界の貨幣供給量

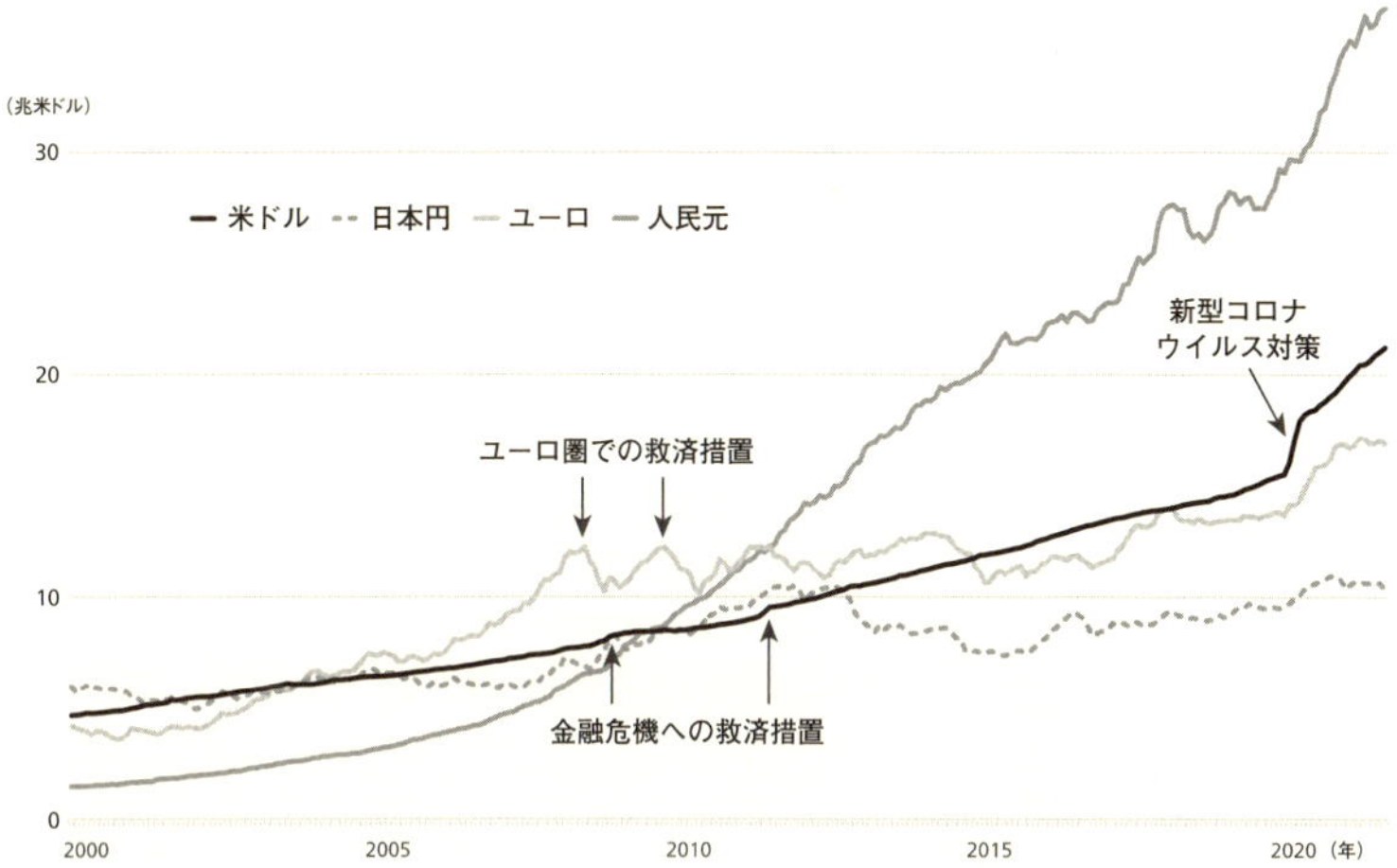

貨幣供給量を超えることもたびたびあった。ヨーロッパのユーロも日本の円も(日本の円は特に)、もはや真にグローバルな通貨ではないにもかかわらずである。

また中国でも、貨幣供給量の拡大があらゆる事業の標準的な手段となっており、それがまさに金融産業を破綻させている。中国が全世界を支配すると誰もが噂し始めた二〇〇七年以来、人民元の供給量は八〇〇%以上増えている。

中国本土を除けば、人民元が民間に流通しているのは香港だけであり、それは香港が、中国本土とほかの世界とを結ぶ金融拠点としての機能を果たしているからにほかならない。それ以外の地域では、人民元は、ほぼ存在しないに等しい。中国経済の規模は、超国家主義的な中国人さえ認めているように、いまだアメリカよりかなり小さい。それなのにこの一〇年間の中国の貨幣供給量はアメリカを上まわっており、二倍に及んだこともたびたびある。そのため人民元は、どの国でも価値を持っていない。実際、中国から米ドルのネットワークへの資本逃避は、頻繁に年間一兆ドルを超える。

この金融システムと末期的な人口構成とを考え合わせれば、中国経済はもはや、消費主導型でもなければ、輸出主導型でさえなく、貸付主導型にならざるを得ない。そうなると、世界のどこかの国が発展して原材料供給やエネルギー供給、あるいは輸出ルートに影響を及ぼすようになった場合、そうした情勢の変化に中国経済は脆弱になる。もはや、そうした国々の発展を管理するどころか、その発展に影響を及ぼすこともできないからだ。中国は、ほぼ半世紀にわたり破綻への道をたどってきた。これは、突然、水平線上に現れた氷山がもたらすような災害ではない。有能な人材に指導され、将来を考慮して厳しく管理された政府であったならば、避けられたに違いない。

以上をまとめると、こういうことになる。アメリカは、少々無責任な金融政策を実施してきたのか？　おそらく。それが、将来に影響を及ぼすことになるのか？　まず間違いなく。それは、いい影響なのか？　十中八九そうではない。だが、それよりも心配なのは、ほかの地域だ。ヨーロッパと日本は深みにはまっている。一方中国は、ハリケーンが猛威を振るうなか海に泳ぎ出て、ゴジラが出てきそうなテキサス州サイズの渦に頭を突っ込んでいる。ここで重要なのは、規模だ。

ルールが変わるときには、とりわけ規模が重要になる。

だが、ここで指摘しておきたい。不換紙幣時代に資本が急増したというのは、問題の半分でしかない。最近になって資本の供給量を増やし、資本コストを抑え込んできた第二の要素がある。この要素は、昔からずっと存在している。しかし、それがいまや崩壊の過程にある。

第四章　続・「より多く」の終わり——人口と資本

それは、年齢という単純な問題である。

文明の夜明けから工業化時代中期に至るまで、人口の各年齢層（子ども、若年労働者、熟練労働者、定年退職者）は、多少の変動があるだけで、おおむねバランスよく存在してきた。そのため資本供給は、量的にはごく限られていたものの、きわめて安定していた。若者は支出が多く、それをまかなうために資本を借りる。そんな資本を求める若者が大勢いた。

一方、熟年労働者は一般的に支出を抑える傾向にあるが、同時に社会の富裕層を形成している人々でもある。それまでの生涯にわたり富を蓄えてきてはいるが、若いころほど支出はしない。投資という形であれ、納税という形であれ、彼らが提供する資金が、あらゆる社会の根幹を成している。だが、高齢になると死亡率が高まるため、熟年労働者はそれほど数多くは存在しない。つまり、貯蓄家は少なく、支出家は多い。お金の需要と供給の関係から、借入コストは高止まりしていた。

だが、工業化が状況を一変させた。初期に工業化した国々では、寿命が延びるとともに子どもの死亡率が低下し、人口がおよそ三倍に増えた。同時に都市化が進み、やがて家族の規模が小さくなるとともに、人口が高齢化した。ここで重要なのは、「やがて」という言葉である。人口構造の変化は、あらゆる国で同時に始まったわけでもなければ、同じペースで進んだわけでもない。しかし全体的に見れば、早くから工業化した国ほど、この変化のペースはゆっくりとしたものだった。

その後、アメリカが「秩序」を利用して、グローバル化と安定した生活を、中国を含む地球上の全人類へと広めていった。するとあらゆる国が、工業化と都市化の道をたどり始めた。遅れて工業化したこれらの国々では、工業化のあらゆる段階を一足飛びに駆け抜け、鉄から鉄鋼へ、アルミニウムからグラスファイバーへ、銅管からポリ塩化ビニルやフレキシブル・チューブへ、固定電話から携帯電話やスマートフォンへと、瞬く間に進歩を遂げていった。都市化を始める時期が遅かった国ほど、都市化の進むペースが速くなり、出生率が低下するペースも速くなった。

冷戦終結後には、ほとんどの国が豊かになった。だが、金融産業にとってそれよりも重要なのは、近代化を達成する時間が圧縮された結果、どの国でも人口が高齢化したことだった。一九九〇年から二〇二〇年までの世界では、それがいい方向へ向かった。なぜなら、世界的な富裕国や将来有望な国々で、ほぼ同時に高齢化が進み、資本が豊富に利用できる段階に入ったからだ。この三〇年間は、多くの国で四〇代後半から六〇代前半までの人口が多かった。まさに最も資本を生み出す年齢層である。彼らが投資したドルやユーロ、円や元は、しばしば国境を越えて金融システムに流れ込んだ。彼らの貯蓄が資本供給を押し上げるとともに、資本コストを押し下げた。どんな国でも、どんな事業でも。こうした幅広い要因が重なった結果、一九九〇年から二〇二〇年までの間、人類史上最も安価に資本が供給され、最も速い経済成長が成し遂げられた。そのうえさらに、不換紙幣時代の全面的な熱狂があった。「秩序」時代の繁栄もあった。

住宅ローンの金利は史上最低を記録し、先進国の政府がマイナス金利で借入ができることさえあった。主要な市場の株価は、上へ上へと上昇を続けた。記録的なほど安価な資本が出まわると、新たな製造ラインの開設、新たな農地の開墾、新たなソフトウェアの開発、新たな船の建造を求める事業主の資金調達コストも低下した。つまり、過去一〇年余りの間に、工業生産が爆発的に増加し、技術が爆発的に発展したのは主に、延々と続いたブレトンウッズ体制と、熟年労働者（およびその資金）の過剰供給を生み出した人口構成とが重なった結果なのである。

これらの資本は近年、愚か者が爆発的に増加する原因にもなっている。二〇二一年初めには、コンピューターゲーム小売企業であるゲームストップ社に無数のゲーマーが大量の資本を投じた結果、破産申請をする寸前だった同社が、瞬く間にアメリカ有数の時価総額を誇る企業となった。

またビットコインなどの暗号資産は、政府の保証がなく、すぐに換金できず、支払いをするのにも不便で、本質的な価値がなく、主に規制を回避しようとする中国企業により生み出されているにもかかわらず、流通している暗号資産の総額は二兆ドルを超えている。私が個人的に気に入っているのは、暗号資産の発明者の愚かさを強調するためにジョークとしてつくったとされるドージコイン［柴犬《しばけん》がロゴマークの暗号資産］だが、この暗号資産でさえ、その総額が五〇〇億ドルを超えることもあった。これらはすべて、もはや中国並みになった過剰資本の典型的な結果である。資本が十分安価になれば、不可能も可能になる。豚が空を飛ぶように。

だが、それもここまでだ。

人口構成の話に戻ろう。いい時代が続いているからといって、人間は老いることをやめない。これまでゆっくり高齢化してきたアメリカ、ほどほどのペースで高齢化してきた日本やヨーロッパ諸国、急速に高齢化してきた新興国が、二〇二〇年代から二〇三〇年代までの間に、すべてまとめて大量定年退職の時代に入る。熟年労働者がまとめて一気に引退すれば、この世界を推進してきた資本の供給が止まる。そしてそれとほぼ同時に、アメリカがこの「秩序」を支えるのをやめる。

その結果、二つの大変な事態が発生する。

第一に、これまでの発展の多くは、経済の裏づけとなる現実を無視した生産の増加、消費の拡大をもたらした。それが、政府の暴走を助長し（オバマケア、トランプ政権の財政赤字、ギリシャの債務危機）、消費者の暴走を助長し（イタリアの銀行債務、アメリカのサブプライム危機）、経済性に疑問のある多種多様な製品の過剰生産を助長した（中国の製造業、ドットコム・バブルの崩壊）。

低コストの融資により、通常であればゲームに参加できない個人や企業も、できないことは何もないとの幻想を抱くことができた。だが、いい時代には当然だと思われたこと、楽しく感じられたこと、持続可能だと思われたことが永遠に続くことはなく、永遠に続けることもできない。資金の流れが止まり、資本調達コストが上昇すれば、すべてが崩壊する。

第二に、現にすべてが崩壊しつつある。これは地政学的な予測などではなく、ごく簡単な計算の結果である。世界中の熟年労働者層、つまりあのきわめて重要な意味を持つベビーブーム世代の男女の大半が、二〇二〇年代前半には定年退職する年齢に達する。退職すれば、もはや投資にまわせる新たな収入はない。

これは、金融の世界にとっては、想像以上に悪い事態だ。

新たな投資の元手がなくなるだけでなく、この年齢層の投資先が、収益率の高い株式や社債、外国資産から、インフレに影響されない投資商品、株式市場や通貨の暴落に影響されない投資商品へと変わる。中国のIT系新興企業ファンド、ルワンダのインフラ債券、ボリビアのリチウム開発プロジェクトなどへの投資からは手を引き、アメリカの短期国債、金融市場、現金へと向かう。そうしなければ定年退職者たちは、株価の反落がたった一度起きるだけで、数十年かけて積みあげた貯蓄を失い、無一文になってしまうおそれがあるからだ。しかしこれは、個人にとっては理にかなった賢明な方策なのだが、より幅広いシステムにとっては、それほどありがたいことではない。その理由は二つある。

第一の理由は、きわめて明白だ。融資は、現代経済の活力源である。企業の場合、融資があれば、従業員の給与を支払うことも、事業を拡張することも、機械設備を購入することも、新たな施設を増築することも可能になる。個人の場合も、学費ローンや自動車ローン、住宅ローン、住宅担保ローン、クレジットカードなど、毎日のように融資を利用している。融資はいわば、ほとんどのことを可能にする潤滑剤なのである。その融資がなくなってしまえば、商品を購入したいときには、現金を全額前払いするしかない。自動車や住宅、大学の学費を全額前払いできるまでお金を稼ぐのに、どれぐらいの時間がかかるだろう？

資金調達のコストが上がれば、あらゆる活動が完全にストップすることはないとしても、そのペースは鈍化する。アメリカ政府は、二〇二一会計年度におよそ五五〇〇億ドルの金利を支払っているが、政府の借入コストがほんの一ポイント上がれば、この利払いが二倍になる。アメリカ政府であれば、この金利上昇に耐えられるかもしれない。だがブラジルはどうだろう？ロシアは？　インドは？　個人の場合はどうか？　標準的な住宅ローンの金利が二・五％上がれば（それでも過去半世紀の平均よりもまだかなり低い）、月々の支払額は五割増しになる。そうなれば大半の人々にとって、住宅が手の届かないものになる。

第二の理由はやや気づきにくいが、同様に注目すべき内容である。熟年労働者は多額の収入や資本を生み出すだけでなく、多額の税金を納めている。過去数十年間は、世界全体（特に先進国）に熟年労働者がかなりの規模で存在し、国庫をかつてないほどの資金で満たしていた。それが功を奏した。それだけあれば、教育にも、警察にも、医療にも、インフラにも、災害救助にも資金を供給できる。

だがそれも、熟年労働者が定年退職するまでの話だ。彼らが引退すれば、財政システムに資金を提供してくれるどころか、年金や医療費といった形で財政システムから資金を奪っていく。二〇〇〇年代および二〇一〇年代には、多額の税金を納める熟年労働者が多い人口構成だったが、二〇二〇年代および二〇三〇年代には、わずかな税金しか納めない定年退職者が多い人口構成になる。そうなれば、第二次世界大戦後の統治モデルが破綻するだけではない。それは、社会の自滅をもたらす。

何度も言うが、直近の数十年間は、人類史上最高の時代だったが、もうそこへは戻れない。それどころか、一九五〇年代の行政サービスにさえ回帰できない（当時はまだ若年労働者、熟年労働者、定年退職者のバランスが比較的とれていた）。むしろ大半の国は、まだほとんどの政府が行政サービスなど提供していなかった一八五〇年代へと後退しつつある。しかも、大衆に自力で生活していく可能性を与えてくれるほどの経済成長は、もはや期待できない。

第五章　融資概況

不換紙幣時代の浪費や行き過ぎに、人口統計学的な過剰と爆発が重なり、私たちは人類史上最大規模の融資の急増を経験した。アメリカでそれがピークに達したのが、サブプライムローン時代だった。サブプライム産業が生まれた二〇〇〇年から、それが終焉を迎えた二〇〇七年までの間に、アメリカでの融資総額はおよそ二倍になった。だが、そのような分別のない熱狂により経済は崩壊し、再び安定するまでの二年の間、アメリカのＧＤＰはおよそ五％減少した。二倍の融資と、経済活動の五％の低下。これがいい基準になる。

それでは、ほかの国の概況を見てみよう。

・誰もが耳にしたに違いないのが、**ギリシャ**の混乱である。ギリシャは、負債や赤字に関する条件を何一つ満たしていなかったにもかかわらず、ユーロ圏への参加を認められた。ギリシャはその後、まるで大学を中退した若者が、遠く離れたところに暮らす義理の親のプラチナ・クレジットカードを勝手気ままに使い倒すような行動に出た。わずか七年の間に、融資総額は七倍にふくらんだ。だが、やがて返済期限が来ると破綻を来し、続く三年の間、相対的に見て世界大恐慌時のアメリカの二倍に相当する規模で内部崩壊を起こした。それでも二〇一九年になるころには、よくなったとは言えないまでも、さほど悪くない状態にはなったように見えた。ところがそこへコロナ禍が襲い、観光に依存していたギリシャ経済は再び急降下した。もし今後、この国が存続し続けるとしても、それは他国の保護を受けてのことだろう。

・当然ながら、**ドイツ**はその正反対である。国民も政府も、金融取引には驚くほど慎重だからだ。住宅ローンを組む際にはまず、数年にわたり供託銀行の口座に住宅ローンのような定期的な支払いを行ない、融資を受ける側の姿勢と誠意を示さなければならない。そのためドイツは、二〇〇七〜〇九年の金融危機の際に、多くのヨーロッパ諸国を苦しめた壊滅的な金融崩壊を免れることができた。その結果、ドイツ経済はどこよりも早く真っ先に立ち直ったため、ほかのヨーロッパ諸国が不況に陥るなか、ヨーロッパ各地の企業がドイツに希望を託すようになった。ドイツにとっては万歳二唱である。三唱ではない。ヨーロッパの中心にドイツが居座ることになった結果、ヨーロッパ全域にドイツへの反感が生まれたからだ。

・**イギリス**でも、ドイツに対する少なからぬ反感が根づいた。そのため経済的・民族的な国家主義者たちが、二〇〇七〜〇九年の金融危機を受け、EUからの離脱を要求するようになった。離脱をめぐる騒乱のなか、イギリス政界は右派も左派も内部崩壊した。そして最終的にはポピュリストが右派の支配権を握り、ブレグジットと呼ばれる成り行き任せの離脱プロセスを担うことになった。一方、左派は一時、本心を隠そうともしないネオファシストの支配下に落ちた。

・**ハンガリー**では二〇〇〇年代に融資総額が八倍に増え、ヨーロッパ最大規模に達した。その資金の大半が、アメリカのサブプライム産業も怖じ気づくほどの勢いで住宅市場に流れ込み、わずかな収入や信用履歴しかない人々さえもが、購入するふりさえ以前ならできなかった住宅の購入へと殺到した。さらに悪いことに、その融資のほとんどが外国通貨によるものだったため、いつものごとく通貨の価値が変動すると、平時であれば住宅を購入する余裕のある国民でさえ、突然二倍になった住宅ローンの支払額に苦しむことになった。こうして経済や金融が混乱すると、あらゆる部外者に対する政治的態度が硬化し、それに乗じてオルバーン・ビクトル首相が同国の政治経済全体を掌握する事態となった。二〇二二年現在のハンガリーは事実上、もはや民主主義国家ではない。

・**シンガポール**も大規模な融資を行なっており、二〇〇〇年以降、融資額は五倍に増えている。だが、この国は金融の中心地であり、絶えず国外に投資を行なっている。つまり「民間融資」の大半が外国に向いている。さらにシンガポールには、テマセクという政府の投資機関があり、多額の資金を海外のプロジェクトに注ぎ込む役割を果たしている。これらの要素を除外すれば、全体的にはさほどバブリーには見えない。とはいえ同国は、世界一交通量の多い貿易ルートであるマラッカ海峡に面しており、世界最大の積み替えセンターでもある。その燃料タンクが、世界の原油価格に影響を及ぼすほど大量の原油の流通を支え、管理している。もしグローバル貿易のスピードに影響を及ぼす何らかの事態が起きれば、金融産業がいかにうまく管理されていようと、貿易中心のシンガポール経済は、たちまちその被害を真っ向から受けることになる。

・**オーストラリア**は、きわめて多様化した経済、移民を歓迎する政府の政策、中国の貪欲な需要にも応えられるほど豊富に存在する鉱物資源といった好条件が重なり、一世代分の期間にわたって不況を免れてきた。そしてそれに気づいた諸外国が、人類史上最も持続期間の長い経済成長を利用しようと、この国に資本をばらまいてきた。その結果オーストラリアは、西側諸国のなかでは、いまだ融資崩壊を経験しないまま、最も多くの過剰融資を受けている国となった。融資総額は二〇〇〇年以来、六倍に増えている。言うまでもなく、不安が予想されるのは家庭のさまざまなローンだが、融資の流入により豪ドルの価値が持続不可能なレベルにまで高まっており、鉱業を除くあらゆる経済部門の競争力を低下させてもいる。いずれにせよ政府は、規制により需要を低下させようと、さまざまな取り組みを重ねているが、その効果は税法により相殺されてしまっている。税法が、資産の所有を奨励しているだけでなく、すでに住宅資産を所有している人にさらなる購入を推奨しているからだ。これはどこの国でも問題になるが、オーストラリアではとりわけ深刻な問題になる。同国は豊富な土地に恵まれているように見えるが、奥地は住宅用不動産にはまったく適さない。人口の大半は、点々と存在する一〇に満たない都市圏に暮らしており、利用できる場所はきわめて限られているため、新たな住宅資産の建設コストは上がる一方だ。いずれはバブルが弾ける。問題は、それがいつかということだけだ。

・**コロンビア**では、二〇〇三年からの一〇年間で融資が五倍に拡大したが、この国では何もかもが特殊だ。西半球では最悪の内戦に過去一世紀の大半を費やし、きわめて戦闘が激しかった一九九〇年代後半には、経済（融資の供与を含む）が破綻した。二〇〇三〜一四年に融資が拡大した主な理由は、戦争の進捗と関係している。政治の世界や軍事戦略が再編・統合された結果、政府軍が敵対勢力を次第に僻地《へきち》へと追い詰め、二〇一五年には最終的な和平協定と事実上の降伏を勝ち取った。こうした政治的・軍事的回復が、経済の回復につながったのだ。だが、これまでの融資の「暴走」は、どちらかと言えば、失われた土地を取り戻すことを目的としていた。今後の課題は、内戦がビジネスに悪影響を及ぼすことを双方に理解させ、平和を維持することにある。おそらくは、インフラ整備や消費者行動を刺激するため、万人に対して融資条件を緩和するに違いない。コロンビアにおける融資の暴走は過去のことではなく、これからのことになる。

・**インドネシア**は、私が多少なりとも楽観視している国である。それにはさまざまな理由がある。第一に、人口が多く、若く、将来性がある。第二に、人口が（過剰に）密集しているジャワ島を政府が意図的に重視しており、政治的に統一されたごく一部の地域に取り組みを集中させることができる。第三に、エネルギーの安全保障が広範囲にわたり確保されている。第四に、世界一頻繁に利用される交易ルートをまたぐ絶好の場所にある。第五に、鉱物資源と農産物の大々的な輸出国であるオーストラリアやニュージーランド、およびそれを補完するように工業や金融を提供してくれるシンガポールやタイ、マレーシアに近接している。そして第六に、驚くほど慎重な融資状況である。確かに、この国での融資総額は七倍以上にふくれ上がっているが、経済成長がそれを追い越している。二〇〇〇年には、融資総額がＧＤＰに匹敵するほどだった。これは通常、インドネシアのような貧しく広大な国にとっては、少なからぬ不安を抱かせる事態である。だがそれから一七年の間に、絶対的な融資額は年々増えていったにもかかわらず、経済全体に占める融資の割合は三分の一も減少した。インドネシアはいまも、熟練労働者の不足、脆弱なインフラ、汚職（これがいちばんの問題かもしれない）など、深刻な課題をたくさん抱えているが、過剰融資については、新聞の見出しが言うほど、不安なものではない。

・**ブラジル**における融資の全体像は、ギリシャとさほど変わらない。融資の規模が六倍になり、二〇一四年にピークを迎えると、投資家心理と政治体制が同時に崩れ、政治危機と深刻な不況を引き起こした。本稿執筆時点でも、まだ回復の兆しは見えていない。さらに悪いことに、ブラジルの憲法も通貨も、導入されたのは一九九〇年代である。つまりこの危機は、現代ブラジルの文字どおり最初の政治・経済危機であるとともに、ブラジルをブラジルたらしめている、すべての基盤にかかわる憲法の重大な危機である。仮に、ブラジルの統治機関の政治体制が短期間のうちに再生し（そんな兆候はまったくないが）、ブラジルのがさらなる被害を受けなかったとしても（そんなことは絵空事にしか思えないが）、この融資の過剰拡大から立ち直るためだけでも、深刻な不況を数年間経験しなければならないだろう。ブラジルはいまや、この一〇年どころか二〇年、あるいはそれ以上の年月を失いつつある。

・**サウジアラビア**は、過去五〇年連続で世界最大の石油輸出国だったため、一般的にはこの国から「融資」という言葉を連想することはない。だが実際には、絶えず入ってくる石油収入を巧みに利用して、あらゆる分野への多額の融資を獲得しており、二〇〇〇年以来その総額を七五〇％増加させている。その融資は、絶え間ない収入により保証されているため、ブラジルやオーストラリアほど問題のある状況ではないかもしれない（ギリシャほど悪くないのは間違いない）。しかし融資の大半は、砂漠を都市に変えて虚栄心を満足させる建設プロジェクトか、市民の忠誠心を獲得するための助成金に流れている。融資の流れが途切れれば（いずれ途切れる）、その忠誠心は粉々に砕け散るだろう。それでもサウジアラビアの指導者層にとっては幸運なことに、同国の国内治安警察は、異論を封じる世界有数の能力を備えている。

・**インド**での融資額は、一時的にわずかに減少することはあったものの、二〇〇〇年以来なんと一〇倍に増加している。着実なペースで経済が拡大しているため、絶えず飢饉や宗教的・民族的騒乱が勃発しているにもかかわらず、政治的にはきわめて落ち着いているが、いずれ避けられない市場の反落が起きれば、それは並外れた規模になるだろう。私が思うに、地政学的・人口統計学的理由から、インドの将来を楽観視できる余地は十分にあるが、それと同時に、かなりの規模の金融危機が起こるおそれがあることも警告しておきたい。

・**トルコ**では、事態が複雑化している。二〇〇〇年から二〇一三年までの間に、融資総額は一二倍以上増えた。これほど急激かつ持続的に増加した事例は、世界的に見てもほとんどない。この急増によりレジェップ・タイップ・エルドアン首相（現在は大統領）は、対立が絶えない政治体制を支配するのに不可欠な政治的資本を手に入れ、アナトリア地方の宗教保守派、イスタンブール都市圏の欧米寄りの近代化推進派、国家の守護者を自任する軍隊の世俗派が、数十年にわたり対立しながら共存してきた時代に終止符を打った。いまやトルコはエルドアンの一強体制下にある。だが、二〇一三年には融資の拡大が止まった。経済的妥当性の喪失、内戦下のシリアから押し寄せてきた三〇〇〇万もの難民の圧力、およびヨーロッパ諸国やロシア、イラク、アメリカからの地政学的な反感、あるいはこれらの国への地政学的な反感の高まりといった問題により、エルドアンの支配は次第に独裁の度を強め、過酷かつ無慈悲なものになっている。しかもこのあとには、いずれは避けられない信用収縮が待っている。

・**ロシア**は（ロシア中央銀行も含め）、この段落を追加した二〇二二年二月二八日時点で、ウクライナ戦争に対する制裁として世界の金融市場から締め出されつつある。読者が本書を読んでいるころには世界中が、恐るべき金融分断のみごとな実例を目にしていることだろう。それだけではない。ロシアでは人口が高齢化しているうえに、次世代の教育を放棄してきた。つまり融資崩壊は、国家としてのロシアを終焉させる無数の要素の一つに過ぎない。ここで問題となるのは、ロシアが外国に手を出すかどうかではなく（すでにウクライナに侵攻している）、ほかのどの国に手を出すかだ。過剰な融資を受けている国は気をつけたほうがいい。融資の崩壊は、さまざまな作為や不作為により起こる。戦争や制裁は必ずしも必要ない。

・**中国**については、要点を長々と説明するのはやめよう。圧倒的な金融の暴走により、絶対的な基準でも相対的な基準でも、人類史上最大規模かつ持続不可能なレベルで融資が急増した。その結果、中国はいずれ、現代世界に参加したときと同じように、現代世界から離脱していくことになるだろう（大きな水しぶきをあげながら）。唯一の問題は、それがいつ起こるかだ。私にそれがわかれば、読者はこの本を読んではいないだろう。編集作業に追われることなく、バージン諸島のピーター島でのんびりとした時間を過ごしているだろうから。

民間融資の総額

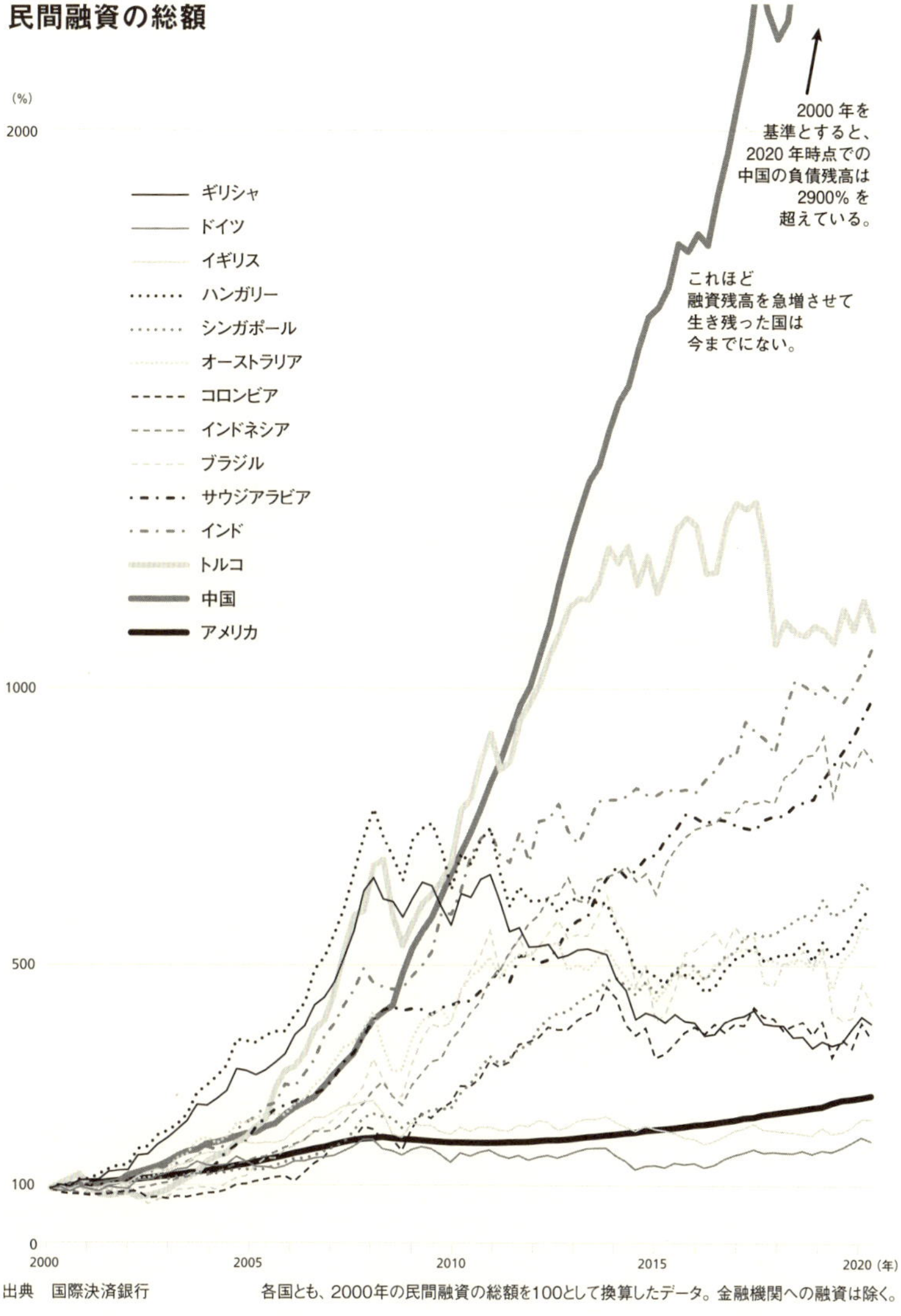

出典　国際決済銀行　　各国とも、2000年の民間融資の総額を100として換算したデータ。金融機関への融資は除く。

第六章　金融が破綻する未来とは

不換紙幣の失敗と人口構成の崩壊に阻まれ、容易かつ安価に、どこにでも資金が供給されていた時代が終わりつつある。その影響や結果は、さまざまな性質を帯びるだけでなく、さまざまな面に及ぶことになる。

まずはやはり、**成功をもたらす地理**が変わるという点から話を始めよう。資本が制限される世界では、容易に課題を達成できる場所や人々に、資金が投入されるようになる。たとえば、山岳地帯や熱帯よりも温帯の平坦な土地のほうが、インフラを容易かつ安価に建設・維持できる。同様に、スキルの低い労働者のレベルを上げるよりも、すでに教育を受けている労働者のスキルを維持するほうが容易であり、コストもかからない。「秩序」時代後期のような資本が豊富な環境では、この単純なルールがかすんでしまっていた。それほどまでに資本がたくさんあったからだ。だが、そんな時代は終わる。二〇二〇年代および二〇三〇年代以降は、歴史を通じてよく見られたその単純なルールが、すさまじい勢いで再び復活することになる。その結果、資本を生み出す場所、資本を投入する場所に差ができる。サハラ以南アフリカよりも中東、中東よりもブラジル、ブラジルよりもロシア、ロシアよりもインド、インドよりも南欧、南欧よりも北欧ということになる。

テクノロジーは混乱するだろう。サーバー・ファームやスマートフォン、ソフトウェアは、魔法で生み出されたわけではない。これらはみな、同時期に発生したものの相互の関連性はあまりない数千もの動向が、重なって生まれた最終結果である。広い視野で見れば、テクノロジー産業を健全に成長させるには、開発を刺激して収益を生み出す大規模な市場、頭脳労働や導入作業を行なう大量の熟練労働者、および研究開発や事業化や大量普及を促す底なしの資金供給が必要になる。

これら三つの重要な要素すべてが、消滅の危機に瀕している。脱グローバル化により世界的な統一市場が縮小し、残った市場も粉々に分断される。また世界的な高齢化により、熟練労働者の供給が崩壊する。さらには融資の縮小により、何をするにもコストがかかり、あらゆる事業が難しくなる。

だがそれ以上に最悪なのは、資本や労働力の供給が減少するため、雇用を大幅に削減できるプロジェクトしか、資本を調達できなくなることかもしれない。普段から労働コストの低い地域に作業をアウトソーシングしている製造業は特にそうだ。

この世界は、新たな均衡点に到達するだろうが、それはテクノロジーによってあらゆる人々の生活が底上げされるユートピアではない。いまだテクノロジー産業に参加できていない国は、参加を試みることさえできなくなる。ようやく参加への足がかりをつかんだ国も、その足場を失うだろう。つまり、豊かな先進国と貧しい発展途上国に分かれるのではなく、わずかばかりの豊かな先進国と何も持たないそのほかの国に分かれることになる。

また、**資本逃避**や**資本規制**という言葉をよく耳にするようになるに違いない。「秩序」によって多少なりとも統一されていた世界では、資本をほぼ無制限に、国境を越えて移動させることができた。制約を設けることに意味のある国などほとんどなかった。というのも、資本の出入りを妨げる措置をとれば、その国から資金が奪われ、経済成長や雇用、観光事業、技術移転に悪影響を及ぼし、現代世界に参加する機会を損なうだけだという一般認識があったからだ。しかし歴史的に見れば、これほど開放的な資本は、「秩序」の世界に存在するほかのあらゆるものと同じように異常である。「通常」の世界ならば、激しい生存競争があり、その世界では資本は貯め込むべきものだ。

資本が不足する、古き悪しき時代が戻ってくる。そのうえ危険と不安定はたっぷりあるとなれば、大半の国の人々が、自分の資産を(たいていは居住地も)より安全な場所に移動させようとするに違いない。

資本逃避は、「秩序」時代後期から、すでに始まっている。アメリカは民間資本に一切干渉しない姿勢が高く評価され、押しも押されもせぬ世界の金融の中心地になった。そのため、融資が過剰に拡大している中国(およびそのハイパーファイナンスモデルの縮小版とも言える金融制度を展開する東アジア諸国)から、不定期に大量の資産がアメリカに流れ込んでいる。二〇〇〇年以来経済がぐらついているヨーロッパ諸国からアメリカに流れる資産も増えている。資本逃避に関するデータは入手がことのほか難しく、精査はさらに困難だが、妥当であろう推測によれば、二〇〇〇年以降、毎年一兆ドルから二兆五〇〇〇億ドルの規模で、諸外国の資産がアメリカに流入しているという。成長と安定を維持するアメリカと、不況と不安定に苦しむ世界との差が広がれば、この数字はさらに大きくふくれ上がると予想される。

こうした事態は、アメリカにとってはいいことだ。過熱気味に増大する資本コストを多少なりとも抑えてくれる。だが、資産の流出元となる国では、問題になりかねない。急速に労働者が定年退職すれば、国家支出の需要が増える。その一方で、労働年齢人口の縮小により、政府が資金を集める能力は低下する。その結果、資産を海外へ移そうとする人々は、反逆分子も同然と見なされる。そして、このような資本逃避への規制（すなわち資本規制）が実施される。

その影響は、すぐに現れる。企業は、外国から利益を持ち帰れないとなれば、その国での事業にまるで興味を示さなくなる。これからは、急速に高齢化していく人口を持つ国や急速に労働者が定年退職していく国が、資本にとって最大のリスクとなる。状況が悪い順に具体例を挙げれば、ロシア、中国、韓国、日本、ドイツである。

さらに、至るところで**インフレ**が起きるだろう。その説明のために、まずは経済学の簡単な解説から始めよう。

インフレは、コストが上昇すると起きるが、需要と供給のさまざまなズレにより引き起こされることもある。たとえば、コンテナ船を乗っ取られたことによるサプライチェーンの途絶、若い世代あるいは貧しい階層における住宅や食料の需要の増大、キャベツ畑人形［一九八〇年代に世界的に流行したぬいぐるみ人形］の熱狂的ブーム、金融当局が需要を喚起するために意図的に行なう通貨供給の拡大などだ。インフレは一般的に、二％未満の物価上昇率であれば問題視されないが、それを超えると次第に看過できないものになる。

この物価上昇のペースが鈍化した状態を、ディスインフレ（インフレ緩和）という。スマートフォンやコンピューターがアップデートされ、より速く、より優れたことができるようになれば、それがディスインフレを誘発する。新たな油田や自動車工場、銅精錬所が操業を始めて供給が増えれば、やはり同じことが起きる。これらにより物価上昇のペースは落ちるが、市場を構成する需給関係が過剰な影響を受けるわけではない。大半の市民は、ある程度のディスインフレ状態を好む。私自身も確かにそうだ。

インフレの反対がデフレである。こちらは物価が下落するのだが、それはどこかに非常に大きな問題があるからだ。たとえば、住宅市場や工場が対処できないほど速いペースで人口が高齢化している場合である。需要に大穴が開けば、電気やマンション、電化製品など、基本的な商品の供給が過剰になる。市場は、生産側の一部を廃棄しなければ対処できなくなる。その結果、労働者が損害を被り、さらに需要が減る。日本は一九九〇年代にバブルが崩壊して以来ずっと、この種のデフレに苦しんできた。二〇〇七～〇九年の金融危機以後のＥＵも同様である。何よりも生産の拡大を推進してきた中国でも、デフレが進んでいると考えられる。

さて、それを踏まえたうえで、将来の話をしよう。

貨幣供給量の拡大はインフレを引き起こす。資本不足が蔓延すれば、金融の世界に直接インフレが投影される。人口の高齢化により消費が縮小すればデフレになるが、サプライチェーンの途絶はインフレを誘発する。国際的なサプライチェーンの代わりになる工場を新たに建設する場合には、その作業が進行中の間はインフレになるが、完了してしまえば、ディスインフレになる。新たなデジタル技術は、ディスインフレをもたらす傾向があるが、それを維持するために国際的なサプライチェーンが必要になるのであれば、その場合にはインフレになる。通貨の暴落時には、誰もが現金を買いだめ可能な商品に変えてしまうため、暴落を経験している国にはインフレをもたらすが、資本の逃避先になる国にはディスインフレをもたらす。商品の不足は、ほぼ常にインフレの原因になるが、その不足がサプライチェーンの途絶により引き起こされたのであれば、その商品の供給元付近ではデフレを引き起こすおそれがある。この場合、物価の下落によって生産が減少するが、その結果、物価が上昇して、やはりインフレになる。*

ここから得られる私の結論は、まったくの言い逃れでしかない。つまり、未来の「〇〇フレ」†は、地域ごと、国ごと、産業ごと、製品ごとに異なり、操作どころか予測さえできない幅広い要因により大幅に変化する、ということだ。私なら債券のトレーダーにはなりたくない。

ポピュリズムの傾向は、さらに高まるだろう。世界の人口は急速に高齢化しているが、高齢

＊　これはかなりの体力を消耗することになる。

†　そう、私がいまつくった言葉である。

者というものは、自分の考え方にこだわるものだ。しかも、退職者の生活は**年金**に依存している。ほとんどの年金制度は、税収入や、大量に保有している債券の配当に支えられている。債券関連の収入は少ないが安定している。つまり退職者は、安定した相場を必要としている。だが、債券関連の収入は、不況が長期化すると途絶える傾向がある。多くの（ほとんどの？）国では、一〇年か二〇年続く不況がほぼ確実に起きる。脱グローバル化、人口構成の崩壊、およびコロナ禍により、大半の国は二〇一九年の状態には決して戻れなくなる。その結果、インフレ水準がさまざまに変動する世界で、大半の年金制度が破綻することになる。

有権者としての退職者は、変化を怖れるというより、むしろ変化に対して延々と不平を述べ、反動的かつ神経質な文化を生み出す。その結果生まれるのが、政治面ではポピュリズム的な要求に応え、経済面では他者の意見を聞き入れず、軍事面では攻撃的な姿勢を示す政府である。読者の方々もこれまでに、自分の両親や祖父母の投票行動に眉をひそめた経験があるのではないだろうか？　年金収入が低下すれば、退職者たちはそういう愚かな政治家を支持することになる。

だが、それでも**アメリカは例外**であり続けるだろう。アメリカは世界一恵まれた地理的条件により、開発コストを低く抑えられる。富裕な国のなかでは最も優れた人口構成により、資本コストが重荷になるほど上昇することもない。アメリカのミレニアル世代は規模が大きく、この世代が資金豊富な年齢層に入る二〇四〇年代には、資本供給が再び増加に転じ、資本コストの過熱を抑えてくれる。また、アメリカの通貨政策は相対的に見て保守的であるうえに、米ドルは唯一の準備通貨という地位を獲得している。そのため、資本喪失を相殺できる余地があると同時に、問題を抱える国々から逃避してきた資本の大部分を入手できる。

さらに、奇妙このうえない話ではあるが、アメリカで進行している**格差**の問題が、この国にある程度の利益をもたらすことになるかもしれない。

労働者の収入は、労働経験を重ねるにつれて増えていく。では、その収入のなかから投資にまわされる割合も、それにつれて増えていくのか？　そのとおりである。これは、「普通」の人々にも裕福な人々にもあてはまる。だが定年退職を機に、この両グループの行動は分かれる。「普通」の定年退職者は、もはや収入がなく、乱高下する市場に資産価値を減らされてはたまらないため、保有資産をリスクの低い投資商品に置き換える。一方、裕福な人々は、それまでに多額の資産を蓄積しているため、以下のような二つの行動に出る。

第一に、超富裕層は保有資産のごく一部さえあれば、これまでの生活スタイルを維持できる。つまり、市場の乱高下にも十分耐えられるだけの資産があるので、多くの資産（一般的には半分以上）を株式市場や債券市場に投じたままにしておく。第二に、富裕層の人々も、死後の世界にまで資産を持っていけないことは重々承知している。そのため、銀行に一億ドルを預けたまま死ぬようなことはせず、死亡するかなり前から、次世代の家族や慈善団体に資産を譲渡し始める。

大半の国では、こうした相違がさほど目立った変化をもたらすことはない。だがアメリカの場合、富裕層の上位一％がアメリカの全金融資産の半分以上を保有している。その上位一％が、

アメリカの年齢層ごとの純資産（単位 万米ドル）

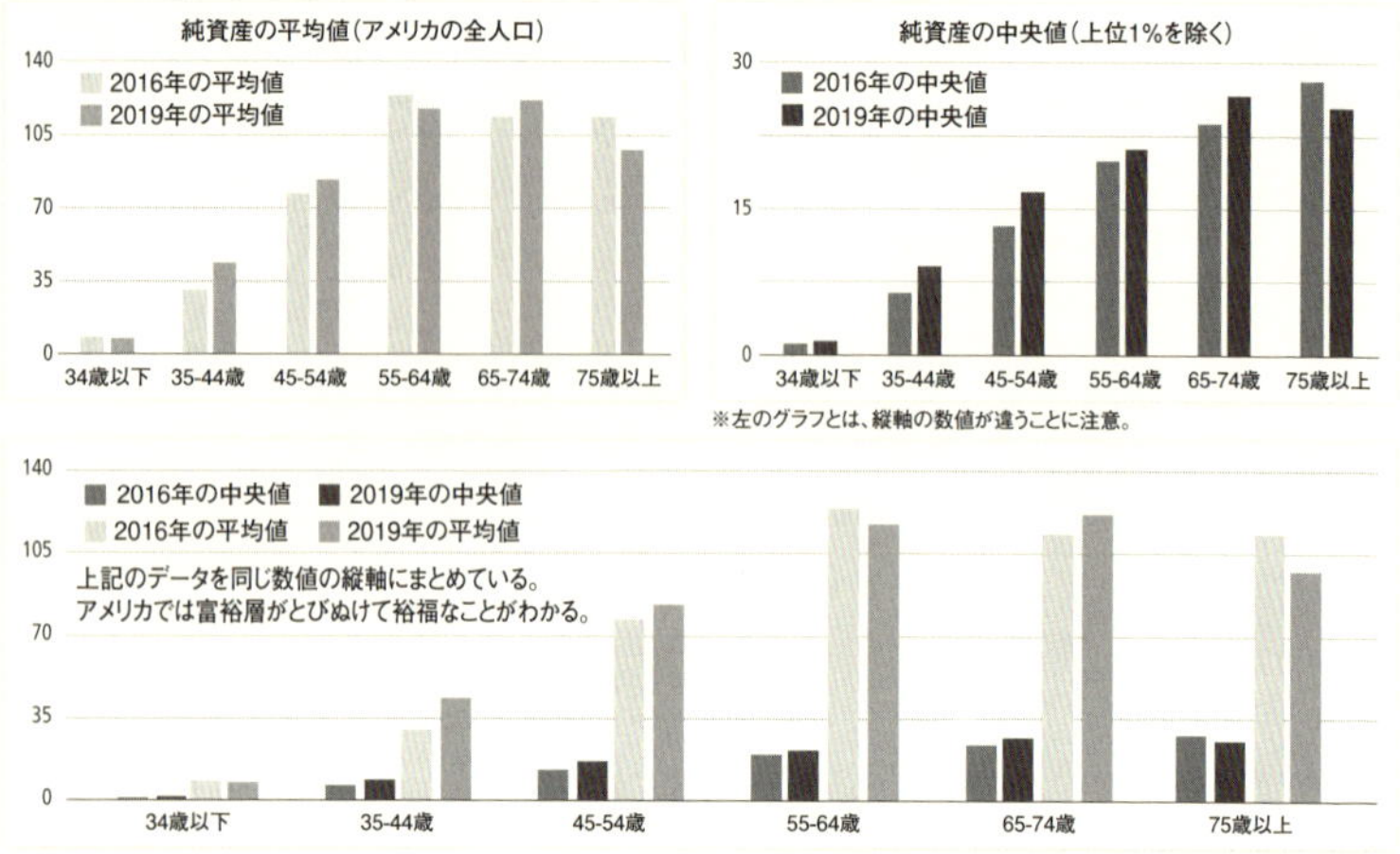

出典　アメリカ連邦準備制度理事会

アメリカの株式市場や債券市場に投じている資本の半分を清算することなく、こうした市場に投じたままにしておくのであれば、資本が制限された環境に世界全体がシフトしたとしても、さほど打撃を受けることはない（若い世代に資産を移転する場合でも、その世代が通常のパターンに従って資本を市場に投入することだろう）。しかし、これがあてはまるのは、資本市場が大きく、経済的格差も大きい先進国だけである。そんな国は、アメリカしかない。大量の流動資産があってもあらゆる事態に対処できるわけではないが、資本が制限された世界ではどうだろう？　堅調なスタートを切れるはずだ。

これらいずれの未来も、あまり資本主義的だとは思えないとしたら、それは現に資本主義的ではないからだ。資本主義が存続するためには、私たちが慣れ親しんだ「より多く」

がなければならず、継続的な経済成長もなしに、資本主義が存在しうるかどうかは、はなはだ疑わしい。

私は何も、資本主義は死んだと言いたいわけではない。こう言いたいだけだ。世界一若く豊かな人口構成を備え、どこよりも「より多く」の可能性に満ちたアメリカにおいてさえ、グローバル化された資本主義システムから、来るべきシステムへの移行が、すでにかなり進んでいる。

さらに、こうも述べておきたい。私たちが知っていること、あるいは少なくとも私たちが知っていると思い込んでいることが、いまこのアメリカでもすでに消え失せつつあるのなら、ほかの国の未来にどんな希望があるというのか？

それでは次に、誰もが浮かれているいま、灯りが消えたらどうなるのかを解説しよう。

下巻・「第四部　エネルギー」へ続く。

「世界《せかい》の終《お》わり」の
地政学《ちせいがく》
野蛮化《やばんか》する経済《けいざい》の
悲劇《ひげき》を読《よ》む　上《じょう》

2024年7月31日　第1刷発行

ピーター・ゼイハン
地政学ストラテジスト。在オーストラリア米国務省、民間諜報会社ストラトフォーのバイス・プレジデントなどを経て、2012年に自身のコンサルティング会社ゼイハン・オン・ジオポリティックスを設立。エネルギー大手企業、金融機関から米軍まで、幅広い分野のクライアントを抱える。主な著作に『地政学で読む世界覇権2030』など。

山田美明　やまだ・よしあき
英語・フランス語翻訳者。主な訳書に『つくられた格差』『喰い尽くされるアフリカ』『大衆の狂気』『プランタ・サピエンス』、共訳書に『約束の地』など。

著者　ピーター・ゼイハン
訳者　山田美明《やまだよしあき》
発行者　樋口尚也
発行所　株式会社 集英社
〒101-8050 東京都千代田区一ツ橋2-5-10
電話 編集部 03-3230-6137
読者係 03-3230-6080
販売部 03-3230-6393（書店専用）
印刷所　大日本印刷株式会社
製本所　株式会社ブックアート
マークデザイン＋ブックデザイン　鈴木成一デザイン室
カバーデザイン　川名潤　photo:NASA / Alamy Stock Photo
翻訳協力　株式会社リベル

Shueisha
Series
Common

Printed in Japan　ISBN978-4-08-737004-1　C0033
定価はカバーに表示してあります。